高等院校**会计学**
新形态系列教材

U0734445

Python

程序设计与财务应用

◆微课版◆

蒋丹 万宏◎主编

彭亮 王恬 赵华◎副主编

人民邮电出版社

北 京

图书在版编目（CIP）数据

Python 程序设计与财务应用：微课版 / 蒋丹，万宏主编. -- 北京：人民邮电出版社，2024.8. --（高等院校会计学新形态系列教材）. -- ISBN 978-7-115-64586-9

Ⅰ. F275

中国国家版本馆 CIP 数据核字第 20242A51K4 号

内 容 提 要

本书以提高财务人员的数字化应用能力为目标，围绕 Python 在财务领域的应用场景，按照"基础认知→分析应用→综合实战"的模式编写，通过大量真实的财务案例，将 Python 程序设计与财务应用紧密结合。

本书分为基础篇、进阶篇和应用篇 3 个部分：基础篇通过介绍 Python 语法，帮助读者搭建 Python 基础知识体系；进阶篇通过介绍 Python 数据采集、清洗、分析和可视化等方法以及数据分析工具 pandas，帮助读者构建数据分析的思维模式；应用篇通过探讨 Python 在财务会计、管理会计中的应用以及 Python 在财务中的综合应用，培养读者系统的数据分析思维，进而帮助其全面掌握 Python 财务数据分析的相关知识。

本书可作为经济管理类专业相关课程的教材，也可作为相关行业从业人员的参考书。

◆ 主　　编　蒋　丹　万　宏
副 主 编　彭　亮　王　恬　赵　华
责任编辑　赵广宇
责任印制　胡　南

◆ 人民邮电出版社出版发行　　北京市丰台区成寿寺路 11 号
邮编　100164　　电子邮件　315@ptpress.com.cn
网址　https://www.ptpress.com.cn
北京天宇星印刷厂印刷

◆ 开本：787×1092　1/16
印张：12.25　　　　　　　　2024 年 8 月第 1 版
字数：368 千字　　　　　　2024 年 8 月北京第 1 次印刷

定价：49.80 元

读者服务热线：(010)81055256　印装质量热线：(010)81055316
反盗版热线：(010)81055315
广告经营许可证：京东市监广登字 20170147 号

前　言

党的二十大报告指出："加快发展数字经济，促进数字经济和实体经济深度融合，打造具有国际竞争力的数字产业集群"。近年来，我国高度重视发展数字经济，以大数据、人工智能、云计算等为代表的新技术，正不断地驱动着企业的财会工作转型升级，企业对于财会人员的能力要求也越来越高。为了顺应数字经济时代的发展趋势，现有的财会人才培养模式面临着转型，这给高校和相关机构的教育工作带来了新的挑战。

本书特色

为满足数智化时代企业对新型财会人才的需求，提高财会类专业读者的财务数据处理与分析能力，编者在对众多院校相关课程的教学目标、教学方法、教学内容等多方面调研的基础上，有针对性地设计并编写了本书。本书特色如下。

1．直观的图示化标注，内容浅显易懂

本书在内容编排上充分考虑财会类专业读者的学习背景，着重选择Python在财务应用领域中必备、实用的知识进行讲解，并采用直观的图示化方式对重点内容进行标注。因此，读者无须具备太多的计算机基础知识，只要跟随本书学习即可轻松上手。

2．真实的财务场景，对接企业实际业务

基于Python程序设计服务于财务应用这个主题，本书选用相关企业真实的财务案例和数据资源，将Python程序设计与财务应用紧密结合，便于读者对接企业实际业务。

3．丰富、必要的代码注释，有助于理解程序

不同于计算机专业人员，财会类专业读者对代码的理解能力较弱，如果仅在计算机专业人员认为必要的地方添加注释，那么对于财会类专业读者来说，阅读这样的代码将变得比较困难。因此，对于案例中有可能会造成财会类专业读者理解困难的代码，本书都添加了通俗易懂的注释，有助于读者理解程序。

4．立德树人，素养教学

党的二十大报告指出："育人的根本在于立德。全面贯彻党的教育方针，落实立德树人根本任务，培养德智体美劳全面发展的社会主义建设者和接班人。"本书从教学内容设计入手，坚持把立德树人作为中心环节，以培养读者综合能力为根本目标，每章设置"课堂素养"模块，实现理论讲解与素养教育的深度结合。

作者团队

本书由蒋丹、万宏担任主编，彭亮、王恬、赵华担任副主编。

尽管编者在编写本书的过程中力求精益求精，但由于水平有限，书中难免存在不妥之处，恳请广大读者批评指正。

编者

2024年8月

本书使用指南

为了方便教学，编者为使用本书的教师提供了丰富的教学资源，精心制作了教学大纲、电子教案、PPT课件、案例源代码、课堂实验源代码、项目实训源代码、思考与练习答案、题库与试卷管理系统等教学资源，其内容及数量如表1所示。用书教师如有需要，请登录人邮教育社区（www. ryjiaoyu.com）免费下载。

表1　教学资源及数量

序号	教学资源名称	数量
1	教学大纲	1份
2	电子教案	1份
3	PPT课件	10份
4	案例源代码	多份
5	课堂实验源代码	多份
6	项目实训源代码	多份
7	思考与练习答案	10份
8	题库与试卷管理系统	1套

本书的课堂教学建议安排36学时，实践教学建议安排36学时。各章主要内容及学时安排如表2所示，用书教师可根据实际情况进行调整。

表2　各章主要内容及学时安排

章节	主要内容	课堂教学学时	实践教学学时
第1章	认识Python	2	2
第2章	Python语法基础	4	4
第3章	Python语法进阶	6	6
第4章	数据分析工具pandas	6	4
第5章	数据采集与清洗	6	4
第6章	数据分析与可视化	6	4
第7章	Python在财务会计中的应用	2	4
第8章	Python在管理会计中的应用	2	4
第9章	Python在财务中的综合应用	2	4
总计		36	36

目　录

基础篇

认识Python

学习目标

知识目标

1. 什么是Python；
2. 了解Python在财务领域的应用；
3. 了解Python开发环境及其分类。

技能目标

1. 能够下载、安装Anaconda；
2. 能够正确配置Jupyter Notebook；
3. 能够编辑和运行简单的笔记本文件。

章节导读

章节导图

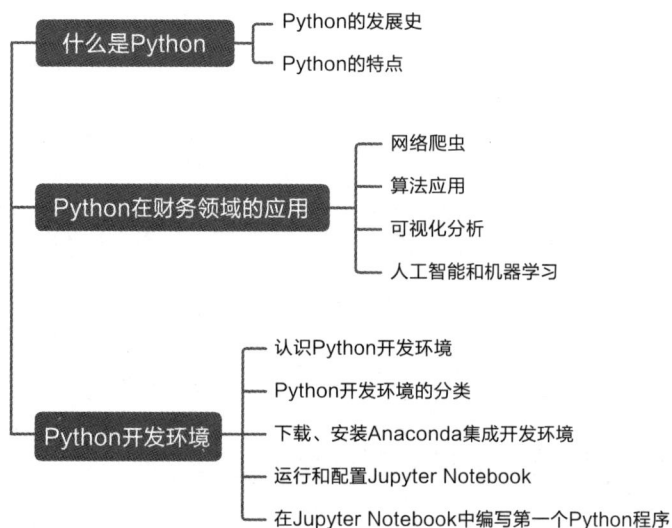

思考题

财务人员学习Python，用什么软件好呢？

1.1 什么是Python

Python是一种代表简单主义思想的面向对象的解释型编程语言，它是目前比较流行的编程语言。

1.1.1 Python的发展史

Python由荷兰人吉多·范罗苏姆（Guido van Rossum）于1989年发明。Python的发展历史可以分为以下几个阶段。

（1）Python 1.x：1991年至2000年，属于Python的初始阶段，主要实现了基本的语法结构、数据类型、异常处理、模块系统等功能。Python 1.0于1994年发布，Python 1.x系列的最后一个版本Python 1.6于2000年发布。

（2）Python 2.x：2000年至2020年，属于Python的成熟阶段，主要增加了许多新功能，如Unicode支持、列表推导、垃圾回收机制、生成器、装饰器、迭代器协议、新式类等。Python 2.0于2000年发布，Python 2.x系列的最后一个版本Python 2.7于2010年发布。

（3）Python 3.x：2008年至今，属于Python的现代阶段，主要进行了一些重大的优化，如移除旧式特性、统一文本和二进制数据模型、增加类型注解、异步编程支持等。Python 3.0于2008年发布，它不完全兼容Python 2.x，但提供了实用工具来帮助迁移代码。Python 3.6于2016年发布，引入了利用f-string来格式化字符串等新特性。Python 3.9于2020年发布，增加了新的语法特性、内置特性、标准库特性等多项新特性。截至2024年5月，Python 3.x系列的最新稳定版本是Python 3.12。

1.1.2 Python的特点

Python的主要特点如下。

（1）简单易学。Python的语法相对简单，易于理解和学习。与其他编程语言相比，Python的语法规则更加清晰和易于掌握。

（2）语法简洁。Python的语法非常简洁，命名规范和代码结构都非常清晰，易于阅读和理解。Python通过强制缩进（类似文章段落的首行缩进）来体现语句间的逻辑关系，显著提高了程序的可读性，进而增加了Python程序的可维护性。

（3）跨平台。Python可以在不同的操作系统上运行，如Windows、Linux和macOS等。这使Python成为一种非常灵活的编程语言，可以轻松地在不同的平台上开发和部署应用程序。

（4）应用广泛。Python的应用非常广泛，包括人工智能、科学计算、数据挖掘与分析、Web应用开发、自动化运维及网络爬虫等。另外，Python拥有丰富的第三方库和框架，提供各种功能和模块，可以轻松地实现各种应用开发。

（5）强大的社区支持。Python拥有一个非常活跃的社区，有很多开源项目和模块可以共享和复用。开发者遇到问题时，可以在社区中获得很好的帮助和支持。

1.2 Python在财务领域的应用

在数字经济时代，数据已成为驱动经济社会发展的新要素、新引擎。由业务、财务及税务等多种来源的基础数据组成的财务大数据构成了一个巨大的跨领域、跨平台的数据生态体系。如何对这些海量数据进行有效的分析与判断，进一步挖掘出其中隐含的价值，是财务数据分析面临的较大挑战。

Python在财务领域的应用主要有网络爬虫、算法应用、可视化分析、人工智能和机器学习等。

1.2.1　网络爬虫

使用Python的网络爬虫功能，可以快速抓取需要的各类网上财务报表数据，并对其进行财务分析和比较，评估企业的生产健康状况和盈利能力，为投资决策提供参考。

1.2.2　算法应用

Python通过其可扩展性、高效性和可重用性，提供快速处理数据的能力。利用这些特性，财务人员可以解决日常工作中遇到的各种复杂的计算问题，以及财务数据分析的问题。

1.2.3　可视化分析

Python提供了各种可视化工具，如Matplotlib、seaborn等，可以帮助财务人员更好地理解数据，并快速创建高质量的图表和实现可视化效果。这些工具提供了各种类型的图表，如散点图、柱形图、饼图及热力图等，并可以通过定制颜色、标签、大小等参数来定制图表样式。

1.2.4　人工智能和机器学习

Python在人工智能和机器学习领域的应用非常广泛。目前在财务领域中，利用光学字符识别（Optical Character Recognition，OCR）技术识别票据已经较为普遍，而利用深度学习、强化学习、自然语言处理等技术，还能实现对获取的数据进行提取、分类和分析等。

机器学习广泛应用于自动化风险管理和反欺诈检测等任务，如通过机器学习算法和模型，Python可以帮助金融机构更好地预测市场趋势和识别潜在的欺诈行为。

1.3　Python开发环境

要想学习Python，首先需要在自己的计算机上安装Python开发环境。

1.3.1　认识Python开发环境

Python开发环境主要包括两个部分：代码编辑器和代码解释器。

（1）代码编辑器：简单来说就是一个文本编辑器，它用来编写Python程序，其功能类似于Windows中的"记事本"。

（2）代码解释器：运行Python程序时，要先运行代码解释器。通过代码解释器，可以读取编写的Python程序文件（代码），读取后，代码解释器先将程序文件中的Python代码转换成机器指令（计算机能够理解和执行的指令），然后让计算机按照机器指令的要求去执行（操作）。

1.3.2　Python开发环境的分类

Python开发环境根据功能的强弱主要分为两大类：简易开发环境和集成开发环境。

常见的Python开发环境如表1-1所示。

由于集成开发环境功能强大，绝大多数用户在学习Python时，首选集成开发环境。

针对学习Python在财务领域的应用的用户来说，首选Anaconda中集成的Jupyter Notebook作为代码编辑器，这是因为它使用的是一个基于浏览器的界面，能让用户将说明文本、数学方程、代码和可视化输出等内容全部组合到一个易于共享的文档中，同时它具有"所见即所得"的能力，能够快速得到输出结果。

表1-1

分类	常见的开发环境	区别
简易开发环境	从Python官网直接下载、安装Python	① 代码编辑器：由Python本身提供，功能简单。代码编辑器中帮助用户提高编程效率的辅助功能很少，对代码编写要求高，编程效率低。 ② 代码解释器：由Python本身提供，其版本与下载的Python版本相同。 ③ 编程所需的第三方库或模块需要自己安装，既麻烦，又容易出错
集成开发环境	Anaconda、PyCharm	① 代码编辑器：由集成开发环境提供，功能强大，提供如代码智能提示、调试工具、测试支持、富文本及版本控制等众多功能，可极大提高开发效率。 ② 代码解释器：已集成在集成开发环境内，无须单独下载、安装。它通常不是Python的最新版本，但足够用户使用。 ③ 集成开发环境除了包含Python本身的开发环境外，还集成了很多常用的第三方库或模块，即只要安装了集成开发环境，这些库或模块就不需要额外安装了

1.3.3　下载、安装Anaconda集成开发环境

下载、安装Anaconda集成开发环境的步骤如下。

1. 下载Anaconda

登录Anaconda官网并单击 ⊞ Download 按钮即可开始下载。

2. 安装Anaconda

下载完成后，在浏览器窗口中的"下载"区域单击安装文件下方的"打开文件"，如图1-1所示，即可开始安装。

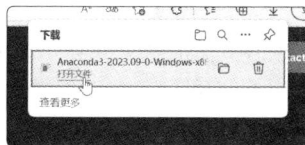

图1-1

在弹出的图1-2所示的安装对话框中直接单击 Next > 按钮，弹出图1-3所示的"最终用户许可协议"对话框。

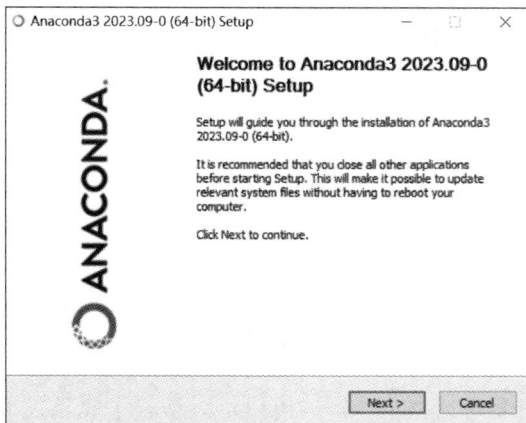

图1-2

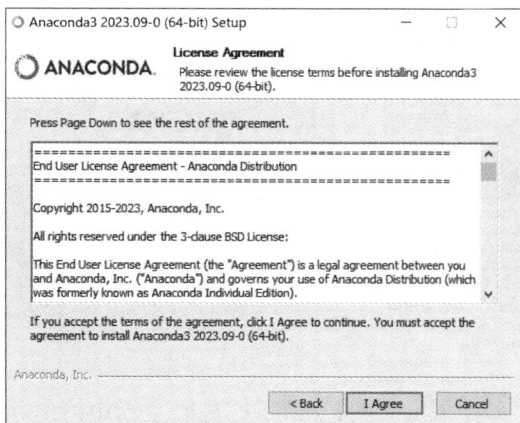

图1-3

单击 I Agree 按钮，弹出图1-4所示的"选择安装用户类型"对话框，保持默认选项，直接单击 Next > 按钮。

在弹出的图1-5所示的"选择安装路径"对话框中，可以选择把安装文件安装在哪个文件夹中。如果采用默认的安装文件夹，则直接单击 Next > 按钮即可；如果不采用默认文件夹，则单击 Browse... 按钮，可以选择新的安装文件夹，选好后，单击 Next > 按钮。

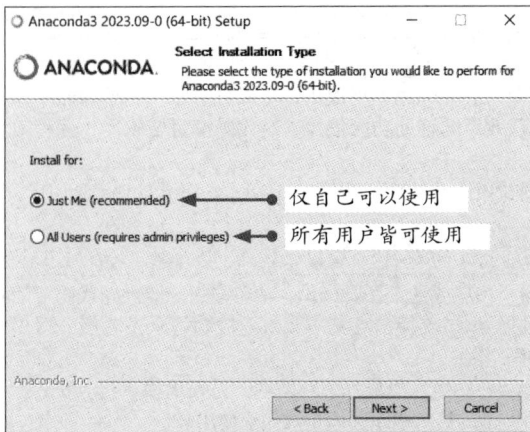

图1-4

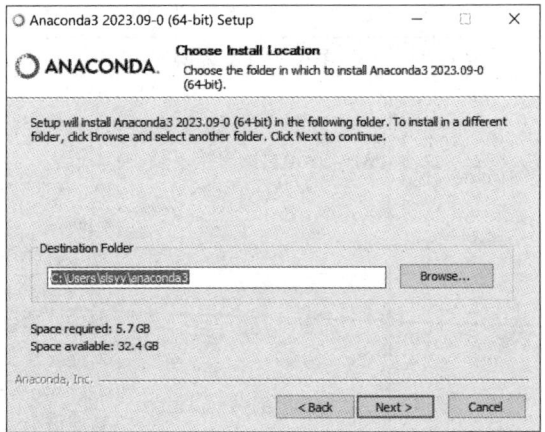

图1-5

在弹出的图1-6所示的选择Anaconda3与Windows集成方式的高级安装选项对话框中进行如下操作。

① 保持默认选中的"Create start menu shortcuts(supported packages only)."复选框，表示创建"开始"菜单快捷方式。

② 选中"Register Anaconda3 as my default Python 3.11"复选框，表示注册Anaconda3作为默认Python 3.11解释器，这是推荐选项。

③ 选中"Clear the package cache upon completion"复选框，表示安装完成后清除包缓存，它可以在不损害软件功能的情况下恢复一定的磁盘空间，这也是推荐选项。

单击 Install 按钮，系统开始安装Anaconda。安装完成后弹出图1-7所示的"安装完成"对话框，直接单击 Next > 按钮。

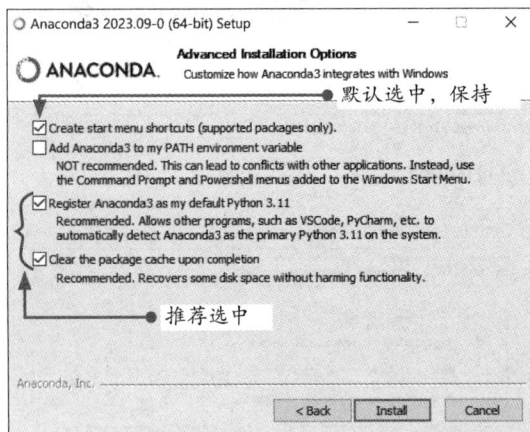

图1-6

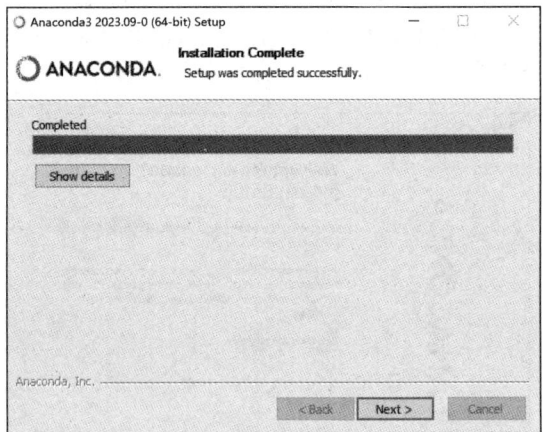

图1-7

在弹出的图1-8所示的代码与云中的Anaconda对话框中，告诉用户可以从云中完整加载Jupyter Notebook的Anaconda，做任何自己喜爱的编程工作。直接单击 Next > 按钮。

在弹出的图1-9所示的"完成设置"对话框中有两个复选框默认都是选中的。一个是"Launch Anaconda Navigator"复选框，取消选中表示单击 Finish 按钮后启动Anaconda Navigator（导航器）；另一个是"Getting Started with Anaconda Distribution"复选框，取消选中该复选框，单击 Finish 按钮后会进入Anaconda分发入门网页并提示注册等。取消选中后单击 Finish 按钮，即可完成Anaconda集成开发环境的安装。

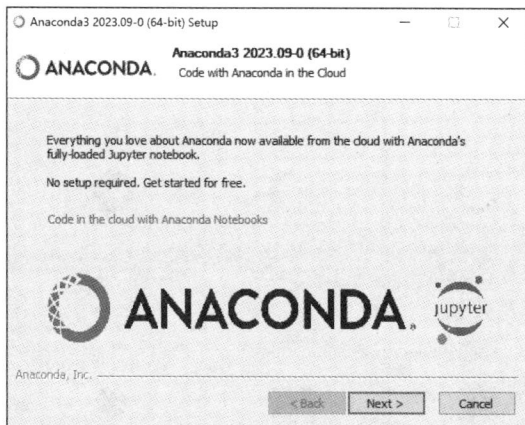

图1-8

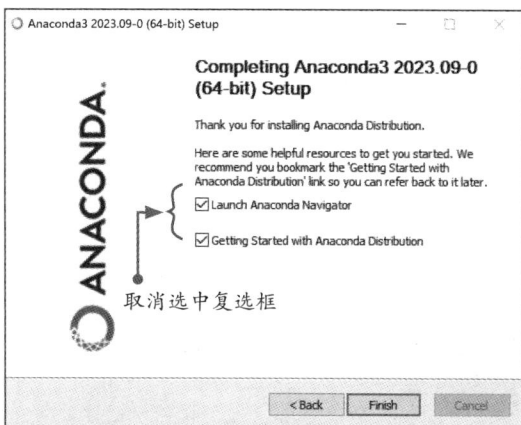

图1-9

1.3.4 运行和配置Jupyter Notebook

安装好Anaconda集成开发环境后，我们就可以使用集成在Anaconda中的Jupyter Notebook了。下面介绍如何运行和配置Jupyter Notebook。

1. 运行Jupyter Notebook

运行Jupyter Notebook主要有以下两种方法。

（1）从"开始"菜单中运行 Jupyter Notebook

在"开始"菜单中直接单击"Jupyter Notebook"，弹出图1-10所示的Jupyter Notebook命令提示符窗口，稍等一会儿，Jupyter Notebook就会在浏览器（默认浏览器）中启动运行了，如图1-11所示。注意：不能关闭Jupyter Notebook命令提示符窗口，否则Jupyter Notebook不能正常运行。

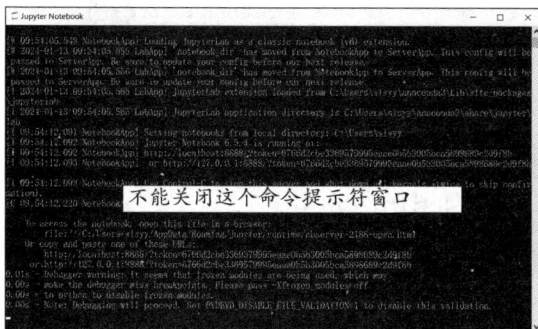

图1-10

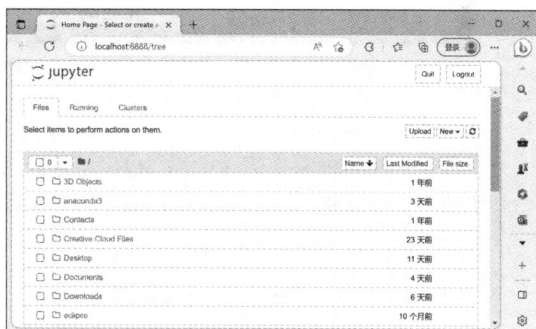

图1-11

（2）从"Anaconda Navigator"窗口中运行 Jupyter Notebook

在"开始"菜单中单击"Anaconda Navigator"，打开图1-12所示的Anaconda Navigator窗口。在该窗口中单击"Jupyter Notebook"下方的 Launch 按钮，会打开图1-11所示的默认浏览器窗口，并在其中运行Jupyter Notebook。

2. 配置Jupyter Notebook

Jupyter Notebook运行后，我们可以看到浏览器的地址是"localhost:8888/tree"，这是Jupyter Notebook的默认地址，页面中显示的是默认地址（文件夹）中的内容。编写代码时，通常不会使用默认文件夹，而是使用自建的文件夹。

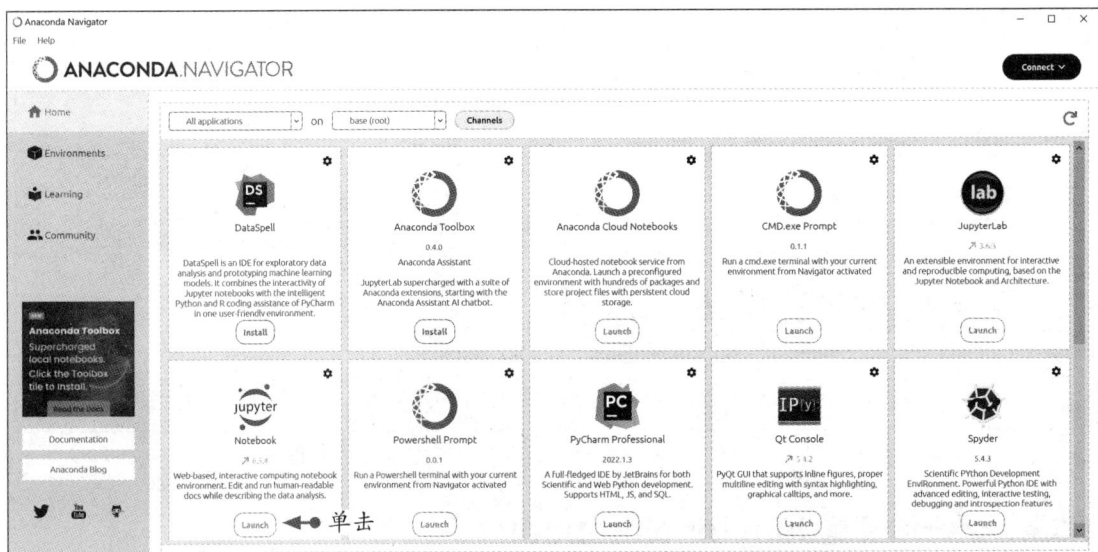

图1-12

如果想把自己写的程序文件保存在自己新建的文件夹里，就需要把默认目录修改为自建的文件夹，步骤如下。

（1）生成配置文件

在"开始"菜单中单击"Anaconda Prompt"，打开命令提示符窗口，输入命令jupyter notebook --generate-config，然后按Enter键执行。执行完后，会生成一个名为"jupyter_notebook_config.py"的配置文件，如图1-13所示。

图1-13

（2）找到配置文件

打开".jupyter文件夹（C:\Users\slsyy\.jupyter是Jupyter Notebook的默认路径），即可看到生成的配置文件"jupyter_notebook_config.py"，如图1-14所示。

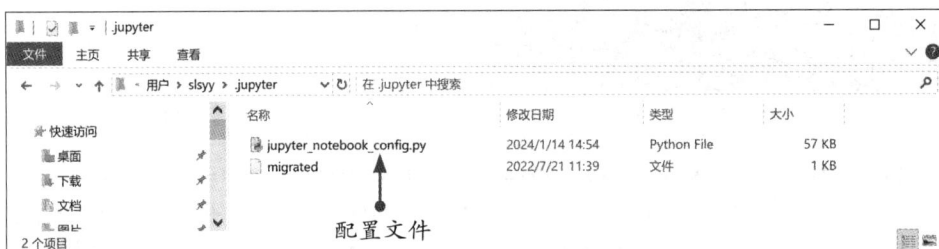

图1-14

（3）修改配置文件

用记事本打开此配置文件，并使用搜索功能（按Ctrl+F组合键）找到关键词"# c.NotebookApp.notebook_dir = ''"，先删除前面的"#"，再在后面的单引号里输入要设置的自建文件夹的路径，修改前后的效果如图1-15所示。

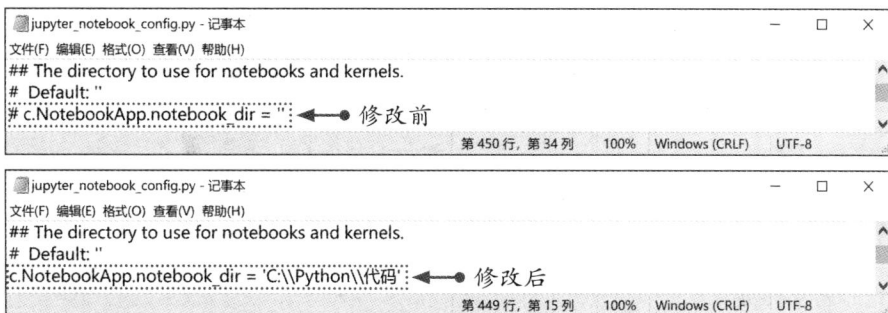

图1-15

输入完保存并关闭文件。这一步操作仅对从"Anaconda Navigator"窗口中运行Jupyter Notebook起作用，如果想对从"开始"菜单中运行Jupyter Notebook起作用，还需要修改快捷方式。

（4）修改快捷方式

在"开始"菜单中右击"Jupyter Notebook"，在弹出的快捷菜单中选择"更多">"打开文件位置"，在打开的窗口中右击"Jupyter Notebook"快捷方式，选择"属性"，在打开的窗口中将"目标"文本框中的"%USERPROFILE%/"部分修改为"C:\Python\代码"，然后单击"确定"按钮。

再次打开Jupyter Notebook后，就会发现浏览器默认路径显示的是自建文件夹路径里的内容，如图1-16所示。

图1-16

1.3.5 在Jupyter Notebook中编写第一个Python程序

将Jupyter Notebook的默认工作路径修改为自建文件夹的路径后，我们就可以在其中编写Python程序了。

1. 建立文件夹

通常在Jupyter Notebook中编写程序时，都会分门别类地把它们存放在不同的文件夹中，而不是都存放在自建文件夹的根目录下。所以编程前，首先要建立存放该程序的文件夹。

建立文件夹的步骤如下。

（1）通过"Folder"创建文件夹

在浏览器右侧的"New"下拉列表中单击"Folder"，如图1-17所示，系统会自动创建一个名称为"Untitled Folder"的文件夹，如图1-18所示。

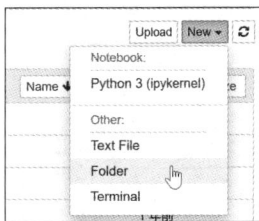

图1-17

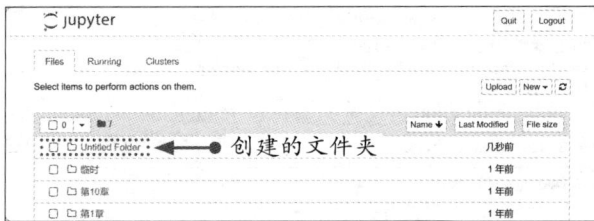

图1-18

（2）重命名文件夹

为了体现文件夹的含义，一般需要重命名"Untitled Folder"文件夹。选中"Untitled Folder"文件夹左侧的复选框，如图1-19所示，然后单击 Rename 按钮，弹出图1-20所示的"重命名路径"对话框。

图1-19

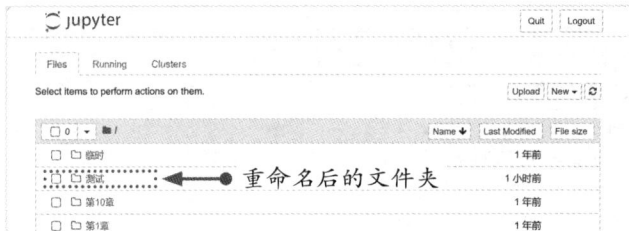

图1-20

在"请输入一个新的路径:"文本框中输入新的名称，如"测试"，然后单击 重命名 按钮，文件夹就被重命名了（文件夹的位置按汉字拼音首字母重新排序），如图1-21所示。

图1-21

2. 建立笔记本文件

建立"测试"文件夹后，就可以在该文件夹中建立笔记本文件了。建立笔记本文件的步骤如下。

（1）通过"Folder"创建笔记本文件

单击"测试"文件夹，进入该文件夹中，然后在右侧的"New"下拉列表（见图1-17）中单击"Python 3（ipykernel）"，系统会自动创建一个名称为"Untitled.ipynb"的笔记本文件，并在新的标签页中打开它，具体步骤如图1-22所示。

> **提示**　**扩展名为".py"和".ipynb"的文件的区别？**
>
> 　　扩展名为".py"的文件是标准的Python源代码文件。通常情况下，使用扩展名为.py的Python源代码文件。可以使用Python本身提供的代码编辑器和绝大多数集成开发环境（如Spyder、Visual Studio Code、PyCharm）直接编辑并运行扩展名为".py"的文件。
>
> 　　扩展名为".ipynb"的文件是使用Jupyter Notebook来编写Python程序时的文件，它包含特定格式的笔记本文件代码、执行结果和其他内部设置（如轻量级文本标记语言Markdown）。这种格式的Python程序文件不能在Python的代码编辑器中直接编辑和运行，但是可以在Jupyter Notebook中将其导出为".py"文件，方法是依次单击"File" > "Download as" > "Python(.py)"。

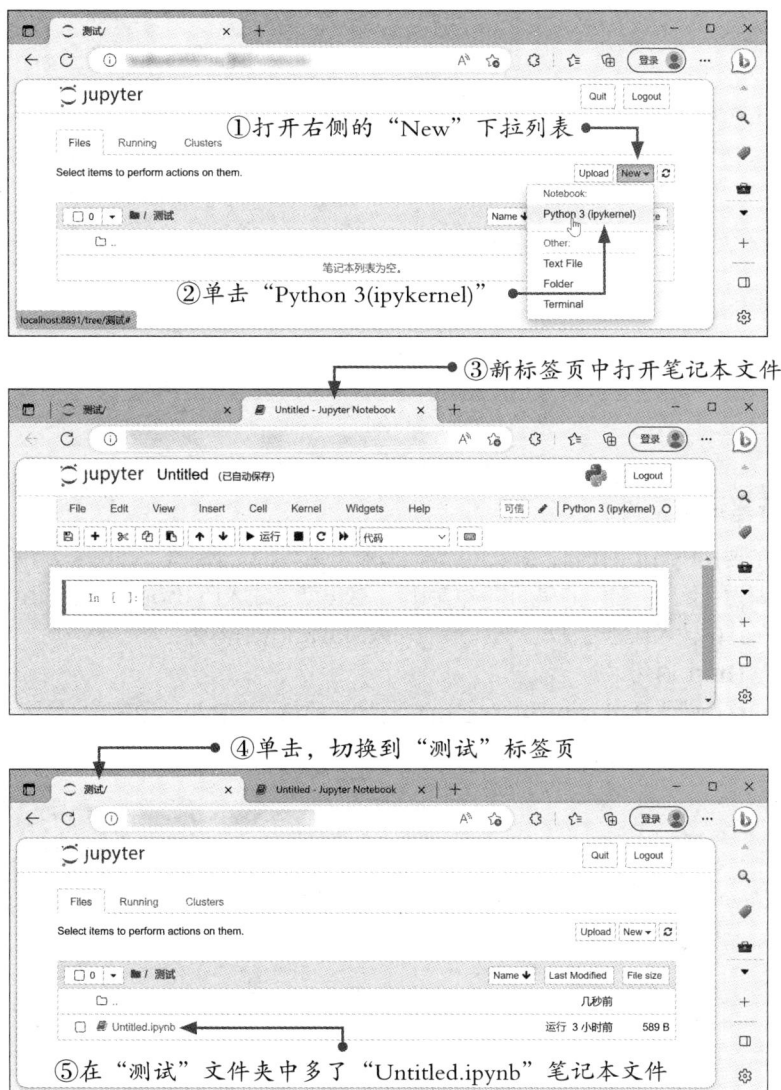

图1-22

（2）重命名笔记本文件

为了体现笔记本文件的含义，一般需要重命名"Untitled.ipynb"笔记本文件。在打开的"Untitled-Jupyter Notebook"标签页中单击左上角的"Untitled"，或者依次单击"File">"Rename"，都可弹出图1-23所示的"重命名笔记本"对话框。

图1-23

在该对话框的"请输入新的笔记本名称:"文本框中输入新的笔记本名称，如"myFirstPython"，然后单击 重命名 按钮，笔记本文件就被重命名了，如图1-24所示。

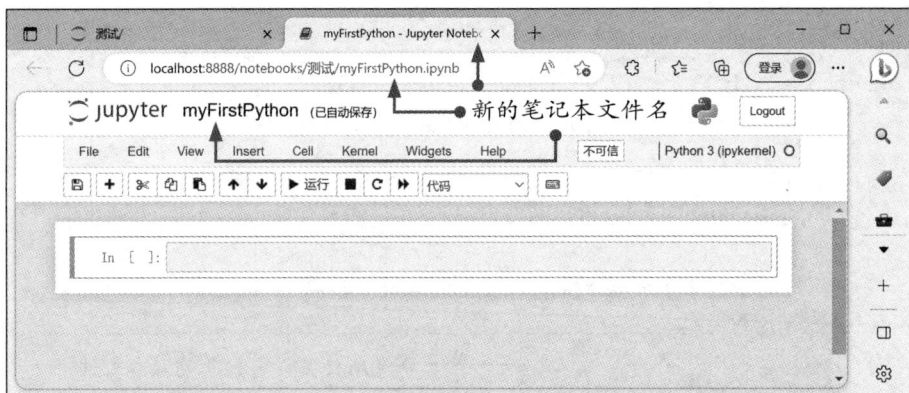

图1-24

3. 编辑、运行笔记本文件

笔记本文件主要由Python代码、Markdown和输出结果3部分组成。在图1-24所示的编辑区域中，左侧有个标识为"In ［ ］:"的单元格（Cell），这里就是输入Python语句或Markdown内容的区域，我们可以在其中输入任意合法的Python语句或Markdown内容。

（1）输入 Python 语句

在第一个单元格中输入Python语句"print('这是我的第一个Python语句！')"，该语句的功能是输出print()函数中字符串的内容，如图1-25所示。

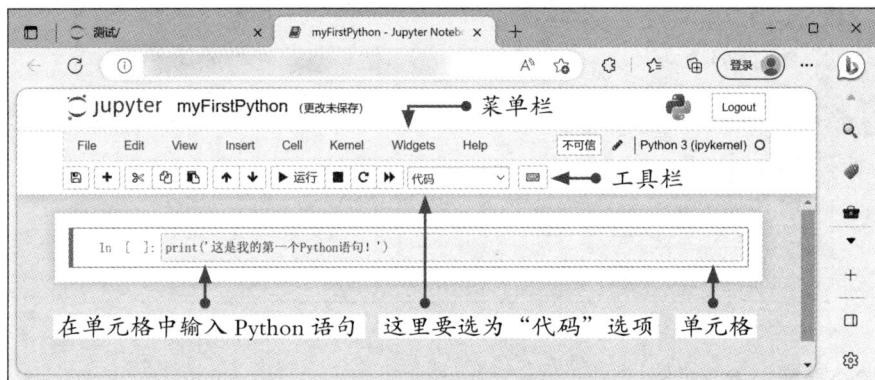

图1-25

注意，在上面的Python语句中，单引号里面的字符（不包括单引号）既可以是全角字符，又可以是半角字符（英文状态下输入的），除了单引号里面的字符外，其他字母、符号都要用半角字符。此外，如果在单元格中输入的是Python语句，则工具栏右侧的下拉列表选项要选"代码"。

（2）运行 Python 语句

输入完成后，单击 ▶运行 按钮，即可运行Python语句，单元格的下方会显示输出结果，如图1-26所示。

（3）输入 Markdown 内容

使用Jupyter Notebook做财务应用时，通常会在笔记本文件里既编写Python语句实现功能，又撰写和分享编程项目文档、学习笔记和教程等，便于以后阅读、学习和交流。

输入Markdown内容的方法和输入Python语句的方法一样，只是对输入的Markdown内容没有限制。具体操作如下。

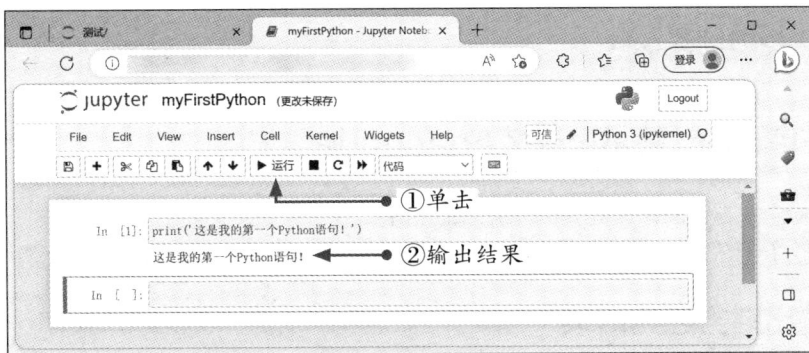

图1-26

第1步：输入标题。在图1-26所示的浏览器窗口的第2个单元格中输入"# 我的标题"。其中"#"代表标题：一个"#"代表一级标题，两个"##"号代表二级标题，以此类推。然后在工具栏右侧的下拉列表中选择"Markdown"选项，这时候会发现标题字体的大小和颜色发生了变化，单击 ↑ 按钮，将标题移到Python语句前面，单击 ▶运行 按钮，得到运行后的标题效果，如图1-27所示。

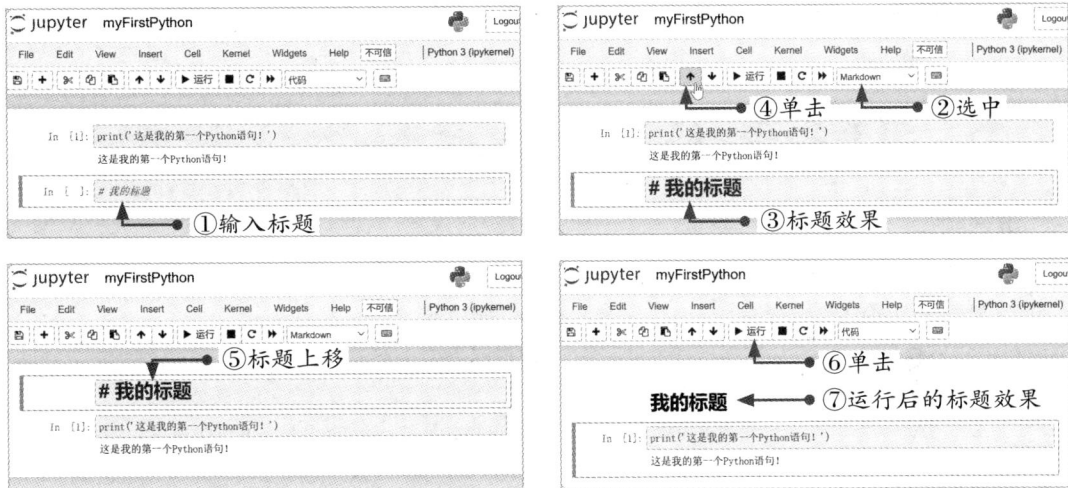

图1-27

第2步：输入正文。单击 ＋ 按钮，在标题下方插入一个单元格，在其中输入正文内容"这是一个测试性的笔记本文件。"，然后在工具栏右侧的下拉列表中选择"Markdown"选项，单击 ▶运行 按钮，得到运行后的效果，如图1-28所示。

图1-28

1.4 项目实训

实训1 在自己的计算机上安装Anaconda

【实训目标】在自己的计算机上安装Anaconda。

【实训思路】①从官网下载；②双击安装文件安装；③配置Jupyter Notebook。

实训2 输出财务经典语录

【实训目标】在Jupyter Notebook中创建笔记本文件，要求输入标题、正文并输出语句。

【实训思路】参考1.3.5小节。

课堂素养　　财务大数据技术的战略意义

　　财务大数据技术的战略意义不在于掌握庞大的财务数据信息，而在于对这些有意义的财务数据进行专业化处理。换言之，如果把财务大数据比作一种产业，那么这种产业实现盈利的关键在于提高对财务数据的"加工能力"，通过"加工"实现财务数据的"增值"。

1.5 思考与练习

一、单选题

1. Python开发环境主要包括代码编辑器和（　　　）两个部分。

　　A. Python代码解释器　　　　　　　　B. 编译器

　　C. 内存储器　　　　　　　　　　　　D. 以上都不对

2. Jupyter Notebook笔记本文件的扩展名是（　　　）。

　　A. .py　　　　　　B. .java　　　　　　C. .txt　　　　　　D. .ipynb

二、判断题

1. Python是由荷兰人吉多·范·罗苏姆（Guido van Rossum）于1989年发明的。（　　　）

2. 扩展名为".ipynb"的文件可以在PyCharm中直接运行。（　　　）

三、填空题

1. 标准的Python源代码文件的扩展名为（　　　）。

2. 在类型为Markdown的单元格中输入"## 标题名称"，说明这段内容是（　　　）。

3. Python是一种代表简单主义思想的面向对象的（　　　）编程语言。

第 **2** 章

Python语法基础

学习目标

知识目标

1. 掌握输入、输出函数及注释的相关知识;
2. 掌握变量、基本数据类型及常用运算符的相关知识;
3. 掌握高级数据类型的相关知识。

技能目标

1. 能够根据需要从键盘输入数据,并能将结果输出;
2. 能够在程序必要的地方添加注释以增加阅读性;
3. 能够根据需要定义变量并赋值;
4. 能够完成高级数据类型的定义与操作。

章节导读

章节导图

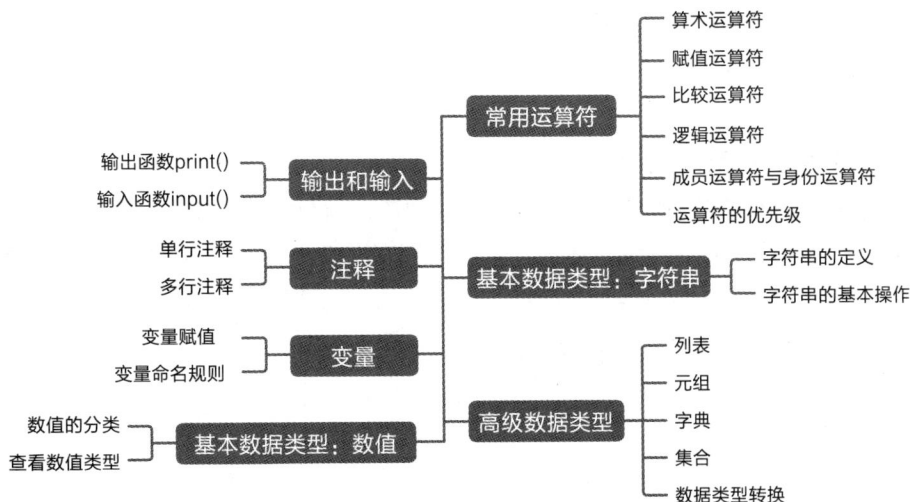

思考题

1. 我们编写了代码,过段时间通常会忘记当时是怎么设计的,如何避免这种情况呢?

2. 在财务工作中,有些数据之间是一一对应的,例如,会计科目编码和会计科目名称,那么在Python中能表示这种对应的数据吗?

2.1 输出和输入

输出指的是屏幕上的输出结果，而输入指的是从键盘接收数据。从第一个Python程序开始，我们一直使用print()函数向屏幕输出数据，该函数就是Python的输出函数。Python还提供input()函数，用于接收用户从键盘输入的数据。

2.1.1 输出函数print()

print()函数的输出内容有以下几种。

1. 输出内容为数值

当输出内容为数值时，直接在括号内输入相应的数字即可。

【例2-1】输出数值700。（代码位置：资源\第2章）

```
In [1]:    print(700) # 输出数值700
```

700 ◀━━━ 输出结果

2. 输出内容为字符串

当输出内容为字符串（由各种字符组成的一串字符）时，需要在括号内的字符串两侧添加英文引号（单引号、双引号、三单引号或三双引号）。

【例2-2】采用多种形式输出字符串"我非常热爱财务工作！"。（代码位置：资源\第2章）

```
In [1]:    print('我非常热爱财务工作！')       # 使用单引号输出字符串
           print("我非常热爱财务工作！")       # 使用双引号输出字符串
           print('''我非常热爱财务工作！''')   # 使用三单引号输出字符串
           print("""我非常热爱财务工作！""")   # 使用三双引号输出字符串
```

我非常热爱财务工作！
我非常热爱财务工作！ ⎫
我非常热爱财务工作！ ⎬ 输出结果
我非常热爱财务工作！ ⎭

3. 输出内容为含有运算符的表达式

当输出内容为含有运算符的表达式时，程序会输出该表达式的计算结果。

【例2-3】输出含有加法、减法、乘法、除法运算符的表达式的值。（代码位置：资源\第2章）

```
In [1]:    print(70+20) # 含有加法运算符的表达式
           print(70-20) # 含有减法运算符的表达式
           print(70*20) # 含有乘法运算符的表达式
           print(70/20) # 含有除法运算符的表达式
```

90 ⎫
50 ⎬
1400 ⎬ 输出结果
3.5 ⎭

4. 输出内容同时含有数值、字符串和表达式

当输出内容同时含有数值、字符串和表达式时，各部分通常使用英文的逗号"，"将它们隔开，

而输出结果中原逗号会用一个空格替代。

【例2-4】输出同时含有数值、字符串和表达式的混合内容。（代码位置：资源\第2章）

In [1]: `print('一季度管理费用', 127, ', ',"二季度管理费用", 370,"上半年管理费用", 370+127)`

一季度管理费用 127 ， 二季度管理费用 370 上半年管理费用 497 ◀━━● 输出结果

2.1.2 输入函数input()

使用input()函数可以接收用户从键盘输入的内容。注意：无论用户输入的是什么类型的数据，input()函数都以字符串类型返回结果。

【例2-5】从键盘输入"库存现金"。（代码位置：资源\第2章）

┌──● 括号内的内容不是必需的，但是在其中输入一些提示性文字，能为用户提供更好的体验

In [1]: `input('会计科目：')`

会计科目：库存现金 ◀━━● 输入"库存现金"并按 Enter 键

Out[1]: `'库存现金'` ◀━━● 输出结果

2.1.3 课堂实验——输出公司三大财务报表

【实验内容】输出公司三大财务报表。（代码位置：资源\第2章）
【实验思路】使用print()函数。

2.2 注释

注释是对一行或一段代码的解释和说明，它可以提高代码的可读性，让人们能够更加轻松地了解代码所实现的功能。注释的内容将被Python的解释器忽略，并不会被执行。在Python中，注释通常包括单行注释和多行注释两种类型。

2.2.1 单行注释

单行注释用符号"#"表示，从符号"#"开始直到换行为止，"#"后面的所有内容都为注释。单行注释既可以作为单独一行放在被注释代码语句之上，又可以放在被注释代码语句之后。

【例2-6】为输出语句添加单行注释。（代码位置：资源\第2章）

┌──● 通常在"#"后添加一个空格以增加可读性

In [1]: `# 这是一个单行注释的例子`
`print('神龙公司固定资产：', 1770,'万元') # 字符串需要加英文格式引号，数值不需要加引号`

神龙公司固定资产： 1770 万元 ◀━━● 输出结果。可以看出注释不会被运行，也不会被显示出来

2.2.2 多行注释

多行注释是指包含在一对三个单引号（'''）或三个双引号（"""）之间的多行内容，它位于被注释代码语句（或语段）前。当注释内容过多，使用单行注释显示不完整时，就可以使用多行注释。

【**例2-7**】为公司费用添加多行注释。（代码位置：资源\第2章）

In [1]:
```
"""
第1行输出公司经费
第2行输出工会经费        } 多行注释
第3行输出职工教育经费
"""
print('公司经费', 1970, '万元')
print('工会经费', 70, '万元')
print('职工教育经费', 27, '万元')
```

公司经费 1970 万元
工会经费 70 万元   } 输出结果
职工教育经费 27 万元

2.2.3 课堂实验——为短期借款、应付票据、应付账款添加注释

【**实验内容**】为短期借款（79670万元）、应付票据（58210万元）、应付账款（27970万元）添加注释。（代码位置：资源\第2章）

【**实验思路**】由于需要为短期借款、应付票据、应付账款3行代码段添加注释，所以需要使用多行注释。

2.3 变量

顾名思义，变量是指其值可以被改变的量。变量可以看作Excel中的一个单元格，专门用来"盛装"程序中的数据。每个变量都拥有独一无二的名字（相当于Excel单元格地址），通过变量的名字就能找到变量中的数据。

2.3.1 变量赋值

在Python中，将数据存入变量的过程称为赋值（相当于往Excel某个单元格中输入数据）。变量的赋值用等号"="（不是数学中"等于"的意思）来完成，其语法格式如下。

```
name = value
```
要存储的数据
赋值符号
变量名

在Python中，同一个变量可以反复被赋值（相当于Excel单元格中的值可以反复被更改），并允许被赋予不同数据类型的值。

【**例2-8**】为变量多次赋值。（代码位置：资源\第2章）

扫码看视频

In [1]:
```
assets=727 # 为变量assets赋值（整数）（提示：assets的中文含义是资产）
print(assets)
```

727

In [2]:
```
assets=assets+900 # 先将变量 assets 的值与 900 相加，再赋值给变量 assets
print(assets)
```

1627

In [3]:
```
assets="资产"  # 为变量 assets 赋值（字符串）
print(assets)
```

资产

为了更好地理解例2-8中代码的含义，下面对每段代码进行解读，并给出示意图。

第1段代码中的assets=727语句可以理解为给某个单元格起名assets，并往该单元格中输入727，如图2-1所示。

图2-1

第2段代码中的assets=assets+900语句可以理解为先将单元格assets中的值取出来并与900相加，再写回该单元格中，如图2-2所示。

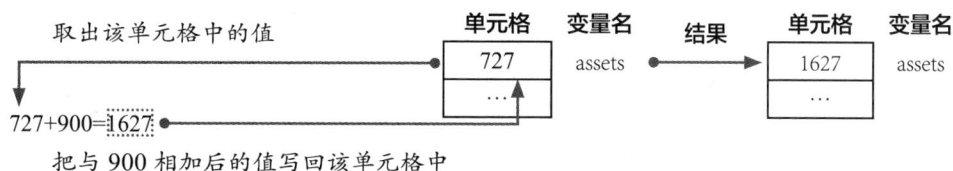

图2-2

第3段代码中的assets="资产"语句可以理解为把"资产"写入单元格assets（覆盖掉原先的值），如图2-3所示。

图2-3

通过例2-8总结如下。

① 变量的值不是一成不变的，它可以随时被修改；另外，不用关心数据的类型，可以将不同类型的数据赋值给同一个变量。

② 变量的值一旦被修改，之前的值就被覆盖了。也就是说，一个变量只能容纳一个值。

2.3.2 变量命名规则

在Python中，给变量命名要遵守一定的规则，违反这些规则将引发错误。具体命名规则如下。

① 变量名可以由任意数量的字母、数字及下画线组合而成，但变量名不能以数字开头。

In [1]:
```
salary=72700   # 正确的命名
1salary=23729  # 错误的命名，以数字开头运行时会出现错误提示
```

② 变量名对英文字母区分大小写。例如，下面代码中的name和Name是两个不同的变量。

```
In [1]:    name='张海涛'
           Name='办公费'
```

③ 不能用Python中的关键字作为变量名，否则会引发错误。

> **提示　关键字**
>
> 关键字是Python中一些已经被赋予特定含义的单词，这就要求我们在编写代码时，不能用这些关键字给变量、函数、类、模板以及其他对象命名。表2-1中的单词就是Python中的关键字。

表2-1

Python中的关键字

False	None	True	and	as
assert	async	await	break	class
continue	def	del	elif	else
except	finally	for	from	global
if	import	in	is	lambda
nonlocal	not	or	pass	raise
return	try	while	with	yield

除了以上命名规则外，我们在给变量命名的时候还要养成以下好习惯。

① 变量名要见名知意，即用英文单词或单词缩写作为变量名。

② 当变量名由两个或两个以上的单词组成时，采用驼峰式命名法命名，即第一个单词的首字母小写，后续单词的首字母大写。例如，otherMonetaryFunds（其他货币资金）。另外要注意各单词之间不能有空格，否则会引发错误。

2.3.3　课堂实验——为公司所有者权益变量命名并赋值

【实验内容】为公司所有者权益变量命名并赋值为168670。（代码位置：资源\第2章）
【实验思路】使用所有者权益的英文单词作为变量的名字，并采用驼峰式命名法命名。

2.4　基本数据类型：数值

对于财务人员来说，基本每天都要与数字打交道，比如日常收付款、材料采购、固定资产等。当用Python来处理这些数字的时候，我们就需要对这些数字进行数据分类。数字在Python中被分为数值类型，它是Python两种基本数据类型之一。

2.4.1　数值的分类

Python中常见的数值类型包括整型（int）、浮点型（float）和布尔型（bool）。

1. 整型

整型数值与数学中的整数一样，是指不带小数点的数字，包括正整数、负整数和0。整型的英文名为integer，简称int。例如，10、0、-48都为整型数值。

2. 浮点型

浮点型数值与数学中的小数一样，是指带小数点的数字，在财务数据中用得最多。浮点型的英文名为float。例如，19.3、-4.235都为浮点型数值。

3. 布尔型

Python提供布尔型（bool）数值来表示真（对）或假（错）。比如6>3是正确的，在Python中使用True来表示；再比如7>20是错误的，在Python中使用False来表示。

另外，布尔型数值可以当作整型数值，即True相当于整型数值1，False相当于整型数值0。

需要注意的是：True和False的首字母要用大写，否则会报错。

2.4.2 查看数值类型

在Python中，可以使用type()函数查看数值类型。

【例2-9】使用type()函数查看数值类型。（代码位置：资源\第2章）

```
In [1]:  print(type(2700))        # 查看整型数值的数值类型
         print(type(39.7))        # 查看浮点型数值的数值类型
         print(7>6, type(7>6))    # 查看布尔型数值的数值类型
         print(6>8, type(6>8))    # 查看布尔型数值的数值类型
```

```
<class 'int'>          ◄————●  2700 的数值类型是 int
<class 'float'>        ◄————●  39.7 的数值类型是 float
True <class 'bool'>    ◄————●  7>6 的值是 True，其数值类型是 bool
False <class 'bool'>   ◄————●  6>8 的值是 False，其数值类型是 bool
```

2.4.3 课堂实验——查看公司应收利息的数值类型

【实验内容】输出公司应收利息273.817万元的数值类型。（代码位置：资源\第2章）

【实验思路】①输出内容同时含有数值和字符串，各部分之间用逗号隔开；②用type()函数输出273.817的数值类型。

2.5 常用运算符

Python提供了丰富的运算符来完成各种数值之间的运算。常用的运算符包括算术运算符、赋值运算符、比较运算符、逻辑运算符、成员运算符与身份运算符。使用运算符将不同类型的数值按照一定的规则连接起来的式子称为表达式。

2.5.1 算术运算符

算术运算符用于两个数值间的基本算术运算（类似数学中的加、减、乘、除运算），其运算结果为数值，如表2-2所示。

表2-2

运算符	名称	示例（x=7，y=3）
+	加	x + y的输出结果为10
–	减	x – y的输出结果为4
*	乘	x * y的输出结果为21
/	除以	x / y的输出结果为2.3333333333333335
%	取模	x % y的输出结果为1
**	幂	x ** y的输出结果为343
//	整除	x // y的输出结果为2

2.5.2 赋值运算符

赋值运算符主要用来为变量赋值，它分为两类：基本赋值运算符和扩展赋值运算符。基本赋值运算符在2.3.1小节中已经介绍过，这里不赘述。扩展赋值运算符是由赋值运算符与算术运算符组合而成的一种复合运算符，如表2-3所示。

表2-3

运算符	名称	示例
+=	加法赋值运算符	例如，c += a 等价于 c = c + a
-=	减法赋值运算符	例如，c -= a 等价于 c = c - a
*=	乘法赋值运算符	例如，c *= a 等价于 c = c * a
/=	除法赋值运算符	例如，c /= a 等价于 c = c / a
%=	取模赋值运算符	例如，c %= a 等价于 c = c % a
**=	幂赋值运算符	例如，c **= a 等价于 c = c ** a
//=	取整除赋值运算符	例如，c //= a 等价于 c = c // a

提示

因为扩展赋值运算符的运行效率高于基本赋值运算符，所以通常情况下，当既可以使用基本赋值运算符，又可以使用扩展赋值运算符的时候，推荐使用扩展赋值运算符。

2.5.3 比较运算符

比较运算符也称关系运算符，用于对常量、变量或表达式的结果进行比较。如果这种比较是成立的，则返回 True（真），反之则返回 False（假）。比较运算符如表2-4所示。

表2-4

运算符	名称	示例（x=7，y=3）
==	等于	x==y，返回False
!=	不等于	x!=y，返回True
>	大于	x>y，返回True

运算符	名称	示例（x=7，y=3）
<	小于	x<y，返回False
>=	大于等于	x>=y，返回True
<=	小于等于	x<=y，返回False

2.5.4　逻辑运算符

逻辑运算符通常用于对布尔值进行运算，它一般和关系运算符结合使用，其结果也是布尔值。逻辑运算符如表2-5所示。

表2-5

运算符	名称	描述
and	逻辑与	a and b，只有a和b都是True时，才返回True，否则返回False
or	逻辑或	a or b，只有a和b都是False时，才返回False，否则返回True
not	逻辑非	not a，如果a为True，则返回False；反之，则返回True

【例2-10】输出由比较运算符和逻辑运算符组成的逻辑表达式的值。（代码位置：资源\第2章）

```
In [1]:  x=10
         y=17
         print((x<y) and (x>7))      # x<y为真，x>7为真，"真 and 真"，结果为真
         print((x>y) or (x>8))       # x>y为假，x>8为真，"假 or 真"，结果为真
         print(not (x<y))            # x<y为真，"not 真"，结果为假
```

```
True
True    }  输出结果
False
```

2.5.5　成员运算符与身份运算符

成员运算符与身份运算符是Python中的特殊运算符。成员运算符主要用于判断某个值是否为某个序列的成员；身份运算符主要用于判断两个变量是否引用自同一个对象，如表2-6所示。

表2-6

运算符	名称	描述
in	成员运算符	如果在指定序列中找到值，则返回True，否则返回False
not in		如果在指定序列中找不到值，则返回True，否则返回False
is	身份运算符	判断两个变量是否引用自同一个对象，如果是，则返回True，否则返回False
is not		判断两个变量是否引用自不同对象，如果是，则返回True，否则返回False

【例2-11】判断'财务分析'是否是'2022年度企业财务分析'的一部分，并输出结果。（代码位置：资源\第2章）

```
In [1]:   str='2022年度企业财务分析'
          isIn='财务分析' in str
          print(isIn)
```

True ◄── '财务分析'是'2022年度企业财务分析'的一部分，所以结果为真

【例2-12】判断'2021年度企业财务分析'与'2022年度企业财务分析'这两个字符串是否相同，并输出结果。（代码位置：资源\第2章）

```
In [1]:   strOne='2021年度企业财务分析'
          strTwo='2022年度企业财务分析'
          isNot=strOne is not strTwo  # 判断这两个字符串是否不相同
          print(isNot)
```

True ◄── 这两个字符串是不相同的，所以结果为真

2.5.6　运算符的优先级

运算符的优先级指的是在含有多个运算符的表达式中，应该先计算哪一个，后计算哪一个，这与数学中四则运算应遵循"先乘除，后加减"的规则类似。

Python中运算符的运算规则如下。

① 优先级高的运算符先执行，优先级低的运算符后执行。

② 同一优先级的运算符按照从左到右的顺序执行。

③ 圆括号"()"可改变优先级，即有圆括号就先执行圆括号里的运算符；有多个圆括号嵌套，则先计算最里面的圆括号，再计算外面的圆括号。

需要注意的是，Python中大部分运算符都是从左向右执行的，只有单目运算符（如not）、赋值运算符和三目运算符例外，它们是从右向左执行的。

表2-7按照优先级从高到低的顺序，列出了运算符的优先级。

表2-7

运算符说明	运算符	优先级
圆括号	()	10
乘方	**	9
乘、除、整除、取余	*、/、//、%	8
加、减	+、-	7
比较运算符	==、!=、>、>=、<、<=	6
身份运算符	is、is not	5
成员运算符	in、not in	4
逻辑非	not	3
逻辑与	and	2
逻辑或	or	1

> **提示**
>
> 虽然Python通过运算符的优先级能够保证表达式的运算正确，但是并不推荐过度依赖运算符的优先级，因为这会导致程序的可读性降低，应尽量使用"()"来控制表达式的执行顺序。

2.5.7 课堂实验——计算工资实发金额

【实验内容】某公司员工李莎莎的工资组成如表2-8所示，其中，业绩工资=销售额×提成比例，李莎莎的销售额为100000元，提成比例为2%，未请假。计算并输出李莎莎的实发工资。（代码位置：资源\第2章）

表2-8
单位：元

姓名	基本工资	职级工资	全勤奖	津贴	业绩工资	请假扣款	扣社保	实发工资
李莎莎	3200	1800	300	300			520	

【实验思路】①根据公式计算出业绩工资；②计算实发工资，实发工资=基本工资+职级工资+全勤奖+津贴+业绩工资-请假扣款-扣社保。

2.6 基本数据类型：字符串

使用Python处理财务业务，虽然大部分工作是用在计算方面的，但是有时也需要处理非计算方面的文本。文本在Python中被称为字符串，它是另外一种基本数据类型。

2.6.1 字符串的定义

字符串是由字母、数字、符号、中文等各种文字组合而成的，它是用来表示文本的一种数据类型。字符串根据其内容的多少，分为单行字符串和多行字符串。

单行字符串需置于一对英文引号内，可为单引号或双引号，二者作用相同，但不能混用，即不能一个单引号一个双引号成对使用。

多行字符串可以用三单引号或三双引号引起来，二者同样不能混用。

【例2-13】显示单行字符串和多行字符串。（代码位置：资源\第2章）

In [1]:
```
print('会计科目')
print('''资产类包括库存现金、银行存款、其他货币资金、交易性金融资产、
应收票据、应收账款、预付账款、应收股利、应收利息、其他应收款等。
''')
```

会计科目
资产类包括库存现金、银行存款、其他货币资金、交易性金融资产、
应收票据、应收账款、预付账款、应收股利、应收利息、其他应收款等。   } 输出结果

2.6.2 字符串的基本操作

下面介绍字符串的基本操作。

1. 字符串索引号

字符串中的每个字符（元素）都有一个序号，通过这个序号我们可以快速找到对应字符，这个序号在Python中被称为索引号。字符串的索引号有两种：正向递增索引号和反向递减索引号。正向递增索引号是从左往右编号，默认从0开始；反向递减索引号是从右往左编号，默认从-1开始。以字符串"银行存款177万元"为例，其各个字符对应的正向递增索引号和反向递减索引号如图2-4所示。

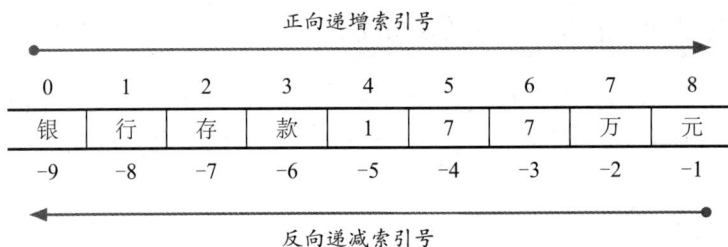

正向递增索引号

0	1	2	3	4	5	6	7	8
银	行	存	款	1	7	7	万	元
-9	-8	-7	-6	-5	-4	-3	-2	-1

反向递减索引号

图2-4

2. 字符串索引

对字符串中某个字符的检索称为索引。其格式如下。

> 字符串或字符串变量 [索引号]

【例2-14】输出字符串'银行存款177万元'中索引号为3和-6的字符。（代码位置：资源\第2章）

```
In [1]:  str='银行存款177万元'
         print(str[3])      # 输出索引号为3的字符
         print(str[-6])     # 输出索引号为-6的字符
```

款
款
} 从输出结果中可以看出，索引就是从字符串中截取指定索引号的单个字符

3. 字符串切片

对字符串中某个子串的检索称为切片。其格式如下。

> 字符串或字符串变量 [M:N] # M 缺失表示从开头检索，N 缺失表示检索至结尾

【例2-15】从字符串'银行存款177万元'中截取字符串。（代码位置：资源\第2章）

```
In [1]:  str='银行存款177万元'
         print(str[:4])     # 从开头截取到第4个字符，不包括第4个字符
         print(str[4:])     # 从第4个字符截取到末尾，包括第4个字符
         print(str[2:7])    # 截取第2~7个字符之间的字符，包括第2个字符，不包括第7个字符
```

银行存款
177 万元
存款 177
} 从输出结果中可以看出，切片遵循的是"左闭右开"的原则

4. 字符串操作符

针对字符串，Python提供了表2-9所示的两个操作符。

表2-9

操作符	名称	示例	结果
+	拼接字符串	name='公司'，item='银行存款'，name + item	'公司银行存款'
*	重复复制字符串	name * 3	'公司公司公司'

5. 格式化字符串

格式化字符串是指让输出结果以指定的格式显示。Python提供两种格式化字符串的方法：一种是使用占位符（%），另一种是使用format()函数。

使用占位符格式化字符串是指使用一个包含占位符的字符串作为模板，用占位符标记指定位置，通过对占位符赋值，重复输出格式固定但内容不同的文本。常见的占位符如表2-10所示。

表2-10

占位符	描述
%s	任意字符占位符
%d	整数占位符
%f	浮点数占位符

【例2-16】使用占位符格式化输出字符串'公司2022年第2季度银行存款余额为17287.68元'。（代码位置：资源\第2章）

```
In [1]:   year='2022年'  # 年份变量
          quarter=2  # 季度变量
          money=17287.679  # 银行存款变量
          print('公司%s第%d季度银行存款余额为%.2f元'%(year, quarter, money))
```

占位符和变量一一对应

公司 2022 年第 2 季度银行存款余额为 17287.68 元 ◀━ 输出结果

format()函数与占位符的作用类似，只是使用"{}"和":"代替占位符。使用该函数格式化字符串时可以指定参数名、索引、数字等，它比占位符支持更多的功能。下面通过一个具体的案例来介绍format()函数的几种主要用法。

【例2-17】使用format()函数格式化输出字符串'公司2022年第2季度银行存款余额为17287.68元'。（代码位置：资源\第2章）

```
In [1]:   year='2022年'
          quarter=2
          money=17287.679
          # 不指定变量位置，按默认顺序传递参数
          print('公司{}第{}季度银行存款余额为{}元'.format(year, quarter, money))
```

按默认顺序传递参数

公司 2022 年第 2 季度银行存款余额为 17287.679 元 ◀━ 输出结果

```
In [2]:   # 指定变量位置，按索引传递参数
          print('公司{2}第{0}季度银行存款余额为{1}元'.format(quarter, money, year))
```

按索引传递参数

公司 2022 年第 2 季度银行存款余额为 17287.679 元 ◀━ 输出结果

必须有":"，其后面的逗号是千位符，.2f表示转换为带2位小数的浮点数

```
In [3]:   # 将数字以货币形式显示
          print('公司{}第{}季度银行存款余额为{:,.2f}元'.format(year, quarter, money))
```

公司 2022 年第 2 季度银行存款余额为 17,287.68 元 ◀━ 输出结果

2.6.3 课堂实验——格式化公司应收账款

扫码看视频

【实验内容】使用format()函数格式化字符串"公司2023年第1季度应收账款为7906072.57元"，其中金额以货币形式显示。（代码位置：资源\第2章）

【实验思路】金额需要使用千位符，保留两位小数。

2.7 高级数据类型

2.4节和2.6节介绍了两种基本的数据类型：数值和字符串。使用它们可以完成很多功能。但要实现更强大、更复杂的功能，仅靠这两种数据类型是不够的，还需要使用列表、元组、字典以及集合等高级数据类型才能完成。这4种数据类型总体上都起存放成组数据的作用，但都有各自的特点，下面分别介绍。

2.7.1 列表

列表是Python用来将多个数据（也称为元素）按一定顺序排列并存储为一个数据的数据类型，其中的数据既可以是数值或字符串等基本数据类型，又可以是列表、元组、字典等高级数据类型。它的所有元素都放在一对中括号"[]"中，并使用逗号分隔，其格式如下。

[元素1, 元素2, 元素3, …, 元素n]

例如，[1, 2, 3, 4, 5]和['资产负债表', '利润表', '现金流量表']都是列表。

需要注意的是，在使用列表时，虽然可以将不同类型的数据放入同一个列表，但通常情况下不要这么做，因为同一个列表中只放入同一类型的数据，可以提高程序的可读性。

1. 访问列表

与字符串类似，列表中的每个元素也有正向递增索引号和反向递减索引号，且默认正向递增索引号是从0开始，反向递减索引号从-1开始，如图2-5所示。

元素1	元素2	元素3

listForm = ['资产负债表', '利润表', '现金流量表']

0	1	2	◄────► 正向递增索引号
-3	-2	-1	◄────► 反向递减索引号

图2-5

用户可以通过索引或切片来访问列表中的元素。

（1）利用索引访问列表中的单个元素

【例2-18】获取['资产负债表', '利润表', '现金流量表']列表中的第2个元素。（代码位置：资源\第2章）

```
In [1]:  listForm = ['资产负债表', '利润表', '现金流量表']  # 创建列表
         print(listForm[1])  # 输出索引号为1的元素，即第2个元素
         print(listForm[-2])  # 输出索引号为-2的元素，即第2个元素
```

利润表
利润表 } 输出的结果是单个元素值

（2）利用切片访问列表中的多个元素

【例2-19】获取['库存现金', '银行存款', '其他货币资金', '交易性金融资产', '应收票据', '应收账款']列表中的前2个元素、第3~5个元素、后3个元素。（代码位置：资源\第2章）

```
In [1]:   listForm = ['库存现金', '银行存款', '其他货币资金', '交易性金融资产', '应收票据', '应收账款']
          print(listForm[0:2])        # 输出由前2个元素组成的子列表
          print(listForm[2:5])        # 输出由第3~5个元素组成的子列表
          print(listForm[3:])         # 输出由后3个元素组成的子列表
```

```
['库存现金', '银行存款']
['其他货币资金', '交易性金融资产', '应收票据']          } 切片的结果是子列表
['交易性金融资产', '应收票据', '应收账款']               列表切片遵循"左闭右开"的原则
```

2. 增加列表元素

增加列表元素的常用方法如表2-11所示。

表2-11

方法	描述
list.append(obj)	在列表list的末尾添加元素obj
list.insert(index, obj)	在列表的指定索引号index处插入元素obj
list.extend(seq)	在列表list的末尾添加一个序列（列表或元组）中的所有元素
+	使用"+"可以将多个列表合并成一个列表

【例2-20】分别使用append()、insert()、extend()及"+"4种方法为列表添加元素。（代码位置：资源\第2章）

```
In [1]:   listOne = ['库存现金', '银行存款', '其他货币资金', '交易性金融资产']
          listOne.append('应收票据')   # 在列表的末尾添加元素
          print(listOne)
```
在列表的末尾添加'应收票据'

```
['库存现金', '银行存款', '其他货币资金', '交易性金融资产', '应收票据']
```

```
In [2]:   listOne = ['库存现金', '银行存款', '其他货币资金', '交易性金融资产']
          listOne.insert(2, '应收票据')   # 在列表的索引号为2的位置插入元素
          print(listOne)
```

```
['库存现金', '银行存款', '应收票据', '其他货币资金', '交易性金融资产']
```
在索引号为2的位置插入新的元素

```
In [3]:   listOne = ['库存现金', '银行存款', '其他货币资金', '交易性金融资产']
          listTwo = ['应收票据', '应收账款']
          listOne.extend(listTwo)   # 扩展列表
          print(listOne)
```
在列表listOne的末尾添加列表listTwo中的所有元素

```
['库存现金', '银行存款', '其他货币资金', '交易性金融资产', '应收票据', '应收账款']
```

```
In [4]:   listOne = ['库存现金', '银行存款', '其他货币资金', '交易性金融资产']
          listTwo = ['应收票据', '应收账款']
          listThree = listOne + listTwo # 通过"+"将两个列表合并成一个列表
          print(listThree)
```

['库存现金', '银行存款', '其他货币资金', '交易性金融资产', '应收票据', '应收账款']

3. 修改列表元素

通过对指定索引号处的列表元素重新赋值，可修改该列表元素。

【例2-21】将列表['库存现金', '银行存款', '其他货币资金', '交易性金融资产'] 的第3项修改为'应收票据'。（代码位置：资源\第2章）

```
In [1]:   listOne = ['库存现金', '银行存款', '其他货币资金', '交易性金融资产']
          # 创建列表
          listOne[2] = '应收票据' # 将列表的第3项（索引号为2）修改为'应收票据'
          print(listOne)
```

['库存现金', '银行存款', '应收票据', '交易性金融资产']

列表的第3项'其他货币资金'（索引号为2）被修改为'应收票据'

4. 查找列表元素

通过以下两种方法可以查找列表元素。

（1）通过index()方法查找指定列表元素

【例2-22】查找列表['库存现金', '银行存款', '其他货币资金', '交易性金融资产'] 中'银行存款'元素的索引号并返回。（代码位置：资源\第2章）

```
In [1]:   listOne = ['库存现金', '银行存款', '其他货币资金', '交易性金融资产']
          indexId = listOne.index('银行存款') # 返回指定列表元素的索引号
          print(indexId)
```

1 ◀── 输出结果

（2）通过in运算符判断列表中是否存在指定列表元素

【例2-23】判断列表['库存现金', '银行存款', '其他货币资金', '交易性金融资产'] 中是否存在'银行存款'、'应收票据'。（代码位置：资源\第2章）

```
In [1]:   listOne = ['库存现金', '银行存款', '其他货币资金', '交易性金融资产']
          isIn = '银行存款' in listOne # 判断列表中是否存在'银行存款'
          print(isIn)
```

True ◀── 列表中存在'银行存款'，结果为真

```
In [2]:   isIn = '应收票据' in listOne # 判断列表中是否存在'应收票据'
          print(isIn)
```

False ◀── 列表中不存在'应收票据'，结果为假

5. 删除列表元素

删除列表元素的常用方法如表2-12所示。

表2-12

方法	描述
list. clear ()	清空列表list中的所有元素
list. pop (index)	删除列表list中指定索引号index处的元素
list. remove (obj)	删除列表list中指定的元素obj
del list [m:n]	删除列表list中指定索引范围（索引号范围为m～n，但不包括n）的元素

【例2-24】使用表2-12中的4种方法删除['库存现金', '银行存款', '其他货币资金', '交易性金融资产']列表中指定的元素。（代码位置：资源\第2章）

```
In [1]: listOne = ['库存现金', '银行存款', '其他货币资金', '交易性金融资产']
        listOne. clear ()  # 清空列表
        print (listOne)
```

[]　◀━━● 列表被清空了

```
In [2]: listOne = ['库存现金', '银行存款', '其他货币资金', '交易性金融资产']
        listOne. pop (2)  # 删除索引号为2的元素
        print (listOne)
```

['库存现金', '银行存款', '交易性金融资产']　◀━━● 索引号为2的元素被删除了

```
In [3]: listOne = ['库存现金', '银行存款', '其他货币资金', '交易性金融资产']
        listOne. remove ('其他货币资金')  # 删除列表中的'其他货币资金'
        print (listOne)
```

['库存现金', '银行存款', '交易性金融资产']　◀━━● 列表中的'其他货币资金'被删除了

```
In [4]: listOne = ['库存现金', '银行存款', '其他货币资金', '交易性金融资产']
        del listOne [1:3]  # 删除指定索引范围（索引号范围为1～3，但不包括3）的元素
        print (listOne)
```

['库存现金', '交易性金融资产']　◀━━● 索引号为1～3（但不包括3）的元素被删除了

6. 列表排序

列表排序的常用方法如表2-13所示。

表2-13

方法	描述
list. sort ()	按升序排列列表
list. reverse ()	按降序排列列表

【例2-25】分别对数字列表、英文字符串列表进行升序排列。（代码位置：资源\第2章）

（1）数字列表升序排列

对数字列表进行升序排列，就是对各元素按照其数值从小到大排列。

扫码看视频

```
In [1]: listOne = [117, 390, 295, 67, 777, 527]
        listOne. sort ()
        print (listOne)
```

[67, 117, 295, 390, 527, 777]　◀━━● 按照数值从小到大排列

（2）英文字符串列表升序排列

对英文字符串列表进行升序排列，就是对各元素按照其ASCII码从小到大的顺序排列。通常记住以下规律即可。

① 从'A'到'Z'的26个大写英文字母，'A'的ASCII码最小，'Z'的ASCII码最大，即'A'<'B'<'C'<…<'Z'。26个小写英文字母也具有这个规律，即'a'<'b'<'c'<…<'z'，且'Z'<'a'。

② 数字字符排序时，也是按照其ASCII码的大小进行排序，其规律是'0'<'1'<…<'9'，且'9'<'A'。

③ 两个英文字符串比较大小：先比较首字符，其ASCII码大的字符串大；首字符相同，就比较第二个字符，其ASCII码大的字符串大；以此类推。如果比较到最后一个字符都相同，则字符串长的字符串大。

```
In [2]:   listTwo = ['oracle', 'apple', 'microsoft', 'google', 'Huawei', 'Tencent', 'Amazon']
          listTwo.sort()
          print(listTwo)
```

```
['Amazon', 'Huawei', 'Tencent', 'apple', 'google', 'microsoft', 'oracle']
```

按照其 ASCII 码从小到大的顺序排列

提示　　**对中文列表也可以排序吗？**

可以。对中文列表进行排序，就是对各元素按照其在统一码（Unicode）字符集中的编码（位置）从小到大排列。不过在实际工作中，对中文列表进行排序的意义不大。

2.7.2　元组

元组是和列表非常相似的一种数据类型，它与列表的区别如下。

① 列表使用[]表示，而元组使用()表示。

② 列表是可变数据类型，可对其元素进行增、删、改等操作，而元组是不可变数据类型，一旦初始化，就不能改变，不能对其元素进行增、删、改等操作。

③ 元组不能排序。

1. 访问元组

访问元组的方法与列表的相同。用户可以通过索引或切片访问元组中的元素。

【例2-26】获取('主营业务成本', '其他业务成本', '销售费用', '管理费用', '财务费用')元组中的第2个元素、第1～3个元素。（代码位置：资源\第2章）

```
In [1]:   costTuple = ('主营业务成本', '其他业务成本', '销售费用', '管理费用', '财务费用')
          print(costTuple[1])        # 利用索引输出第2个元素
          print(costTuple[1:3])      # 利用切片输出由第1～3个元素组成的子元组（左闭右开）
```

其他业务成本　　　　　　　　　　　　　　索引的结果是单个元素值；
('其他业务成本', '销售费用')　　　　　　切片的结果是子元组

2. 查找元组元素

查找元组元素的方法与列表的相同。用户可通过index()方法查找指定元组元素，也可以通过in运算符判断元组中是否存在指定元组元素。

【**例2-27**】在元组('主营业务成本', '其他业务成本', '销售费用', '管理费用', '财务费用')中查找'销售费用'的索引号，并判断该元组中是否存在'销售费用'元素。（代码位置：资源\第2章）

```
In [1]:  costTuple = ('主营业务成本', '其他业务成本', '销售费用', '管理费用', '财务费用')
         indexId=costTuple.index('销售费用')  # 返回'销售费用'的索引号
         print(indexId)
```

2　◀━━━●索引号为2

```
In [2]:  isIn='销售费用' in costTuple  # 判断元组中是否存在'销售费用'元素
         print(isIn)
```

True　◀━━━●元组中存在'销售费用'元素

2.7.3　字典

Python中的字典是一种无序的、可变的序列，它的元素以"键值对（key-value）"的形式存储，即一个键对应一个值，是一种映射数据类型。

键值对很像学生时代常用的新华字典，键相当于《新华字典》里的音节表，值相当于《新华字典》里该音节表对应的汉字，如图2-6所示。

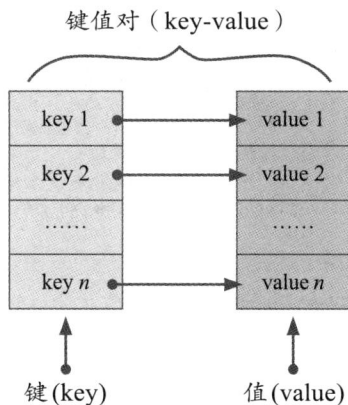

图2-6

字典中的每个元素都包含两部分，分别是键（key）和值（value）。在创建字典时，键和值之间使用冒号分隔，相邻元素之间使用逗号分隔，所有元素都放在大括号{ }中，其格式如下。

{'key 1':'value 1', 'key 2':'value 2', …, 'key *n*':'value *n*'}

字典具有如下特征。

① 键是唯一的，值可以重复。相同的键，字典只会识别最后一次设置的值。

② 键是不可变的，即键可以添加，不可以修改。

③ 值是可变的，可以修改。

1. 增加字典元素

通过赋值的方式可以增加字典元素。

【**例2-28**】为资产类的会计科目编码字典（{'1001':'库存现金', '1002':'银行存款', '1003':'存放中央银行款项'}）增加元素（'1011':'存放同业'）。（代码位置：资源\第2章）

```
In [1]:   dictAsset={'1001':'库存现金', '1002':'银行存款', '1003':'存放中央银行款项'}
                                      # 创建资产类的会计科目编码字典
          print(dictAsset)            # 输出原有的字典
          dictAsset['1011']='存放同业'  # 增加字典元素
          print(dictAsset)            # 输出增加元素后的字典
```

{'1001': '库存现金', '1002': '银行存款', '1003': '存放中央银行款项'}
{'1001': '库存现金', '1002': '银行存款', '1003': '存放中央银行款项', '1011': '存放同业'}

新的元素（键值对）增加进来了

2. 删除字典元素

通过pop()和popitem()方法可以删除字典元素。

【例2-29】分别使用pop()和popitem()方法删除字典元素。（代码位置：资源\第2章）

```
In [1]:   dictAsset={'1001':'库存现金', '1002':'银行存款', '1003':'存放中央银行款项'}
                                      # 创建资产类的会计科目编码字典
          dictAsset.pop('1002')      # 删除该键对应的键值对
          print(dictAsset)           # 输出删除元素（键值对）后的字典
```

{'1001': '库存现金', '1003': '存放中央银行款项'} ◀━━● 删除元素（键值对）后的字典

```
In [2]:   dictAsset={'1001':'库存现金', '1002':'银行存款', '1003':'存放中央银行款项'}
                                      # 创建资产类的会计科目编码字典
          dictAsset.popitem()        # 删除尾部键值对
          print(dictAsset)           # 输出删除元素后的字典
```

{'1001': '库存现金', '1002': '银行存款'} ◀━━● 删除尾部元素（键值对）后的字典

3. 修改字典元素

通过赋值的方式可以修改字典元素。注意，键只有存在才是修改值，键如果不存在则是增加字典元素。

【例2-30】假设在例2-28所示的资产类的会计科目编码字典中，键'1002'对应的值被错误地写成'银行存钱'，请将其修改为正确的值'银行存款'。（代码位置：资源\第2章）

```
In [1]:   dictAsset={'1001':'库存现金', '1002':'银行存钱', '1003':'存放中央银行款项'}
                                      # '钱'是错误的
          print(dictAsset)           # 输出修改前的字典
          dictAsset['1002'] ='银行存款' # 修改该键对应的值
          print(dictAsset)           # 输出修改后的字典
```

{'1001': '库存现金', '1002': '银行存钱', '1003': '存放中央银行款项'}
{'1001': '库存现金', '1002': '银行存款', '1003': '存放中央银行款项'}

'银行存钱'修改为了'银行存款'

4. 返回字典中的所有键值对、键和值

使用items()、keys()和values()方法可以分别返回字典中的所有键值对、键和值。

【例2-31】输出例2-28所示的资产类的会计科目编码字典中的所有键值对、键和值。（代码位置：资源\第2章）

```
In [1]:    dictAsset={'1001':'库存现金','1002':'银行存款','1003':'存放中央银行款项'}
           print(dictAsset.items())        # 输出所有键值对
           print(dictAsset.keys())         # 输出所有键
           print(dictAsset.values())       # 输出所有值
```

```
dict_items([('1001', '库存现金'), ('1002', '银行存款'), ('1003', '存放中央银行款项')])
dict_keys(['1001', '1002', '1003'])
dict_values(['库存现金', '银行存款', '存放中央银行款项'])
```

5. 查找、访问字典元素

使用in运算符可以判断字典的键值对、键和值是否存在；使用键可以访问值。

【例2-32】以例2-28中的资产类的会计科目编码字典为例，判断指定的键值对、键和值是否存在，并访问指定键对应的值。（代码位置：资源\第2章）

```
In [1]:    dictAsset={'1001':'库存现金','1002':'银行存款','1003':'存放中央银行款项'}
           # 判断指定键值对是否在字典中，注意指定键值对的写法
           isIn=('1002', '银行存款') in dictAsset.items()
           print(isIn)
           isIn='1002' in dictAsset.keys()              # 判断指定键是否在字典中
           print(isIn)
           isIn='银行存款' in dictAsset.values()           # 判断指定值是否在字典中
           print(isIn)
```

```
True ◄─────● 指定键值对在字典中
True ◄─────● 指定键在字典中
True ◄─────● 指定值在字典中
```

```
In [2]:    print(dictAsset['1002'])  # 输出指定键对应的值
```

```
银行存款 ◄─────● 键 '1002' 对应的值
```

2.7.4 集合

Python中的集合和数学中的集合概念一样，它是一种无序、不重复元素的组合，即集合中的元素都是唯一的，互不相同。集合中没有索引和位置的概念。

集合将所有元素放在一对大括号中，相邻元素之间用逗号分隔，其格式如下。

```
{element 1, element 2, …, element n}
```

1. 添加集合元素

使用add()和update()方法可以为集合添加元素。

【例2-33】为负债类集合（{'短期借款','应付票据','应付账款','预收账款'}）添加新的元素。（代码位置：资源\第2章）

```
In [1]:    setLiabilities={'短期借款','应付票据','应付账款','预收账款'} # 创建负债类集合
           setLiabilities.add('合同负债') # 为集合添加一个'合同负债'元素，其位置是随机的
           print(setLiabilities)
```

```
{'预收账款', '应付票据', '合同负债', '应付账款', '短期借款'}
                              ▲
                              |
            新的元素添加进来了，其位置是随机的
```

In [2]:
```
setLiabilities={'短期借款','应付票据','应付账款','预收账款'}  # 创建负债类集合
setLiabilities.update('合同负债')  # 把'合同负债'拆分成4个单字元素后添加到集合中
print(setLiabilities)
```

{'合','同','预收账款','负','债','应付票据','短期借款','应付账款'}

拆分成4个单字元素后添加到集合中

2. 删除集合元素

使用remove()方法可以删除集合中的元素。

【例2-34】以例2-33中的负债类集合为例，删除集合中指定的元素。（代码位置：资源\第2章）

In [1]:
```
setLiabilities={'短期借款','应付票据','应付账款','预收账款'}  # 创建负债类集合
setLiabilities.remove('应付账款')  # 删除集合中的'应付账款'元素
print(setLiabilities)
```

{'应付票据','短期借款','预收账款'} ◀—— '应付账款'元素被删除了

2.7.5　数据类型转换

在实际工作中，经常需要将一种数据类型转换成另外一种数据类型，才能满足数据处理的要求。常见的数据类型转换函数如表2-14所示。

表2-14

函数	描述
int()	将由整数组成的字符串转换为整数
float()	将由数字（整数或浮点数）组成的字符串转换为浮点数
str()	将整数或浮点数转换为字符串
list()	可将字符串、元组或字典转换成列表
tuple()	可将字符串、列表或字典转换成元组
dict()	可将特殊的列表或元组转换成字典

【例2-35】从键盘接收某公司的资产金额和负债金额，计算该公司的所有者权益。（代码位置：资源\第2章）

In [1]:
```
asset = float(input("请输入资产金额："))        # 将数值型字符串转换成浮点数
credit = float(input("请输入负债金额："))       # 将数值型字符串转换成浮点数
equity = asset - credit  # 转换成浮点数后，两个数就可以计算了
print("所有者权益：",equity)
```

请输入资产金额：271967
请输入负债金额：11677.5 ⎬ 从键盘接收的是字符串
所有者权益： 260289.5 ◀—— 这是浮点数

【例2-36】分别使用list()、tuple()、dict()函数完成数据类型转换。（代码位置：资源\第2章）

（1）list()函数

使用list()函数将元组转换为列表。

In [1]:
```
tupleOne = ('库存现金','银行存款','其他货币资金','交易性金融资产')
print(list(tupleOne))  # 将元组转换成列表
```

['库存现金','银行存款','其他货币资金','交易性金融资产'] ◀—— 元组转换成了列表

（2）tuple（）函数

使用tuple（）函数将字典转换为元组。

```
In [2]: dictAsset={'1001':'库存现金','1002':'银行存款','1003':'存放中央银行款项'}
        print(tuple(dictAsset)) # 将字典转换成元组，注意：仅是把键转换成元组
```

('1001', '1002', '1003') ◀━━━● 仅是把键转换成元组

（3）dict（）函数

使用dict（）函数将特殊的列表或元组（它们中的元素是包含2个元素的列表或元组，其中第一个元素作为键，第二个元素作为值）转换成字典。

特殊的列表

每个元素都是包含 2 个元素的列表或元组

```
In [3]: listOne = [('1001','库存现金'),('1002','银行存款'),('1003','存放中央银行款项')]
        print(dict(listOne)) # 把特殊的列表转换成字典
```

{'1001':' 库存现金 ', '1002':' 银行存款 ', '1003':' 存放中央银行款项 '} ◀━━━● 结果是字典

2.7.6　课堂实验——编辑银行存款二级编码字典

【实验内容】现有某公司银行存款二级科目：中国建设银行、中国工商银行、中国农业银行、北京银行。编辑该公司银行存款二级编码字典。（代码位置：资源\第2章）

【实验思路】①银行存款是一级科目，其编码为'1002'；②银行存款二级科目编码应是6位，前4位为一级科目编码，后两位为流水号。

▌2.8　项目实训

实训1　创建财务费用二级科目列表

【实训目标】创建公司财务费用二级科目列表。（代码位置：资源\第2章）

【实训思路】①财务费用二级科目包括利息收入、利息支出、汇兑收益、汇兑损失、手续费及现金折扣；②将所有二级科目放在一对中括号中，相邻二级科目之间用逗号分隔。

扫码看视频

实训2　计算公司坏账准备金额

【实训目标】从键盘输入某公司应收账款坏账准备金额769277元，其他应收账款坏账准备金额279218元，计算该公司的坏账准备金额（金额以货币的形式显示）。（代码位置：资源\第2章）

【实训思路】①使用input（）函数从键盘上接收应收账款坏账准备金额和其他应收账款坏账准备金额；②使用float（）函数将它们转换为浮点数后相加，并将金额以货币的形式显示。

扫码看视频

课堂素养　　**北京国家会计学院校训**

诚信为本、操守为重、坚持准则、不做假账。

2.9 思考与练习

一、单选题

1. 以下变量命名错误的是（　　）。
   A. first_name　　　B. name_1　　　　C. 1_name　　　　D. _name1
2. 在Python中字符串的表示方式是（　　）。
   A. 采用单引号包裹　　　　　　　　B. 采用双引号包裹
   C. 采用三重单、双引号包裹　　　　D. A、B、C 都是
3. 设有变量赋值 x=3.5、y=4.6、z=5.7，则以下表达式中值为True的是（　　）。
   A. x>y or x>z　　　　　　　　　B. x!=y
   C. x<y and not(x<z)　　　　　　D. z>y+x
4. 下列选项中属于列表的是（　　）。
   A. (21, 7, 63, 95)　　　　　　　B. 'Hello'
   C. [21, 27, 33, 69]　　　　　　　D. z>y+x
5. 设strCash="库存现金为762267元"，则strCash[2:8]的值为（　　）。
   A. "现金为7622"　B. "现金为762"　C. "现金为76226"　D. "金为76"

二、判断题

1. list=[1,2,3,4,5,6]，输出列表最后一个元素的代码是print(list[6])。（　　）
2. Python中布尔型只有True和False两个值。（　　）
3. 集合中的元素是不能重复的。（　　）
4. 使用tuple()函数可以将字典转换为列表。（　　）
5. 只有使用add()方法可以为集合添加元素。（　　）
6. 使用remove()方法可以删除集合中的元素。（　　）

三、填空题

1. 设list=[17,32,5,63,87]，list[3]的值为（　　）。
2. 表达式'ab' in 'acbed'的值为（　　）。
3. 函数str(3797.27)的值为（　　）。
4. 假设listAsset为列表，则代码listAsset.clear()表示（　　）。
5. 使用list()函数可以将元组转换为（　　）。

四、上机操作题

1. 从键盘输入应当计提折旧的固定资产的原价和其预计净残值后的余额，输出应计折旧额。
2. 有负债类字典dictliabilities={'2001':'短期借款', '2002':'存入保证金', '2003':'拆入资金', '2004':'向中央银行借款', '2011':'吸收存款'}，编程实现以下功能：
   （1）输出字典中的所有键和值；
   （2）判断会计科目'同业存放'是否在字典中。

## 第 3 章

Python语法进阶

学习目标

知识目标

1. 掌握分支结构；
2. 掌握循环结构；
3. 掌握函数和模块。

技能目标

1. 能够根据单个、两个或多个条件实现正确选择；
2. 能够根据条件或次数完成重复性的工作；
3. 能够根据需要，使用内置函数、自定义函数或lambda函数完成某些重复性的功能；
4. 掌握模块的导入及使用模块完成某些功能。

章节导读

章节导图

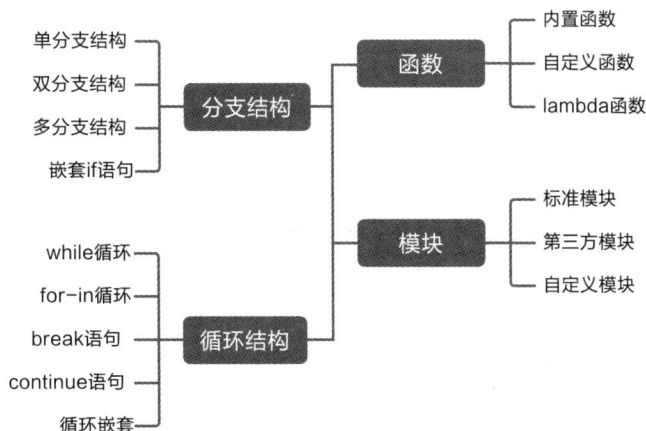

思考题

1. 我们编写程序的时候，遇到选择时如何判断执行呢？
2. 在财务工作中，有些工作是重复性的，如何减少重复、提高效率呢？

3.1 分支结构

在前面章节的学习中，我们编写的Python代码都是一条一条语句顺序执行的，这种代码结构称为顺序结构，其流程图如图3-1所示。

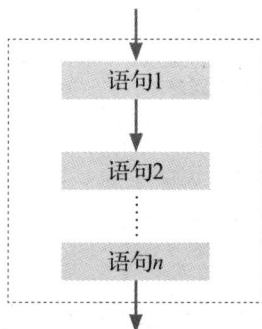

图3-1

然而仅有顺序结构并不能解决所有的问题，比如每月根据销售额计算提成：销售额大于10万元按5%计算提成，否则按3%计算提成。那么在下个月初，我们要根据员工的销售额来决定究竟是按5%计算提成，还是按3%计算提成，这里就会产生两个分支，而且这两个分支只有一个会被执行。类似的场景还有很多，我们将这种结构称为分支结构（选择结构）。

常见的分支结构有单分支结构、双分支结构和多分支结构3种。

3.1.1 单分支结构

单分支结构是最简单的分支结构，我们用if语句来表示。其语法格式如下。

```
if 条件表达式：
    语句块
分支结构以外的语句
```

其功能是：如果if条件表达式的结果为真，则执行if之后的语句块，然后执行分支结构以外的语句；如果if条件表达式的结果为假，则不执行其后面的语句块，直接执行分支结构以外的语句。if语句的流程图如图3-2所示。

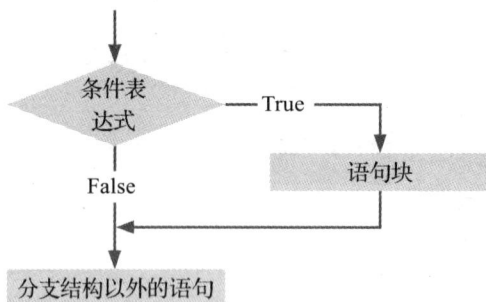

图3-2

需要注意的是：①if条件表达式的最后一定不能漏掉符号"："，否则会出错；②符号"："之后的语句块中的语句必须缩进，否则会出错。

实际上，在Python中，当前行与前一行的关系是根据缩进来判断的：如果缩进相同，Python就认为它们是一个语句块；否则是两个语句块。在Jupyter Notebook中，在遇到分支结构语句时，按Enter键系统会自动缩进下一条语句（与按下Tab键的效果一样，即空4个空格）。

【例3-1】使用if语句判断用户输入的工龄是否大于等于10年，如果为真，则工资增加500元，否则保持原有工资不变。（代码位置：资源\第3章）

其流程图如图3-3所示。

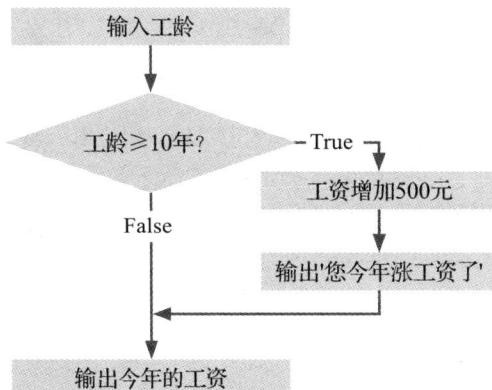

图3-3

```
In [1]:   wage = 5000  # 原有工资
          workingYears = int(input('请输入您的工龄: '))  # 将字符串转换为整数
          # 如果工龄大于等于10年，则工资增加500元并输出'您今年涨工资了！'，少于10年不涨工资
          if workingYears >= 10:
              wage += 500
              print('您今年涨工资了！')
          print('您今年的工资为' + str(wage))  # 该语句不属于if语句的语句块
```

请输入您的工龄：11 ◀── 输入工龄11，工资增加500元
您今年涨工资了！
您今年的工资为5500   ⎫
                                                            ⎬ 输出结果
请输入您的工龄：8 ◀── 输入工龄8，保持原有工资不变   ⎭
您今年的工资为5000

3.1.2　双分支结构

双分支结构是一种非"1"即"2"的分支结构，我们用if…else语句来表示。其语法格式如下。

```
if 条件表达式：
    语句块 1
else:
    语句块 2
```

其功能是：如果if条件表达式的结果为真，则执行if条件表达式之后的语句块1，执行后忽略else后面的语句块2，直接执行分支结构以外的语句；如果if条件表达式的结果为假，则忽略if之后的语句块1，执行else后面的语句块2，然后执行分支结构以外的语句。if…else语句的流程图如图3-4所示。

图3-4

需要注意的是：else语句不能单独使用，必须和if语句一起使用。

【例3-2】使用if…else语句判断用户输入的工龄是否大于等于10年，如果为真，则工资增加500元，否则工资增加200元。（代码位置：资源\第3章）

其流程图如图3-5所示。

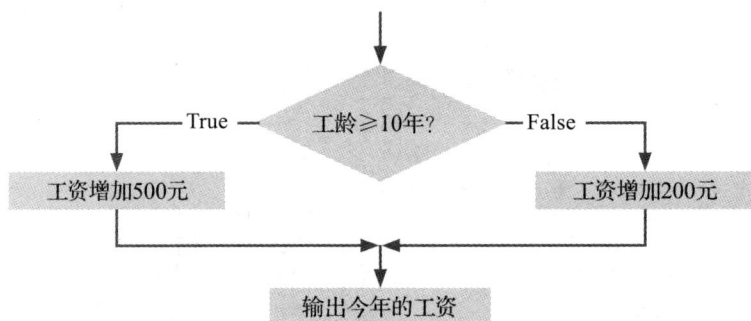

图3-5

```
In [1]:   wage = 5000  # 原有工资
          working_years = int(input('请输入您的工龄：'))  # 将字符串转换为整数
          # 如果工龄大于等于10年，则工资增加500元；小于10年，工资增加200元
          if working_years >= 10:
              wage += 500
          else:
              wage += 200
          print('您今年的工资为' + str(wage))
```

请输入您的工龄：12 ◄—— 输入工龄12，工资增加500元
您今年的工资为5500   输出结果
请输入您的工龄：9 ◄—— 输入工龄9，工资增加200元
您今年的工资为5200

3.1.3 多分支结构

多分支结构用if…elif…else语句来表示。其语法格式如下。

```
if 条件表达式1:
    语句块1
```

```
elif 条件表达式2:
    语句块2
...
elif 条件表达式n-1:
    语句块n-1
else:
    语句块n
```

其功能是：如果if条件表达式1的结果为真，则执行语句块1，执行后忽略后面的elif和else语句，直接执行分支结构以外的语句；如果elif条件表达式2的结果为真，则执行语句块2，执行后直接执行分支结构以外的语句……如果前n-1个条件表达式都不为真，则执行语句块n，执行完后直接执行分支结构以外的语句。其流程图如图3-6所示。

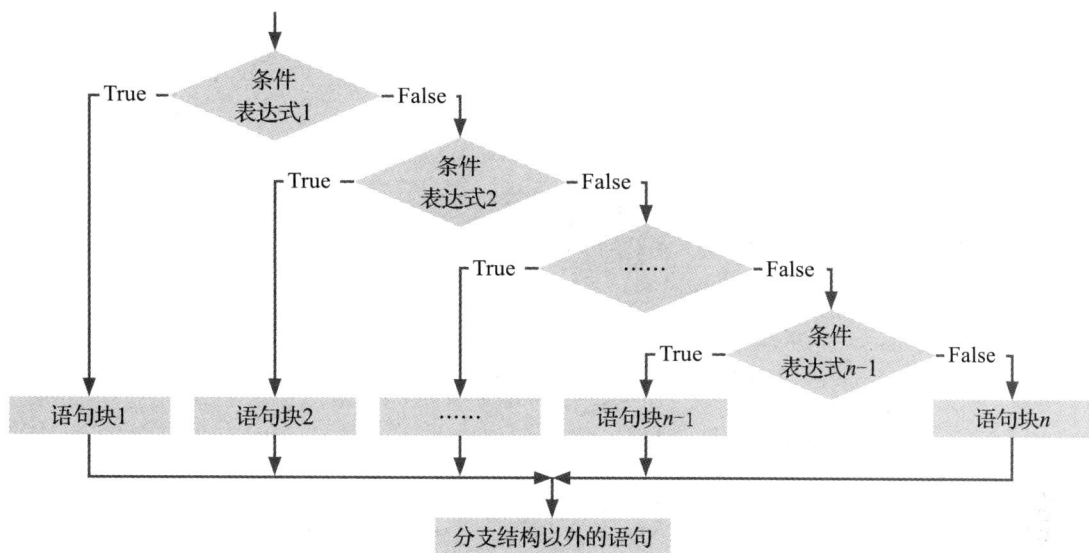

图3-6

【例3-3】使用if…elif…else语句计算销售人员每月提成金额，提成规则如表3-1所示。（代码位置：资源\第3章）

表3-1

销售额	提成比例
200000元以上	8%
150001～200000元	6%
100001～150000元	4%
50001～100000元	3%
50000元及以下	2%

其流程图如图3-7所示。

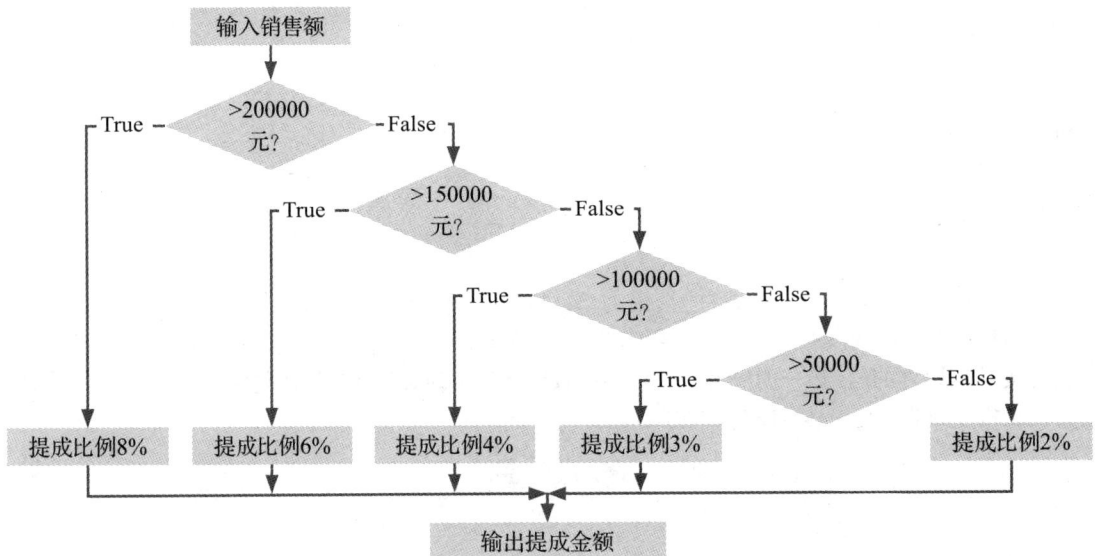

输入销售额

>200000元? — True / False

>150000元? — True / False

>100000元? — True / False

>50000元? — True / False

提成比例8%　提成比例6%　提成比例4%　提成比例3%　提成比例2%

输出提成金额

图3-7

```
In [1]:  salesVolume = int(input('请输入销售额：')) # 将字符串转换为整数
         if salesVolume > 200000:      # 200000元以上
             commissionRatio=0.08
         elif salesVolume>150000:      # 150001～200000元
             commissionRatio=0.06
         elif salesVolume>100000:      # 100001～150000元
             commissionRatio=0.04
         elif salesVolume>50000:       # 50001～100000元
             commissionRatio=0.03
         else:                         # 50000元及以下
             commissionRatio=0.02
         print('销售提成为：' + str(salesVolume*commissionRatio) + '元')
```

请输入销售额：120000　◀── 输入销售额，根据提成规则计算出销售提成
销售提成为：4800.0 元

3.1.4　嵌套if语句

嵌套if语句适用于多分支的情况，虽然if…elif…else语句也适用于多分支，但是它们是有区别的。

if…elif…else语句的应用场景是：同时判断多个条件，所有的条件都是平级的。

嵌套if语句的应用场景是：在使用if语句进行条件判断时，如果希望在条件成立或不成立的执行语句中增加额外的条件判断（该条件从层级上来讲比前面的条件低一级）。

嵌套if语句的语法格式除了缩进之外，其余和多分支结构没有区别，嵌套在里层的if语句的语句块需要再次缩进4个空格，在Jupyter Notebook中编写嵌套if语句时，系统会按层级的不同自动分层缩进。嵌套if语句通常使用两个层级嵌套，不提倡多级嵌套if语句，因为效率较低。

【例3-4】某商场在促销日举行打折活动，如果购买的是啤酒就打5折，其他商品打8折。非促销日商品不打折。使用嵌套if语句判断用户输入是否为促销日，商品是否打折及打折的幅度，并输出实付金额、应付金额及优惠。（代码位置：资源\第3章）

其流程图如图3-8所示。

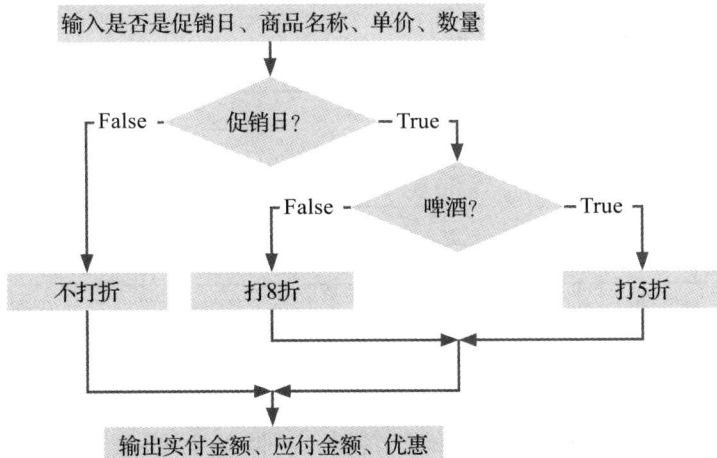

图3-8

```
In [1]: dividingLine = '-' * 30 # 分割线，重复30次'-'
        hasPromotion = input('是否为促销日期（是/否）: ')
        tradeName = input('请输入商品名称: ')
        unitPrice = float(input('请输入商品单价: '))        # 将字符串转换为整数
        tradeWeight = int(input('请输入商品数量: '))         # 将字符串转换为整数
        print(dividingLine)                # 显示分割线
        if hasPromotion == "是":          # 判断是否为促销日期            ←─────── 第一层级
            if tradeName == "啤酒":  # 判断是否为啤酒  ←─────────
                discountRate = 0.5  ←··········                      │
            else:  ←─                                    第二层级
                discountRate = 0.8  ←····· 第三层级 ·······
        else:                                                   ─────────
            discountRate = 1
        print('实付金额: {:,.2f}元'.format(tradeWeight * unitPrice *
        discountRate)) # 格式化字符串
        print('应付金额: {:,.2f}元'.format(tradeWeight * unitPrice))
        print('优惠: {:,.2f}元'.format(tradeWeight * unitPrice *
        (1-discountRate)))
```

是否为促销日期（是/否）: 是
请输入商品名称: 牛肉
请输入商品单价: 67.8   输入是否为促销日、商品名称、单价、数量
请输入商品数量: 10

实付金额: 542.40 元
应付金额: 678.00 元   显示实付金额、应付金额、优惠
优惠: 135.60 元

3.1.5　课堂实验——根据公司固定资产类型计算月折旧额

【实验内容】从键盘输入公司固定资产类型和价格，采用直线法计提折旧，计算其月折旧额。固定资产折旧规定如表3-2所示。（代码位置: 资源\第3章）

【实验思路】①固定资产有4种类型，可以采用多分支结构（if…elif…else语句）进行判断；②月折旧额=固定资产价格×$\dfrac{（1-残值率）}{折旧年限/12}$。

表3-2

固定资产类型	折旧年限	残值率
房屋建筑物	50	5%
生产设备	20	5%
办公设备	3	3%
其他设备	5	3%

扫码看视频

3.2　循环结构

在3.1节中介绍了顺序结构和分支结构，本节将介绍3种结构中的最后一种结构：循环结构。

在财务工作中，我们经常需要重复做某些工作。例如，每个月都要计算员工工资，每个月末都要结账等。为了高效地完成重复性工作，Python提供了解决这种问题的方法——循环结构，它通过将一段代码重复执行就可以轻松地完成重复性的工作。

Python中的循环结构有两种，一种是while循环，另一种是for-in循环。

3.2.1　while循环

while循环是一种只要条件表达式为真，就重复执行一组语句（循环体语句块）的循环结构。其语法格式如下。

```
while 条件表达式：
    循环体语句块
```

其功能是：如果条件表达式的结果为真，就一直执行循环体语句块；如果条件表达式的结果为假，就退出循环体，执行循环结构以外的语句。

while循环的流程图如图3-9所示。

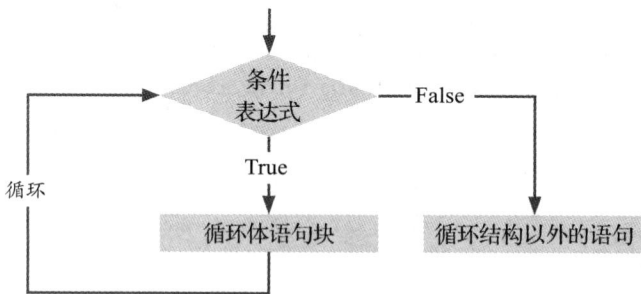

图3-9

根据循环次数是否确定（已知），可以将while循环分为计数型while循环和条件型while循环。

1. 计数型while循环

计数型while循环是指已知循环次数的循环结构。通常采用计数器变量来控制循环的次数，需要设置循环变量的初始值、终止值及每次循环的增量（或减量），循环结束的条件是计数器变量超出给定的终止值。

【例3-5】2023年5月31日，公司对存货进行了盘点，盘点结果如表3-3所示。请根据盘点结果做出相应的账务处理。（代码位置：资源\第3章）

表3-3

编号	商品名称	单价/元·kg^{-1}	实存数量	账存数量
S001	牛肉干	98.7	500	600
S002	猪肉柳	78.8	200	200
Z001	松子	93.6	356	300
Z002	开心果	118.7	700	763

账务处理规则如下。

如果实存数量和账存数量一致，则输出"无须进行账目处理！"；如果实存数量小于账存数量，则计算盘亏金额[盘亏金额=（账存数量-实存数量）×单价]，并保留两位小数格式化输出"发生盘亏：**元"；如果实存数量大于账存数量，则计算盘盈金额[盘盈金额=（实存数量-账存数量）×单价]，并保留两位小数格式化输出"发生盘盈：**元"。

其流程图如图3-10所示。

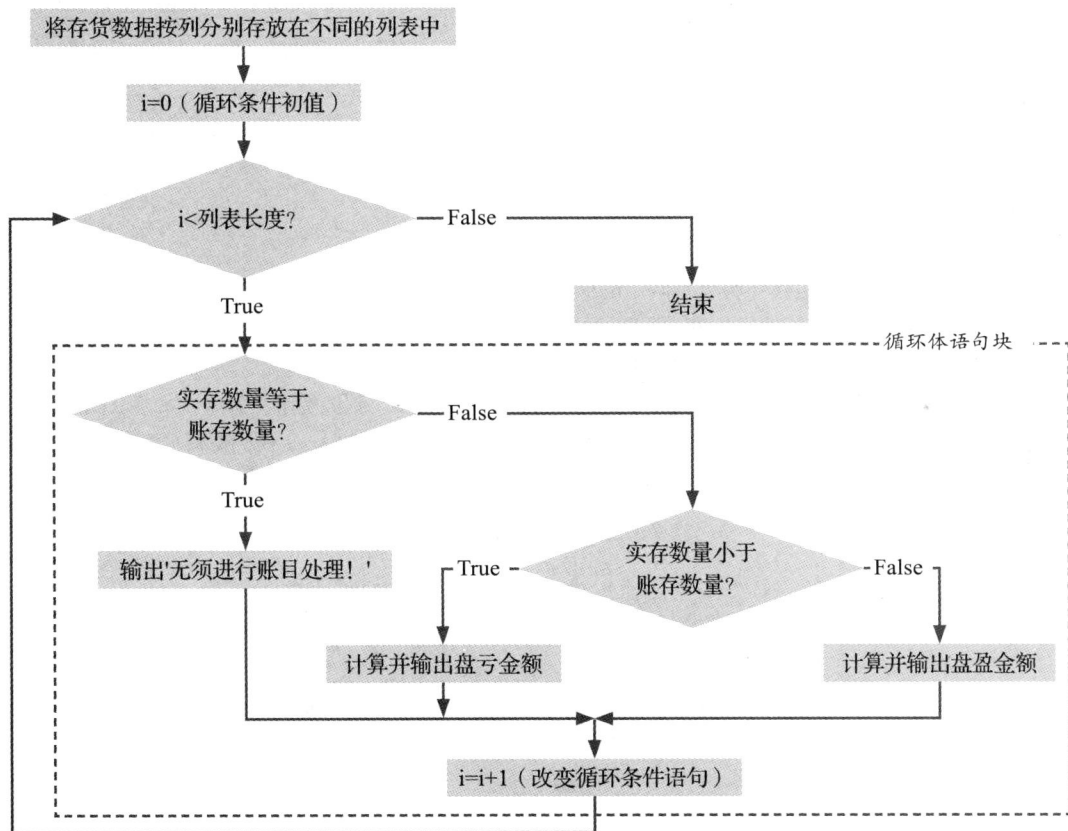

图3-10

```
In [1]:   idList = ['S001', 'S002', 'Z001', 'Z002']      # 编号列表
          nameList = ['牛肉干', '猪肉柳', '松子', '开心果']  # 商品名称列表
          priceList = [98.7, 78.8, 93.6, 118.7]           # 单价列表
          actualList = [500, 200, 356, 700]               # 实存数量列表
          inventoryList = [600, 200, 300, 763]            # 账存数量列表
          i = 0 # 循环变量初值
```

```
# len()函数返回列表长度（元素个数），len(actualList)是循环次数
# 由于循环变量i是从0开始，所以len(actualList)-1是循环终止值
while i < len(actualList):  # 循环条件i < len(actualList)与
                           # i <= len(actualList)-1等价
    if actualList[i] == inventoryList[i]:
        print('编号为【' + idList[i] + '】的【' + nameList[i] + '】无须进行账目处理！')
    elif actualList[i] < inventoryList[i]:
        loss = (inventoryList[i] - actualList[i]) * priceList[i]
# 计算盘亏金额
        print('编号为【'+idList[i]+'】的【'+nameList[i]+'】发生盘亏:
{:,.2f}元'.format(loss))
    else:
        profit = (actualList[i] - inventoryList[i]) * priceList[i]
# 计算盘盈金额
        print('编号为【'+idList[i]+'】的【'+nameList[i]+'】发生盘盈:
{:,.2f}元'.format(profit))
    i+=1  # 改变循环条件的语句（循环增量为1）                  循环体语句块
```

编号为【S001】的【牛肉干】发生盘亏：9870.00 元
编号为【S002】的【猪肉柳】无须进行账目处理！   循环输出所有存货的账务处理结果
编号为【Z001】的【松子】发生盘亏：5241.60 元
编号为【Z002】的【开心果】发生盘亏：7478.10 元

2. 条件型while循环

条件型while循环是指循环次数不确定的循环结构。

需要注意的是，在循环体内要有能改变循环条件的语句（让循环条件不成立），以使循环能够结束；否则，循环将无休止地执行，形成"死循环"。

【例3-6】使用循环结构从键盘输入成本类二级科目（生产成本、制造费用、劳务成本费、研发支出、工程施工、工程结算），形成成本类二级科目列表，输入"退出"结束输入。（代码位置：资源\第3章）

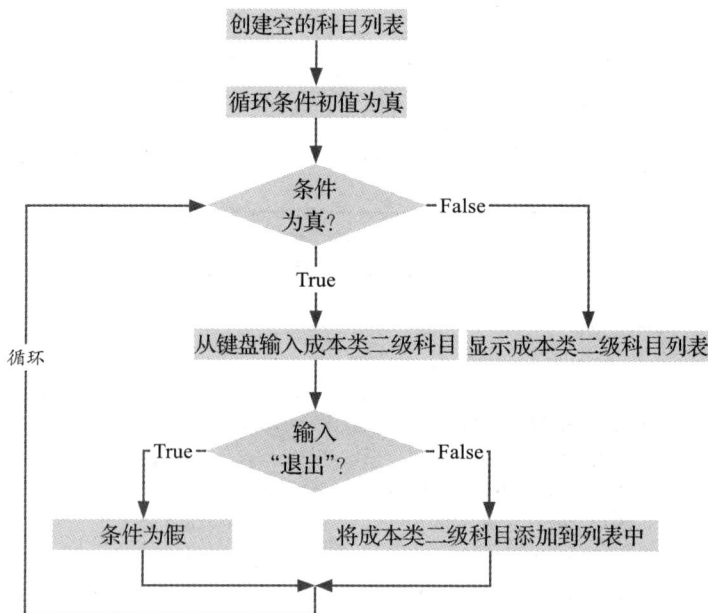

其流程图如图3-11所示。

图3-11

```
In [1]:   dividingLine = '-' * 50  # 分割线，重复50次'-'
          costList=[]              # 成本类二级科目列表初值（空列表）
          flag=True                # 循环条件初值
          while flag:              # 只要循环条件为真就循环输入
              costItem=input('请输入成本类二级科目（输入"退出"结束）: ')     ┈┈ 循环体语句块 ┈┈
              if costItem=='退出':
                  flag=False                           # 改变循环条件为假，退出循环
              else:
                  costList.append(costItem)            # 把键盘输入的科目添加到成本类二级科目列表中
          print(dividingLine)
          print('成本类二级科目列表: ', costList)          循环结构以外的语句
```

请输入成本类二级科目（输入"退出"结束）：生产成本
请输入成本类二级科目（输入"退出"结束）：制造费用
请输入成本类二级科目（输入"退出"结束）：劳务成本费
请输入成本类二级科目（输入"退出"结束）：研发支出   依次输入部分成本类二级科目，输入退出结束
请输入成本类二级科目（输入"退出"结束）：工程施工
请输入成本类二级科目（输入"退出"结束）：工程结算
请输入成本类二级科目（输入"退出"结束）：退出
──
成本类二级科目列表 ['生产成本', '制造费用', '劳务成本费', '研发支出', '工程施工', '工程结算']

3.2.2 for-in循环

for-in循环类似于计数型while循环，也是已知循环次数的循环结构，其循环次数取决于in后面的序列（如字符串、列表、元组、字典等）中元素的个数。其语法格式如下。

```
for 变量 in 序列:
    循环体语句块
```

其功能是：遍历序列中的所有元素并赋值给变量（从序列的第一个元素开始，依次取到最后一个元素），遍历结束就退出循环，然后执行循环结构以外的语句。

需要注意的是，for-in循环中的变量将会在每次循环开始时自动被赋值，因此不需要在循环中再对该变量赋值。

for-in循环的流程图如图3-12所示。

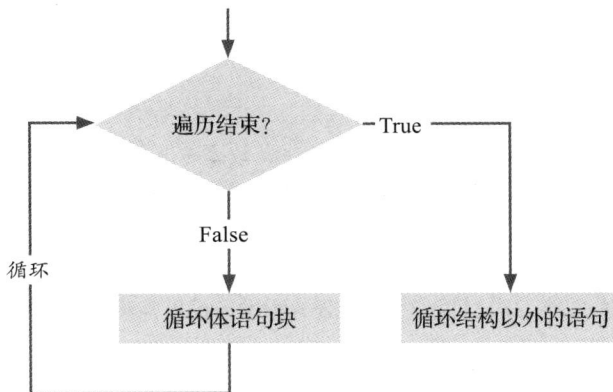

图3-12

【**例3-7**】遍历成本类二级科目列表（生产成本、制造费用、劳务成本费、研发支出、工程施工、工程结算），形成并输出成本类二级科目字符串。（代码位置：资源\第3章）

其流程图如图3-13所示。

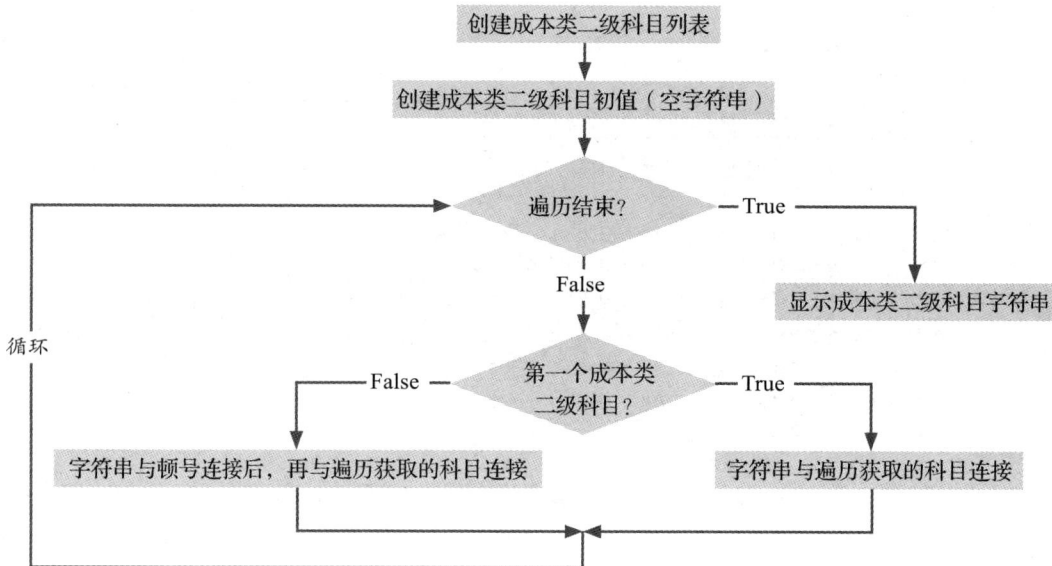

图3-13

```
In [1]:  costList=['生产成本','制造费用','劳务成本费','研发支出','工程施工','工程结算']  # 成本类二级科目列表
         costStr=''  # 成本类二级科目列表字符串初值（空字符串）
         for costItem in costList:  # 遍历成本类二级科目列表                    循环体语句块
             if costStr=='':  # 如果是第一个成本类二级科目，直接连接
                 costStr+=costItem
             else:  # 如果不是第一个成本类二级科目，则先连接顿号，再连接二级科目
                 costStr+='、'+costItem
         print('成本类二级科目包括：'+costStr)          循环结构以外的语句
```

成本类二级科目包括：生产成本、制造费用、劳务成本费、研发支出、工程施工、工程结算

成本类二级科目字符串

3.2.3 break语句

在循环体语句中，当所需条件满足时，为了提高效率（既然已满足所需条件，再继续循环下去就没有意义了），可以使用break语句提前退出循环，然后执行循环结构后面的语句。

其流程图如图3-14所示。

【**例3-8**】某公司成本类二级科目费用如表3-4所示，找出并输出劳务成本费。（代码位置：资源\第3章）

其流程图如图3-15所示。

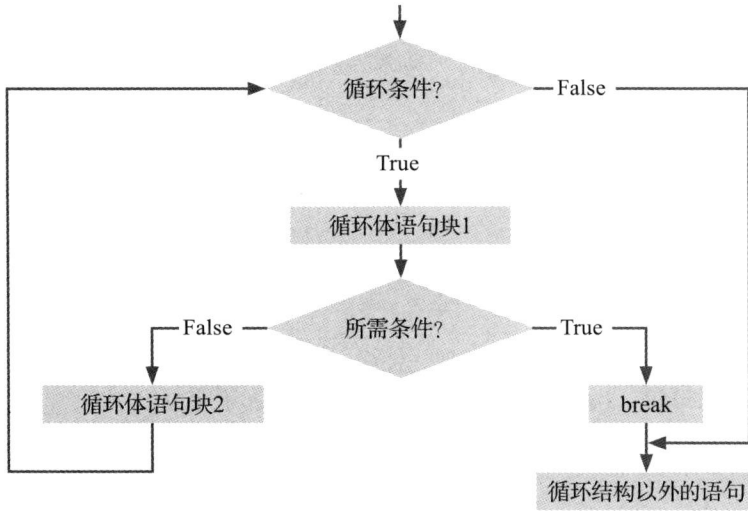

图3-14

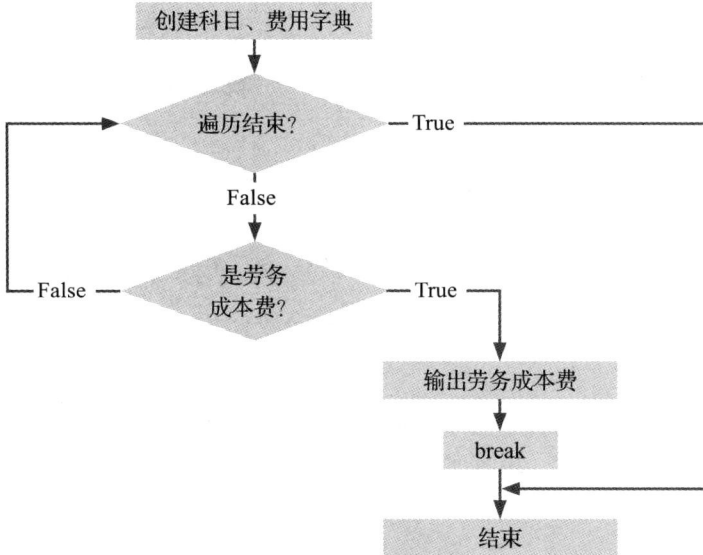

图3-15

表3-4

二级科目	费用/万元
生产成本	12
制造费用	7
劳务成本费	8
研发支出	18
工程施工	9
工程结算	8

In [1]:
```
costDict={'生产成本':12,'制造费用':7,'劳务成本费':8,'研发支出':18,'工程施工':9,'工程结算':8}
for key,value in costDict.items():  # 遍历所有的键值对
    if key=='劳务成本费':                                              循环体语句块
        print(key+': '+str(value)+'万元')
        break
```

劳务成本费：8 万元

3.2.4　continue语句

在循环体语句块中，当满足所需条件时，使用continue语句可立即结束本轮循环（即不执行continue语句之后的语句），跳转到循环结构开始处，开始新一轮循环。

其流程图如图3-16所示。

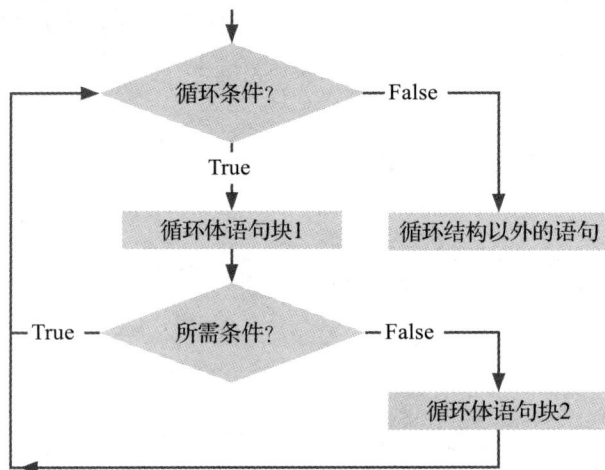

图3-16

【例3-9】某公司上半年开票数如表3-5所示，找出并输出开票数大于10的所有月份及开票数。（代码位置：资源\第3章）

其流程图如图3-17所示。

表3-5

月份	开票数
1月	11
2月	7
3月	8
4月	18
5月	15
6月	9

扫码看视频

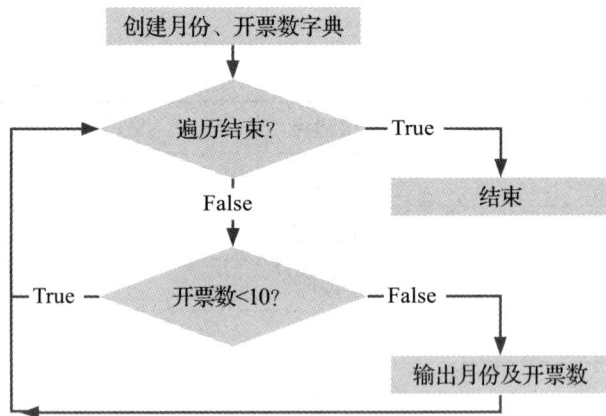

图3-17

In [1]:
```
billsDict={'1月':11, '2月':7, '3月':8, '4月':18, '5月':15, '6月':9}
for key, value in billsDict.items():  # 遍历所有的键值对
    if value<10:                                              循环体语句块
        continue
    print(key+': '+str(value)+'单')
```

1月：11 单

4月：18 单

5月：15 单

3.2.5 循环嵌套

与分支结构嵌套一样，循环结构也可以嵌套。既可以在while循环中嵌套while循环，又可以在for-in循环中嵌套for-in循环，还可以使while循环和for-in循环相互嵌套。其中外层的循环称为外循环，里层的循环称为内循环。其语法格式如下。

```
while 条件表达式:
    while循环体语句块1
    for 变量 in 序列:                    内循环
        for循环体语句块
    while循环体语句块2                            外循环
while循环体结构以外的语句
```

【例3-10】某公司各部门下一年的年度管理费用预算如表3-6所示，各季度管理费用分配比例如表3-7所示。计算并输出各部门下一年各季度的管理费用预算。（代码位置：资源\第3章）

扫码看视频

表3-6

部门	年度管理费用预算/万元
销售部	32
财务部	7
市场部	28
办公室	18

表3-7

季度	分配比例
一季度	20%
二季度	30%
三季度	20%
四季度	30%

其流程图如图3-18所示。

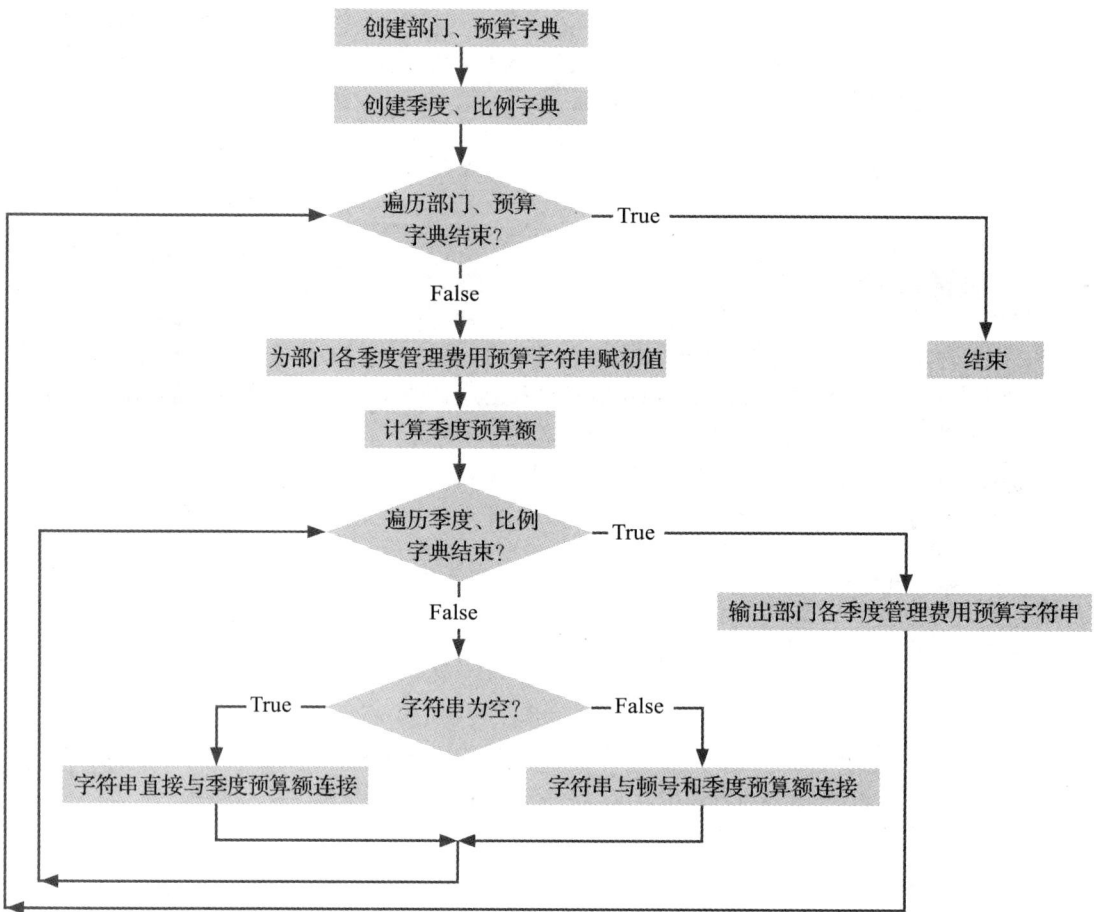

图3-18

```
In [1]:  departmentDict={'销售部':32,'财务部':7,'市场部':28,'办公室':18}  # 创建部门、预算字典
         quarterDict={'一季度':0.2,'二季度':0.3,'三季度':0.2,'四季度':0.3}  # 创建季度、比例字典
         for dp in departmentDict.keys():  # 遍历部门、预算字典所有的键
             spStr=''  # 为部门各季度管理费用预算字符串赋初值（空字符串）           ----- 外循环体语句块
             for quarter in quarterDict.keys():  # 遍历季度、比例字典所有的键
                 quarterlyBudget=departmentDict[dp]*quarterDict[quarter]  # 计算季度预算额
                 if spStr=='':
                     spStr+="{:.2f}".format(quarterlyBudget)
                 else:
                     spStr+='、'+"{:.2f}".format(quarterlyBudget)                  内循环体语句块
             print(dp+'各季度管理费用预算为：'+spStr+'万元')  # 输出部门各季度管理费用预算字符串
```

销售部各季度管理费用预算为：6.40、9.60、6.40、9.60 万元
财务部各季度管理费用预算为：1.40、2.10、1.40、2.10 万元
市场部各季度管理费用预算为：5.60、8.40、5.60、8.40 万元
办公室各季度管理费用预算为：3.60、5.40、3.60、5.40 万元

3.2.6 课堂实验——筛选符合条件的全部工资数据

【实验内容】某公司员工小张1~6月的工资如表3-8所示，筛选出工资大于8000元的所有月份及工资。（代码位置：资源\第3章）

【实验思路】①建立月份工资字典；②使用for-in循环和continue语句完成筛选。

表3-8

月份	工资/元
1月	11000
2月	7000
3月	7800
4月	18000
5月	15000
6月	9000

3.3 函数

函数就是程序中可重复使用的、能实现某些功能的代码段。当这样的代码段被定义为函数后，在需要使用这段代码段的地方，仅用一条调用该函数的语句即可。这样可以使程序看起来很简洁（减少重复性），并降低复制、粘贴错误的概率。

Python中的函数有两种，一种是内置函数，另一种是自定义函数。

3.3.1 内置函数

为了提高效率、方便用户使用，Python为一些常用的功能编写了代码，并定义为相应的函数，这样的函数称为内置函数。在需要使用内置函数完成某些功能的时候，直接调用内置函数即可。

Python提供的内置函数，除了前面介绍的input()、print()、format()等函数外，还包括另外几十个常用的内置函数。限于篇幅，下面仅介绍一些常见内置函数的用法。

1. max()和min()函数

max()函数用于返回可迭代对象的元素中的最大值或者所有参数的最大值，min()函数用于返回可迭代对象的元素中的最小值或者所有参数的最小值。

可迭代对象可以简单地理解为可以使用for循环的对象。元组、列表、字典、字符串等都是可迭代对象。

【例3-11】max()函数的常见用法（由于min()函数的常见用法与max()函数类似，这里不再详细介绍）。（代码位置：资源\第3章）

```
In [1]:   # 参数为多个元素时求最大值
          print(max(10, 20, 30))
```

30

```
In [2]:    # 参数为可迭代对象时求最大值
           print(max('WabcdZz'))          # 参数为字符串时求最大值（小写字母'z'的ASCII码最大）
           print(max((10, 20, 30)))       # 参数为元组时求最大值
           print(max([40, 50, 60]))       # 参数为列表时求最大值
```

z
30
60

2. round()函数

round()函数用于返回对浮点数进行四舍五入后的值。

【例3-12】某小微企业全年应纳税所得额为955327元，按2.5%的税率缴纳企业所得税，计算企业所得税（四舍五入、保留两位小数）。（代码位置：资源\第3章）

```
In [1]:    taxIncome=955327                    # 全年应纳税所得额
           taxRate=0.025                       # 税率
           print(round(taxIncome*taxRate, 2))  # 四舍五入，保留两位小数
```

23883.18

3. pow()函数

pow()函数用于返回某个值的幂运算值。

【例3-13】某企业银行贷款的年利率为5.85%，计算期数为5的复利终值系数（四舍五入、保留4位小数）。（代码位置：资源\第3章）

```
In [1]:    moneyRate=0.0585                    # 年利率
           print(round(pow(1.0585,5),4))      # 期数为5的复利终值系数（四舍五入、保留4位小数）
```

1.3288

4. sum()函数

sum()函数用于返回可迭代对象中各元素之和。

【例3-14】sum()函数的常见用法。（代码位置：资源\第3章）

```
In [1]:    print(sum((1, 2, 3)))  # 求元组各元素之和
           print(sum([4, 5, 6]))  # 求列表各元素之和
```

6
15

5. tuple()函数

tuple()函数用于根据传入的参数创建一个新的元组。

【例3-15】tuple()函数的常见用法。（代码位置：资源\第3章）

```
In [1]:    print(tuple())          # 没有传入参数，创建空元组
           print(tuple([1, 2, 3])) # 传入列表，使用其元素创建新的元组
           print(tuple('abc'))     # 传入字符串，使用其单个字符创建新的元组
```

()
(1, 2, 3)
('a', 'b', 'c')

6. list()函数

list()函数用于根据传入的参数创建一个新的列表。

【例3-16】list()函数的常见用法。(代码位置:资源\第3章)

```
In [1]:  print(list())         # 没有传入参数,创建空列表
         print(list((1, 2, 3)))  # 传入元组,使用其元素创建新的列表
         print(list('abc'))     # 传入字符串,使用其单个字符创建新的列表

         []
         [1, 2, 3]
         ['a', 'b', 'c']
```

7. dict()函数

dict()函数用于根据传入的参数创建一个新的字典。

【例3-17】dict()函数的常见用法。(代码位置:资源\第3章)

```
In [1]:  print(dict())                          # 没有传入参数,创建空字典
         print(dict(a=1, b=2, c=3))              # 可以传入键值对创建字典,注意a、b、c不能加引号
         print(dict((('a', 1), ('b', 2), ('c', 3))))  # 可以传入可迭代对象,创建字典

         {}
         {'a': 1, 'b': 2, 'c': 3}
         {'a': 1, 'b': 2, 'c': 3}
```

8. zip()函数

zip()函数用于将可迭代对象作为参数,将可迭代对象中对应的元素打包成一个个元组,然后返回由这些元组组成的对象。

zip()函数对象不能直接输出,可使用list()、tuple()、dict()函数来转换输出,如果各个可迭代对象的元素个数不一致,则返回的列表长度以最短的可迭代对象的元素个数为准。

【例3-18】zip()函数的常见用法。(代码位置:资源\第3章)

```
In [1]:  listOne=['a', 'b', 'c', 'd'] # 4个元素的列表
         listTwo=[1, 2, 3]  # 3个元素的列表
         # 聚合传入的每个可迭代对象中相同位置的元素(取最小长度3),返回一个元素是一对元组的列表
         print(list(zip(listOne, listTwo)))
         # 聚合传入的每个可迭代对象中相同位置的元素(取最小长度3),返回一个元素是一对元组的元组
         print(tuple(zip(listOne, listTwo)))
         # 聚合传入的每个可迭代对象中相同位置的元素(取最小长度3),返回一个字典
         print(dict(zip(listOne, listTwo)))
         dictTree=dict(zip(listOne, listTwo)) # 字典
         # 聚合字典的键和值并打包成一个个元组,使用list()函数返回一个元素是一对元组的列表
         print(list(zip(dictTree.keys(), dictTree.values())))

         [('a', 1), ('b', 2), ('c', 3)]
         (('a', 1), ('b', 2), ('c', 3))
         {'a': 1, 'b': 2, 'c': 3}
         [('a', 1), ('b', 2), ('c', 3)]
```

3.3.2 自定义函数

虽然使用Python提供的内置函数可以实现很多常见功能,但是在实际工作中,仍然有许多重复

性的功能无法通过内置函数来完成，这时就需要通过自定义函数来完成这些功能，实现一次编写、多次调用的目的。

1. 自定义函数的格式

自定义函数的格式如下。

```
def 函数名 ( 参数列表 )：
    函数体
    [return 返回值列表]
```

自定义函数要遵守以下规则。

① 函数以def关键词开头，后接函数名和一对圆括号()。

② 圆括号中可以没有参数（绝大部分情况下有参数），如果有多个参数，则多个参数之间用逗号分隔。

③ 函数体要缩进。

④ 函数是否有返回值根据函数要实现的功能而定（绝大部分情况下有返回值）。有返回值就要有return语句，没有返回值则不用有return语句。

⑤ 函数体的开头通常用于存放函数说明，包括函数的功能说明、参数说明、返回值说明等。

2. 参数传递

在数学中，当使用三角函数$\sin(x)$来计算30°的正弦值的时候，需要使用30°这个实际数值来代替x。

同样的道理，当函数定义好以后，在程序中调用函数时，也需要用实际数值来替定义函数时使用的参数，这个过程就称为参数传递。

函数的参数分为两种：定义函数时使用的参数称为形式参数；调用函数时使用的实际数值（或变量）称为实际参数。

扫码看视频

【例3-19】通过计算所有者权益理解参数传递。（代码位置：资源\第3章）

```
In [1]:  def computerEquity (asset, credit):
             '''
             函数功能：计算所有者权益
             函数参数：asset（资产），credit（负债）
             函数返回值：equity（所有者权益）
             '''
             equity = asset - credit  # 所有者权益=资产金额-负债金额
             return equity

         ownerEquity=computerEquity(1289017.65, 921720.5)  # 调用自定义函数计算所有者权益
         print('所有者权益: {:,.2f}'.format(ownerEquity))
```

所有者权益: 367, 297.15

在调用函数时，将实际参数传递给形式参数有多种方式，下面分别介绍。

（1）使用位置参数传递

位置参数是指在调用自定义函数时，必须按照顺序将实际参数传递给形式参数，即传入实际参数的位置和数量必须和定义函数时完全一致。例3-19属于位置参数。

（2）使用默认参数值传递

定义参数时，可以为参数指定默认值。在传递参数的时候，如果参数值没有传入，则会用默认值代替；如果传入参数，则默认值不起作用。

需要注意的是，有默认值的参数应放在最后，否则会出错。

【例3-20】通过计算银行存款理解默认参数值。（代码位置：资源\第3章）

```
In [1]:   def computerAccount (icbc, ccb, abc=1027007):
              '''
              函数功能：计算银行存款
              函数参数：icbc（工商银行存款），ccb（建设银行存款），abc（农业银行存款，有默认值）
              函数返回值：bankDeposit（银行存款）
              '''
              bankDeposit = icbc+ccb+abc  # 银行存款=工商银行存款+建设银行存款+农业银行存款
              return bankDeposit

          bankAccount=computerAccount (1782037.87, 721622.5)  # 农业银行存款使用默认值
          print ('银行存款（农业银行使用默认值）：{:,.2f}'.format (bankAccount))
          bankAccount=computerAccount (1782037.87, 721622.5, 283910)  # 农业银行存款不使用默认值
          print ('银行存款（农业银行使用传入值）：{:,.2f}'.format (bankAccount))
```

银行存款（农业银行使用默认值）：3,530,667.37
银行存款（农业银行使用传入值）：2,787,570.37

（3）使用关键字参数传递

关键字参数是指在调用函数时，采用"参数名=值"的形式传递参数，无须按照指定顺序传递参数。这种方式更加灵活，既可以避免由于参数顺序不对造成的错误，又可以让函数的调用者更加明确每个参数所传递的具体值。

【例3-21】通过计算银行存款理解关键字参数。（代码位置：资源\第3章）

```
In [1]:   def computerAccount (icbc, ccb, abc):
              '''
              函数功能：计算银行存款
              函数参数：icbc（工商银行存款），ccb（建设银行存款），abc（农业银行存款）
              函数返回值：bankDeposit（银行存款）
              '''
              bankDeposit = icbc+ccb+abc  # 银行存款=工商银行存款+建设银行存款+农业银行存款
              return bankDeposit

          bankAccount=computerAccount (icbc=1782037.87, ccb=721622.5, abc=283910)  # 关键字参数
          print ('银行存款：{:,.2f}'.format (bankAccount))
```

银行存款：2,787,570.37

（4）使用可变位置参数传递

在定义函数的时候，有时候并不知道调用时传入参数的数量，这时候就需要用到可变位置参数。使用可变位置参数时，参数前面应添加"*"。

【例3-22】定义一个通用的计算银行存款的函数，无论银行有多少家，都能正确计算。（代码位置：资源\第3章）

```
In [1]:   def computerAccount(*accounts):
              '''
              函数功能：通用的计算银行存款的函数（无论存款银行有多少家，都能正确计算）
              函数参数：*accounts（可变位置参数）
              函数返回值：bankDeposit（银行存款）
              '''
              bankDeposit = 0                    # 银行存款初值
              for account in accounts:           # 遍历所有银行中的存款
                  bankDeposit+=account           # 累计银行存款
              return bankDeposit

          bankAccount=computerAccount(1782037.87,721622.5,281910)  # 输入3家银行存款
          print('银行存款：{:,.2f}'.format(bankAccount))
          bankAccount=computerAccount(1782037.87,721622.5,281910,327019)  # 输入4家银行存款
          print('银行存款：{:,.2f}'.format(bankAccount))
```

银行存款：2,785,570.37
银行存款：3,112,589.37

（5）使用可变关键字参数传递

在定义函数的时候，如果需要提供任意数量的关键字（键值对）类型参数，就需要用到可变关键字参数。使用可变关键字参数时，参数前面应添加"**"。

【例3-23】定义一个通用的显示各银行存款金额并计算各银行存款总额的函数，无论存款银行有多少家，都能正确显示和计算。（代码位置：资源\第3章）

扫码看视频

```
In [1]:   def computerAccount(**accounts):
              '''
              函数功能：通用的显示各银行存款金额并计算各银行存款总额
              函数参数：**accounts（可变关键字参数）
              函数返回值：无
              '''
              dividingLine = '-' * 30            # 分割线，重复30次'-'
              bankDeposit = 0                    # 银行存款初值
              for key,value in accounts.items():  # 遍历所有银行存款关键字（键值对）
                  print(key+':'+str(value))      # 输出各银行名称及存款额，使用str()函数将数值转换为字符串
                  bankDeposit+=value             # 累计银行存款
              print(dividingLine)                # 输出分割线
              print('银行存款：{:,.2f}'.format(bankDeposit))  # 输出各银行存款总额

          computerAccount(工商银行=1782037.87,建设银行=721622.5,农业银行=281910)
```

工商银行：1782037.87
建设银行：721622.5
农业银行：281910

银行存款：2,785,570.37

3. 函数返回值

前面介绍的函数返回值都是单个值，当函数需要返回多个值的时候，return语句中就不能使用单个变量，而是使用列表、字典等变量。

需要注意的是，当函数体中没有return语句时，函数返回特殊的值None，该值代表"无"。

【例3-24】某公司根据工作年限制定了加薪分档要求的规则：工龄大于5年加薪1000元，小于等于5年加薪500元。计算加薪后的工资。（代码位置：资源\第3章）

扫码看视频

```
In [1]:   def computerSalary(year, salaryOne, salaryTwo, **kwargs):
              '''
              函数功能：根据加薪分档要求，依据员工工龄计算加薪后的工资
              函数参数：year（分档工作年限），salaryOne（一档加薪额），salaryTwo（二档加薪额）
                     **kwargs（可变关键字参数，用来接收由姓名、工资和工龄元组组成的任意数量关键字）
              函数返回值：salaryDict（加薪后的员工工资字典，能返回多个值）
              '''
              salaryDict = {}                  # 加薪后员工工资字典初值
              for key, value in kwargs.items():  # 遍历所有关键字（键值对）
                  if value[1]>year:            # 如果value[1]（工龄）大于year（分档值）
                      salary=value[0]          # value[0]是元组元素，不能修改，所以需要增加一个变量salary
                      salary+=salaryTwo        # 原工资增加salaryTwo（二档）
                  else:
                      salary=value[0]          # value[0]（原工资）是元组元素，修改元组元素会出错
                      salary+=salaryOne        # 原工资增加salaryOne（一档）
                  salaryDict[key]=salary       # 加薪后字典增加键值对
              return salaryDict                # 返回加薪后的员工工资字典

          wagesDict=computerSalary(5, 500, 1000, 张三=(5000, 3), 李四=(6000, 7))  # 调用函数返回字典
          for key, value in wagesDict.items():  # 遍历加薪后姓名工资字典中的所有键值对
              print('【'+key+'】加薪后的工资为:'+str(value))
```

【张三】加薪后的工资为 :5500
【李四】加薪后的工资为 :7000

💡 提示

例3-24的难点是把工资和工龄组合成元组作为关键字的一部分，因为这样才能把姓名、工资、工龄配对代入函数。

如果函数的参数列表中包括可变位置参数或可变关键字参数，则需要把该参数放在最后；如果同时包括可变位置参数和可变关键字参数，则需要把它们放在最后，且可变位置参数位于可变关键字参数之前。

4. 变量的作用域

变量的作用域就是变量的有效范围，即变量可以在哪个范围以内使用。变量的作用域由变量的定义位置决定，在不同位置定义的变量，它的作用域是不一样的。这里只介绍两种变量，局部变量和全局变量。

（1）局部变量

在函数内部定义的变量，其作用域仅限于函数内部，这样的变量称为局部变量。例如，前文函数中定义的变量都是局部变量。

💡 提示   **为什么在函数内部定义的变量，出了函数就不能使用了？**

在第2章中介绍变量的时候，我们打了个比方：变量可以看作Excel中的一个单元格。

现在我们还是用Excel打比方，当函数被执行时，相当于在Excel工作簿中临时创建一个工作表，所有在函数内部定义的变量都会存储在这个临时工作表的单元格中。函数执行完毕，这个临时工作表会被立即删除，因此存储在该工作表的单元格中的变量自然就无法再使用。

【例3-25】使用例3-22验证在函数外部调用函数内部定义的局部变量会出错。（代码位置：资源\第3章）

```
In [1]:  def computerAccount(*accounts):
             '''
             函数功能：通用的计算银行存款的函数（无论存款银行有多少家，都能正确计算）
             函数参数：*accounts（可变位置参数）
             函数返回值：bankDeposit（银行存款）
             '''
             bankDeposit = 0                    # 银行存款初值
             for account in accounts:           # 遍历所有银行中的存款
                 bankDeposit+=account           # 累计银行存款
             return bankDeposit

         bankAccount=computerAccount(1782037.87, 721622.5, 281910)  # 输入3家银行存款
         print('银行存款：{:,.2f}'.format(bankAccount))
         print('银行存款：{:,.2f}'.format(bankDeposit))  # 在函数外调用函数内部定义的局部变量会出错
```

扫码看视频

```
银行存款：2,785,570.37
-----------------------------------------------------------------
NameError                                Traceback (most recent call last)
Input In [1], in <cell line: 14>()
     12 bankAccount=computerAccount(1782037.87, 721622.5, 281910)  # 输入3家银行存款
     13 print(' 银行存款：{:,.2f}'.format(bankAccount))
---> 14 print(' 银行存款：{:,.2f}'.format(bankDeposit))

NameError: name 'bankDeposit' is not defined  ◄── 提示变量bankDeposit没定义
```

（2）全局变量

在函数外部定义的变量称为全局变量。全局变量的作用域是整个程序，它既可以在各个函数的外部使用，也可以在各个函数的内部使用。例如，例3-25中的bankAccount就是全局变量。

> **提示**
>
> 全局变量相当于在Excel工作簿中创建了一个持久的工作表，所有全局变量都存储在这个持久的工作表的单元格中，只要程序在运行，全局变量就一直存在（可以被调用）。

由于全局变量和局部变量相当于分布在不同工作表的单元格中，因此即使它们使用同一个变量名（相当于不同工作表中的同一个地址的单元格），也是不同的变量，两者互不干扰。

由于有这个特性，如果全局变量和局部变量或不同函数间的局部变量具有同一种含义，它们就可以使用同一个变量名，这样含义会更明确（不同单词会造成一定的歧义）。

例如，例3-25中的局部变量bankDeposit和全局变量bankAccount可以统一使用全局变量名bankAccount代表银行存款，例3-24中的局部变量salaryDict和全局变量wagesDict可以统一使用局部变量名salaryDict代表员工工资字典。

3.3.3 lambda函数

lambda函数也称为匿名函数，通俗地说就是没有名字的函数。使用lambda函数的好处主要是：①不用起名字；②代码简洁。其语法格式如下。

```
lambda 参数列表:表达式
```

lambda函数的输入值是传入参数列表的值，其输出值（返回值）是根据表达式计算得到的值。lambda函数主要有以下两种用法。

1. 将lambda函数赋值给一个变量，通过这个变量间接调用该lambda函数

【例3-26】使用lambda函数做加法运算。（代码位置：资源\第3章）

```
In [1]:  add=lambda x, y: x+y # 对于给定的x、y，返回表达式x+y的值并赋值给变量add
         print(add(2, 5))
```

7

2. 将lambda函数作为参数传递给其他函数

大多数情况下，lambda函数只作为参数传递给其他函数。把lambda函数作为map()函数的参数，然后对某个序列做相同的函数运算是该函数的典型用法。

下面先介绍map()函数。map()函数的语法格式如下。

```
map(函数，可迭代对象)
```

map()函数对可迭代对象中的每个值进行相同的函数运算，返回一个与传入可迭代对象大小一样的map对象（也称为迭代器）。Python中的列表、元组、字典等都是可迭代对象。

需要注意的是：map对象不能直接输出，需要使用list()、tuple()等函数才能把它的值输出。

（1）对一个可迭代对象的所有元素执行相同的 lambda 函数运算

【例3-27】现有某公司的基本工资列表，将每个人的基本工资增加200元。（代码位置：资源\第3章）

```
In [1]:  baseSalary= [3800, 5000, 4700, 5500] # 基本工资表
         # 将每个人的基本工资增加200元，返回map对象
         iter=map(lambda x:x+200, baseSalary)
         print(list(iter)) # 使用list()函数遍历输出map对象的所有元素值
```

[4000, 5200, 4900, 5700] ◄────── 将每个人的基本工资增加200元

```
In [2]:  baseSalary=list(iter) # 再次遍历map对象并赋值给基本工资列表，将输出为空列表
         baseSalary              # 也就是说，map对象只能遍历一次
```

Out [2]: []

要想正确得到增加200元后的基本工资列表，只能在首次遍历map对象的时候，就赋值给基本工资列表。

```
In [3]:  baseSalary= [3800, 5000, 4700, 5500] # 基本工资表
         iter=map(lambda x:x+200, baseSalary)
         baseSalary=list(iter) # 首次遍历map对象的时候，就赋值给基本工资列表
         print(baseSalary)
```

[4000, 5200, 4900, 5700]

（2）对两个可迭代对象索引相同的所有元素执行相同的 lambda 函数运算

【例3-28】现有某公司的基本工资列表和奖励工资列表，计算总工资（总工资=基本工资+奖励工资）。（代码位置：资源\第3章）

```
In [1]:   baseSalary=[3800, 5000, 4700, 5500]  # 基本工资列表
          rewardSalary=[1200, 1900, 800, 900]  # 奖励工资列表
          # 对两个列表索引相同的所有元素执行相加运算
          iter=map(lambda x, y:x+y, baseSalary, rewardSalary)
          totalSalary=list(iter)  # 遍历map对象并赋值给总工资列表
          print(totalSalary)
```

扫码看视频

[5000, 6900, 5500, 6400]

3.3.4 课堂实验——现金流折现模型（价值评估）

【实验内容】未来现金流量现值公式如下。

$$PV=\sum[第t年预计未来现金流量NCF/(1+折现率R)^t]$$

假设期数间隔为1年，折现率R为5%，现金流发生在年末。根据未来3期（-10000、8000、12000）和6期（-20000、-500、2000、10000、16000、30000）现金流量分别计算现值。（代码位置：资源\第3章）

扫码看视频

【实验思路】①定义pv()函数，使用可变位置参数传递未来多期（不定）现金流量；②调用pv()函数计算现值。

3.4　模块

一个模块就是一个Python程序文件。因此，前面章节中编写的每个Python程序文件都可以作为模块。

3.4.1　标准模块

标准模块也称为内置模块，它是Python内置标准库中的模块，也是Python的官方模块，可直接导入程序供用户使用。

1. 导入模块

模块就像是工具包，要想使用模块中的工具，如函数，就需要导入这个模块。Python提供了两种导入模块的方式：import导入和from…import…导入。

（1）import 导入

使用import导入模块的语法格式如下。

```
import 模块名1 [as 别名1], 模块名2 [as 别名2], …
```

① 使用import可以一次性导入多个模块，各模块用英文逗号分隔。

② [as 别名]是给模块起别名，别名一般是缩写的，其目的是减少输入，导入模块以后就可以用别名代替模块名。虽然[as 别名]这部分是用"[]"括起来的，表示可以使用，也可以省略，但是在实际工作中，这部分都是使用的。

使用这种语法格式的语句会导入指定模块中的所有成员（包括变量、函数、类等）。当需要使用

模块中的成员时，需用该模块名（或别名）作为前缀，否则会报错。

① 在无别名的情况下使用模块名.成员。

② 在有别名的情况下使用别名.成员。

（2）from…import…导入

使用from…import…导入模块的语法格式如下。

```
from 模块名 import 成员名1 [as 别名1]，成员名2 [as 别名2]，…
```

使用这种语法格式的语句只会导入模块中指定的成员，而不是全部成员。同时，当在程序中使用该成员时，无须附加任何前缀，直接使用该成员的成员名（或别名）即可。

2. 标准模块的使用

Python提供了丰富的标准模块供用户使用。下面介绍几个常用标准模块的使用方法。

（1）datetime 模块

datetime模块是Python中专门用于处理日期和时间的模块，其常用函数如表3-9所示。

表3-9

函数	所在类	描述	举例（import datetime as dt）
now()	datetime	获取当前的日期和时间	dt. datetime. now() datetime 模块别名　　　　　　函数名 　　　　　　　类名　　datetime 类中的一个函数 datetime 类是 dt 模块中与模块同名的一个类
date()	date	获取指定日期	dt. date(2023, 3, 7) dt. date(year=2023, month=3, day=7) 使用参数创建指定日期，上面两种格式等价。 date()函数是date类中的构造函数，因此模块别名后面必须直接写函数名
today()	date	获取当前日期	dt. date. today()
strptime()	datetime	按指定日期时间格式将字符串转换为日期时间	dt. datetime. strptime('2023-7-3', '%Y-%m-%d') %y表示2位数的年份（00~99） %Y表示4位数的年份（0000~9999） %m表示月份（01~12） %d表示月内的一天（01~31）
strftime()	datetime	将指定的日期时间转换为字符串	d=dt. date. today() dt. datetime. strftime(d, '%Y/%m/%d'))

【例3-29】 datetime模块中常用函数的用法。（代码位置：资源\第3章）

```
In [1]:   import datetime as dt  # 导入处理日期和时间的标准模块，别名为dt
          print('当前日期时间: ', dt. datetime. now())
          print('当前日期: ', dt. date. today())
          # 下面两行结果相同，二者等价
          print('使用参数创建日期1: ', dt. date(year=2023, month=3, day=7))
          print('使用参数创建日期2: ', dt. date(2023, 3, 7))
          print('字符串转日期: ', dt. datetime. strptime('2023-7-3', '%Y-%m-%d'))
```

```
d=dt. datetime. now()
print('日期转字符串: ', dt. datetime. strftime(d, '%Y/%m/%d'))
```

当前日期时间:　2023-02-05 21:56:33.819770
当前日期:　2023-02-05
使用参数创建日期1:　2023-03-07
使用参数创建日期2:　2023-03-07
字符串转日期:　2023-07-03 00:00:00
日期转字符串:　2023/02/05

（2）random模块

random模块是Python中用于生成随机数的模块，其常用函数如表3-10所示。

表3-10

函数	描述
random()	生成一个0～1的随机浮点数
randint(a, b)	返回a～b的整数，包括a和b
randrange(start, end, step)	返回区间内（start～end）按步长（step）增长的整数
choice(sep)	从序列sep中随机读取一个元素

【例3-30】random模块中常用函数的用法。（代码位置: 资源\第3章）

In [1]:
```
import random as rd  # 导入random模块，别名为rd
print('生成0～1的随机浮点数: ', rd. random())
print('生成1～9（包括1、9）的随机整数: ', rd. randint(1, 9))
print('生成2～10（不包括10）的以2递增的随机整数: ', rd. randrange(2, 10, 2))
```

生成0～1的随机浮点数:　0.7039206980249769
生成1～9（包括1、9）的随机整数:　9
生成2～10（不包括10）的以2递增的随机整数:　2

3.4.2　第三方模块

虽然Python的标准模块提供了文本处理、系统管理、网络处理等基础功能，但是在实际工作中，这些功能远远不能满足需求。针对这种情况，许多厂商开发了众多功能丰富、满足实际需求的模块，这些可免费共享使用的模块称为第三方模块。正是第三方模块节省了大量重复编写代码的时间，才使得Python现今这么流行。

> **提示**
>
> 需要注意的是，Python的第三方模块是需要到相应的网站下载后，再安装到Python的安装目录下才能使用的。由于本书使用的是Anaconda集成环境，已经集成（安装）了大多数常用的第三方模块，因此无须手动安装，需要使用时直接导入对应模块即可。

在财务工作中，常用的第三方模块如图3-19所示。

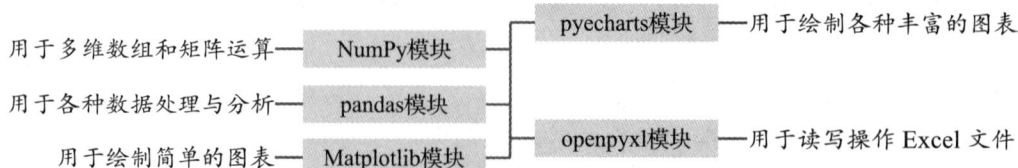

用于多维数组和矩阵运算——NumPy模块
用于各种数据处理与分析——pandas模块　——pyecharts模块——用于绘制各种丰富的图表
用于绘制简单的图表——Matplotlib模块　——openpyxl模块——用于读写操作Excel文件

图3-19

1. NumPy模块

NumPy模块主要用于多维数组和矩阵运算，它是Python进行高性能科学计算和数据分析的基础模块。它最重要的一个特点是其N维数组对象，该对象是一个快速且灵活的大数据集容器。利用这种数组对整块数据执行数学运算，比使用Python自带的数组以及列表执行数学运算效率高得多（无须进行循环操作）。

在使用Python进行数据分析的过程中，大部分时候是不会直接使用NumPy模块的，而是其他模块要用到NumPy模块，例如，pandas模块是基于NumPy模块的，也就是没有NumPy模块，pandas模块就不能工作。可以说，NumPy模块是整个Python数据分析工作的基石。

2. pandas模块

pandas模块是当前最常用的数据处理与分析工具。它支持从CSV、JSON、SQL、Excel等各种文件中导入数据，而且可以对各种数据进行运算操作，比如归并、过滤、选择，以及数据清洗和数据处理等。

此外，pandas模块还集成了Matplotlib模块，它可以方便地进行数据可视化，将数据以图表的方式呈现出来。pandas模块是本书的重点内容，在第4章中会详细介绍。

3. Matplotlib模块

Matplotlib模块是目前使用最广泛的Python可视化2D绘图库之一。只需几行代码就可以生成直方图、折线图、条形图、饼图、箱形图、散点图等可视化图表。该模块会在第6章详细介绍。

4. pyecharts模块

pyecharts模块是一个由百度开源的数据可视化模块，凭借着良好的交互性、精巧的图表设计，得到了众多开发者的认可。它除了可以绘制一些基本坐标系图表之外，还支持树形图、地理图表及3D图表的制作。

5. openpyxl模块

openpyxl模块是Python中用来读写Excel 2010及以上版本文件的模块，它简单易用、功能广泛，几乎可以实现所有的Excel功能。

3.4.3　自定义模块

在Python程序的开发过程中，随着代码越写越多，存放在一个文件里的代码会越来越长，维护越来越不容易。

为了编写易于维护的代码，通常会把程序中的函数、类等内容按功能分组，分别放到不同的文件里。

另外，采用这种组织代码的方式提高了代码的可重用性。当一个模块编写完毕，就可以在其他地方引用。

由于一个Python文件就是一个自定义模块，因此用户编写的任何Python程序一定会创建自定义模块。

3.4.4　课堂实验——计算应收账款账龄

【实验内容】现有一笔业务的过账日期字符串（'2023-2-23'）和账龄基准日期字符串（'2023-5-17'），计算该笔业务的账龄。（代码位置：资源\第3章）

【实验思路】①通过strptime()函数将两个日期格式的字符串转换为日期；②通过days属性获得该笔业务的账龄（账龄=账龄基准日期-过账日期）。

扫码看视频

3.5 项目实训

实训1 计算所有公司的账龄

【实训目标】现有表3-11所示的数据，计算所有客户的账龄。（代码位置：资源\第3章）

表3-11

客户名	过账日期	账龄基准日期	账龄
中工	2023/5/8	2023/7/7	
金威	2023/5/16	2023/7/7	
中工	2023/5/22	2023/7/7	
创科	2023/6/6	2023/7/7	
金威	2023/6/28	2023/7/7	

【实训思路】①根据3.4.4小节的思路，定义一个计算两个字符串型日期之间天数的函数；②把原始数据按图3-20所示的嵌套列表的形式组织起来（嵌套列表是指列表的元素仍然是列表），这样组织起来的数据很像Excel表格，嵌套列表的每一个元素相当于Excel表格中的一行记录；③采用for-in循环遍历嵌套列表，嵌套列表的每一个元素都是列表，该列表的第一个元素是客户名，将该列表的第二个、第三个元素传递给自定义函数，获得该客户的账龄。

```
companyDateList=[['中工','2023/5/8','2023/7/7'],
                 ['金威','2023/5/16','2023/7/7'],
                 ['中工','2023/5/22','2023/7/7'],
                 ['创科','2023/6/6','2023/7/7'],
                 ['金威','2023/6/28','2023/7/7']]
```

图3-20

扫码看视频

实训2 显示工资条

【实训目标】输出表3-12所示的工资条（各字段宽度固定）。（代码、流程图位置：资源\第3章）

表3-12

员工编号	姓名	基本工资/元	岗位工资/元	绩效工资/元
A2019001	张晓东	3500	3900	2500

扫码看视频

【实训思路】①自定义一个将字符串通过前后补空格达到固定宽度的函数，如果能让字符串居中，则居中，如果不能居中，则偏右1格；②按汉字国标扩展码或GB/T 2312—1980国标文件中的相关规定计算字符串宽度（汉字占2字节，数字、英文字母、小数点、下画线以及空格占一字节）。

课堂素养   助推数据赋能财务新未来

在数字经济时代，数据已成为企业最重要的资产之一。随着企业数字化建设的推进，财务部门将以全新大数据模式服务企业价值创造和管理创新。

3.6 思考与练习

一、单选题

1. 以下if语句正确的是（　　）。
   A. if x=5:　　　　B. if x>5　　　　C. if x<=5　　　　D. if x==5:

2. 以下关于break语句的说法正确的是（　　）。
   A. break语句用于跳过本次循环　　　　B. break语句用于终止整个循环
   C. 循环中必须有break语句　　　　　　D. 以上都不对

3. 关于没有返回值函数的返回值，以下说法正确的是（　　）。
   A. 返回值是0　　　　　　　　　　B. 返回值是空字符串
   C. 返回值是None　　　　　　　　　D. 返回值是Null

4. 以下不属于可迭代对象的是（　　）。
   A. (1, 2, 3, 4, 5)　　B. [1, 2, 3, 4, 5]　　C. 'abcdef'　　D. 78

5. 关于函数，以下说法不正确的是（　　）。
   A. 函数具有可重用性　　　　　　　B. 函数以def关键字开头
   C. 函数体内容要缩进　　　　　　　D. 函数参数之间用分号分隔

6. 关于continue语句，以下说法正确的是（　　）。
   A. continue语句用于跳过本次循环　　B. continue语句能用于任何语句中
   C. continue语句用于终止整个循环　　D. 循环中必须有continue语句

二、判断题

1. 假设list=[1, 2, 3, 4, 5, 6]，则for i in list:语句循环的次数是6。（　　）
2. 在函数内部声明的局部变量可以在函数外使用。（　　）
3. 模块需要先导入才能使用。（　　）
4. lambda函数的返回值只能赋值给一个变量。（　　）

三、填空题

1. 以下程序的输出结果为（　　）。

```
salary={'一月':5200,'二月':4800,'三月':6700,'四月':5900,'五月':7900}
for key in salary:
    if key>5000:
        continue
    print(key)
```

2. 以下程序的输出结果为（　　）。

```
def func(a, b, c=3):
    print(a+b+c)
func(1, 2, 5)
```

3. 以下程序的输出结果为（　　）。

```
x=1
y=2
if (x%2==0):
    y-=1
```

```
else:
    y+=1
print(y)
```

4．以下程序的输出结果为（　　　　）。

```
baseSalary=[1800, 3000, 2700, 5000]
iter=map(lambda x:x+500, baseSalary)
baseSalary=list(iter)
print(baseSalary)
```

5．以下程序的输出结果为（　　　　）。

```
list_1=['a', 'b', 'c', 'd', 'e']
list_2=[1, 2, 3, 4]
print(list(zip(list_1, list_2)))
```

四、上机操作题

1．从键盘输入资产金额和负债金额，调用自定义函数计算所有者权益。

2．某公司承兑汇票台账如表3-13所示，调用自定义函数计算剩余天数。为了防止真实的当前日期超过汇票到期日，这里假设当前日期为2023年9月7日，即当前日期为固定值。

表3-13

出票单位	出票日期	汇票到期日	剩余天数
鑫宇	2023/6/12	2023/9/17	
大地	2023/7/28	2023/11/6	

进阶篇

第 **4** 章

数据分析工具pandas

学习目标

知识目标

1. 掌握一维数据结构Series；
2. 掌握二维表格型数据结构DataFrame。

技能目标

1. 能够根据需要，运用Series完成一维财务数据的计算；
2. 能够将保存在Excel或CSV文件中的财务数据读入DataFrame中，再在运算后将其写入Excel或CSV文件中。

章节导读

章节导图

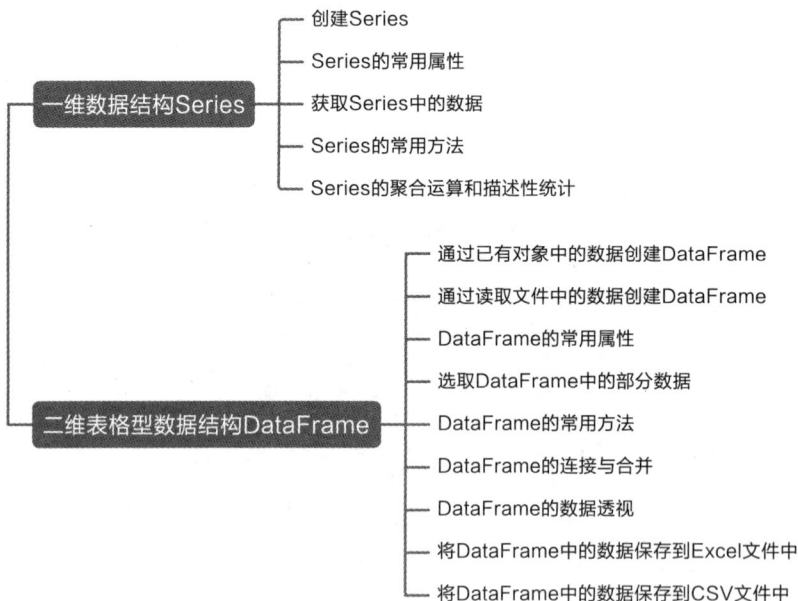

思考题

1. 若有一列财务数据，则可以通过Python删除其中的重复值吗？
2. Python可以对保存在Excel中的财务数据进行统计运算，并将结果写回Excel中吗？

4.1　一维数据结构Series

Series是pandas模块的两种主要数据结构之一，是一种用于存储、处理一列数据的结构（与Excel中的一列数据类似），由索引（index）列和数据值（value）列组成，其中索引与数据值之间是一一对应的关系。其数据结构如图4-1所示。

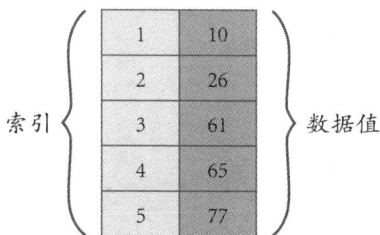

图4-1

4.1.1　创建Series

通过pandas模块中的Series()函数可以创建Series，其语法格式如下。

`pandas.Series(data, index)`

Series()函数的参数说明如表4-1所示。

表4-1

参数名称	参数说明
data	支持多种数据类型，如列表、元组、字典等
index	如果不指定index（省略），则默认以从0开始的非负整数作为索引，称为默认索引。 如果指定index，则必须与数据值列的个数相同，指定的index称为标签索引或显式索引。此时，默认索引依然存在，它仍然可以使用，只是不显示（这种情况下默认索引也称为隐式索引）

【例4-1】通过列表和字典创建Series。（代码位置：资源\第4章）

In [1]:　`import pandas as pd # 导入pandas模块，别名为pd`

（1）通过列表创建 Series

① 创建Series时，不指定index，系统会自动使用以0开始的非负整数作为索引。

In [2]:
```
subjectList=['短期借款','存入保证金','拆入资金','向中央银行借款','吸收存款'] # 会计科目列表
dimSeries=pd.Series(subjectList) # 通过列表创建Series，使用默认索引
dimSeries # 输出Series
```

不指定 index，会默认生成 0、1、2……这样不重复的默认索引

Out[2]:
```
0        短期借款
1       存入保证金
2        拆入资金
3      向中央银行借款
4        吸收存款
dtype: object
```

数据值列

数据值的类型，字符串的类型是 object（对象）

② 创建Series时，指定index。

```
In [3]:  index=['2001', '2002', '2003', '2004', '2011']  # 自定义索引列表（科目代码列表）
         dimSeries=pd.Series(subjectList, index)  # 通过列表创建Series，使用自定义索引
         dimSeries
```

自定义索引称为标签索引或显式索引

```
Out[3]:  2001        短期借款
         2002        存入保证金
         2003        拆入资金
         2004      向中央银行借款
         2011        吸收存款
         dtype: object
```

数据值列

提示

由于索引与数据值是一一对应的，因此应保证自定义索引的唯一性，虽然不唯一也不会出错。

（2）通过字典创建 Series

创建Series时，字典的key就是index（相当于指定index）。由于字典的key具有唯一性，所以索引不会重复。

```
In [4]:  subjectDict={'2001':'短期借款', '2002':'存入保证金', '2003':'拆入资金',
                      '2004':'向中央银行借款', '2011':'吸收存款'}  # 会计科目编码字典
         dimSeries=pd.Series(subjectDict)  # 通过字典创建Series
         dimSeries
```

字典的 key 就是 index，它相当于标签索引

```
Out[4]:  2001        短期借款
         2002        存入保证金
         2003        拆入资金
         2004      向中央银行借款
         2011        吸收存款
         dtype: object
```

4.1.2　Series的常用属性

通过Series的属性可以对其整体情况有全面的了解，同时有些运算中也会用到它的属性值。Series的常用属性如表4-2所示。

表4-2

属性	属性含义
index	返回Series的索引，一维数组。如果没指定index，则返回隐式索引；如果指定index，则返回显式索引
values	返回Series的数据值，一维数组
shape	返回Series的形状（形状包含两方面信息：①它是几维的；②每维的个数）
size	返回Series中元素的个数

【例4-2】输出Series的常用属性。（代码位置：资源\第4章）

```
In [1]:  import pandas as pd  # 导入pandas模块，别名为pd
```

（1）通过列表创建 Series

① 创建Series时，不指定index（使用默认索引）。

In [2]:
```
moneyList=[200000, 320000, 178000, 560000, 377000]  # 投资金额列表
moneySeries=pd. Series (moneyList)  # 创建Series，使用默认索引
moneySeries
```

Out [2]:
```
0    200000
1    320000
2    178000
3    560000
4    377000
dtype: int64
```
← 数据值的类型（64位整数类型）

② 创建Series时，指定index（使用显式索引）。

In [3]:
```
index=['JC0101', 'DN0207', 'CC0302', 'GY0301', 'DD0207']  # 投资项目编码列表
itemSeries=pd. Series (moneyList, index)  # 创建Series，使用显式索引
itemSeries
```

Out [3]:
```
JC0101    200000
DN0207    320000
CC0302    178000
GY0301    560000
DD0207    377000
dtype: int64
```

（2）输出 index、values、shape、size 属性

① 输出index属性。

In [4]:
```
print (moneySeries. index)    # 输出moneySeries（使用隐式索引）的index属性
print (itemSeries. index)     # 输出itemSeries（使用显式索引）的index属性
```
```
RangeIndex(start=0, stop=5, step=1)
Index(['JC0101', 'DN0207', 'CC0302', 'GY0301', 'DD0207'], dtype='object')
```
} 二者有区别

② 输出values属性。

In [5]:
```
print (moneySeries. values)
print (itemSeries. values)
```
```
[200000 320000 178000 560000 377000]
[200000 320000 178000 560000 377000]
```
} 二者无区别

③ 输出shape属性。

In [6]:
```
print (moneySeries. shape)
print (itemSeries. shape)
```
```
(5,)
(5,)
```
} 二者无区别

→ 圆括号中只有1个数字，说明是一维的；
数字5代表一列表中的元素有5个，与size属性值一样

④ 输出size属性。

In [7]:
```
print (moneySeries. size)
print (itemSeries. size)
```
```
5
5
```
} 二者无区别

4.1.3　获取Series中的数据

在实际工作中，往往需要选择Series中某个位置、某个区域或满足特定条件的数据（类似于Excel中的筛选功能），为此pandas提供了两种获取数据的方式：索引和切片。

1.　通过索引获取Series中的单个数据值

Series中的索引与字符串、列表等数据类型对象中的索引基本一样，都是在中括号中指定一个索引号来获取对应数据值。其语法格式如下。

```
Series [索引号]
```

① 在不指定index的情况下，中括号中的索引号仅能使用默认索引号。

② 在指定index的情况下，中括号中的索引号既能使用显式索引号，又能使用隐式索引号。

通过指定索引号获取Series中单个数据值的过程如图4-2所示。

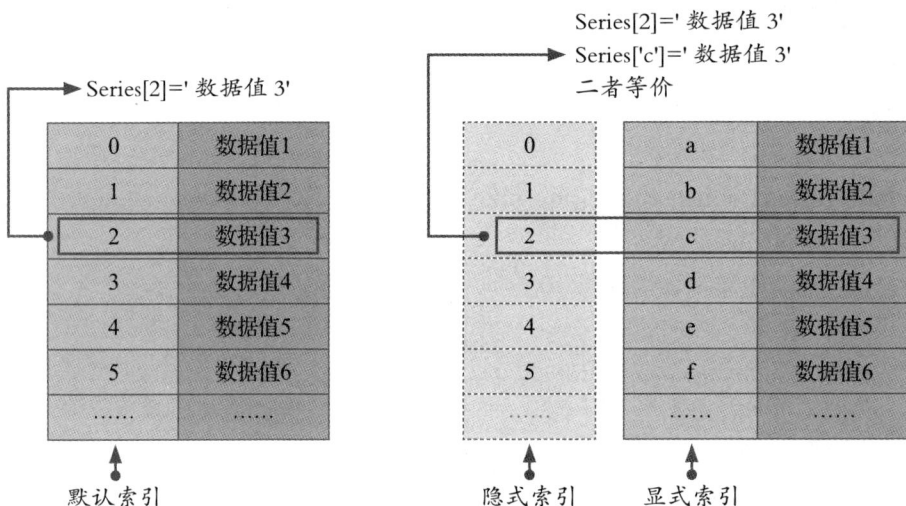

图4-2

【例4-3】分别通过隐式索引和凭证号显式索引获取摘要Series中的单个数据值。（代码位置：资源\第4章）

```
In [1]:   import pandas as pd  # 导入pandas模块，别名为pd
          # 摘要列表
          resumeList=['付货款','收到销售款','支付水电费','支付运费','收到往来款','借差旅费']
          index=['18001','18002','18003','18004','18005','18006']  # 创建凭证号显式索引列表
          resumeSeries=pd.Series(resumeList, index)          # 创建摘要Series，使用凭证号作为显式索引
          resumeSeries

Out [1]:   18001      付货款
          18002    收到销售款
          18003    支付水电费
          18004     支付运费
          18005    收到往来款
          18006     借差旅费
          dtype: object
```

In [2]: resumeSeries['18003'] # *通过凭证号显式索引获取摘要Series中的单个数据值*

Out[2]: '支付水电费' ◄——————————— 二者结果相同 ———————————

In [3]: resumeSeries[2] # *在有凭证号显式索引的情况下，通过隐式索引也能获取摘要Series中的单个数据值*

Out[3]: '支付水电费' ◄

> **提示**
>
> 在创建Series时，如果指定的index是整数，则隐式索引将变为不可用，仅能通过显式索引获取Series中的数据值。

2. 通过切片获取Series中的多个数据值

Series中的切片与字符串、列表等数据类型对象中的切片基本一样，其区别是Series中的切片不仅可以获取一个与区间对应的连续数据值，还可以获取多个不连续的数据值。

> **提示**
>
> 需要注意的是，切片的结果是一个由原Series中的多个数据值组成的子Series。

（1）通过切片获取一个与区间对应的连续数据值

通过切片获取一个与区间对应的连续数据值的语法格式如下。

Series[开始索引号 : 终止索引号]

① 在不指定index的情况下，仅能使用默认索引号指定区间，此时的区间是左闭右开区间。

② 在指定index的情况下，既能使用显式索引号指定区间，又能使用隐式索引号指定区间，区别是使用显式索引号的区间是左闭右闭区间，使用隐式索引号的区间是左闭右开区间。

通过切片获取一个与区间对应的连续数据值的过程如图4-3所示。

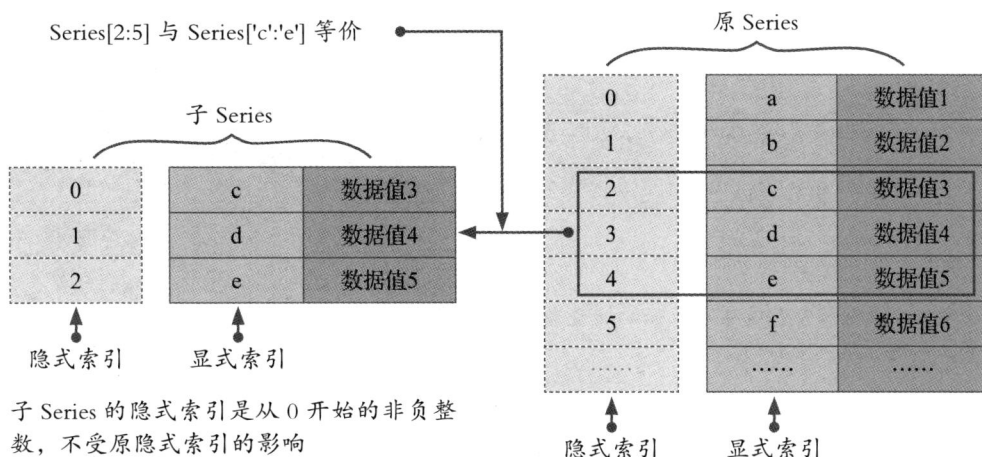

图4-3

【例4-4】分别使用隐式索引和凭证号显式索引，通过切片获取摘要Series中的从'收到销售款'到'支付运费'的数据值。（代码位置：资源\第4章）

```
In [1]:  import pandas as pd  # 导入pandas模块，别名为pd
         # 摘要列表
         resumeList=['付货款', '收到销售款', '支付水电费', '支付运费', '收到往来款', '借差旅费']
         index=['18001', '18002', '18003', '18004', '18005', '18006']  # 创建凭证号显式索引列表
         resumeSeries=pd.Series(resumeList, index)  # 创建摘要Series，使用凭证号作为显式索引
```

```
In [2]:  resumeSeries['18002':'18004']  # 使用显式索引，通过切片获取左闭右闭区间的数据值，返回子Series
```

```
Out[2]:  18002    收到销售款
         18003    支付水电费
         18004    支付运费
         dtype: objec
```

```
In [3]:  resumeSeries[1:4]  # 使用隐式索引，通过切片获取左闭右开区间的数据值，返回子Series
```

```
Out[3]:  18002    收到销售款
         18003    支付水电费
         18004    支付运费
         dtype: objec
```

（2）通过切片获取多个不连续的数据值

通过切片获取多个不连续的数据值的语法格式如下。

Series[[索引号1, 索引号2, …]] ◄——— 注意是两层中括号

① 在不指定index的情况下，仅能通过指定多个默认索引号来获取对应的多个数据值。

② 在指定index的情况下，既能指定多个显式索引号来获取对应的多个数据值，又能指定多个隐式索引号来获取对应的多个数据值。

通过切片获取多个不连续的数据值的过程如图4-4所示。

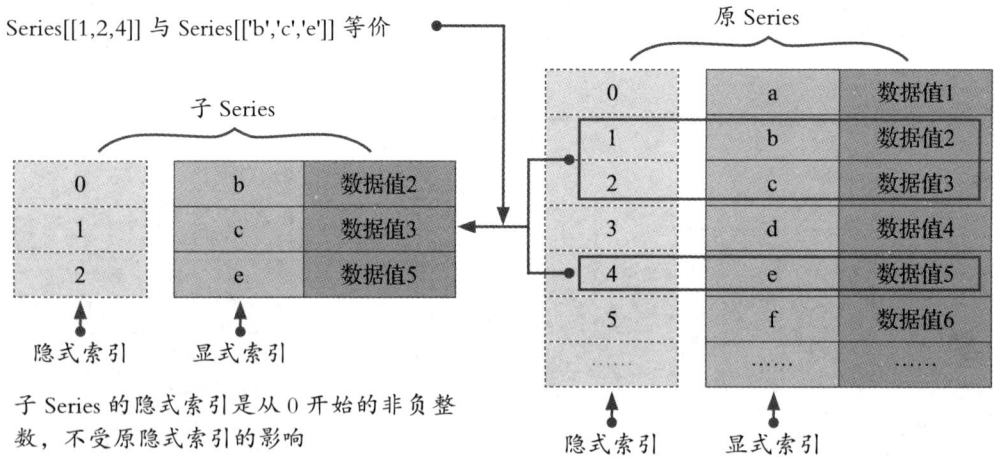

图4-4

【例4-5】分别指定多个凭证号显式索引号和隐式索引号来获取摘要Series中对应的多个数据值。（代码位置：资源\第4章）

```
In [1]:  import pandas as pd  # 导入pandas模块，别名为pd
         # 摘要列表
         resumeList=['付货款', '收到销售款', '支付水电费', '支付运费', '收到往来款', '借差旅费']
```

```
index=['18001', '18002', '18003', '18004', '18005', '18006'] # 创建凭证号显式索引列表
resumeSeries=pd. Series (resumeList, index) # 创建摘要Series, 使用凭证号作为显式索引
```

In [2]:
```
# 指定多个凭证号显式索引号来获取对应的多个数据值, 返回子Series
resumeSeries [['18002', '18003', '18005']]
```

Out[2]:
```
18002    收到销售款
18003    支付水电费
18005    收到往来款
dtype: object
```

In [3]:
```
resumeSeries[[1, 2, 4]] # 指定多个隐式索引号来获取对应的多个数据值, 返回子Series
```

Out[3]:
```
18002    收到销售款
18003    支付水电费
18005    收到往来款
dtype: object
```

（3）通过逻辑值列表获取 Series 中满足条件的多个数据值

通过逻辑值列表获取Series中满足条件的多个数据值的语法格式如下。

Series [Series 关系运算符 数据值]

中括号里的关系表达式表示 Series 中的每个数据值都通过关系运算符与数据值进行比较, 比较结果为真, 则返回 True, 比较结果为假, 则返回 False, 得到一个与 Series 个数相同的逻辑值列表, 而 Series[逻辑值列表] 则返回由对应位置上逻辑值为真的数据值组成的子 Series

通过逻辑值列表获取Series中满足条件的多个数据值的过程如图4-5所示。

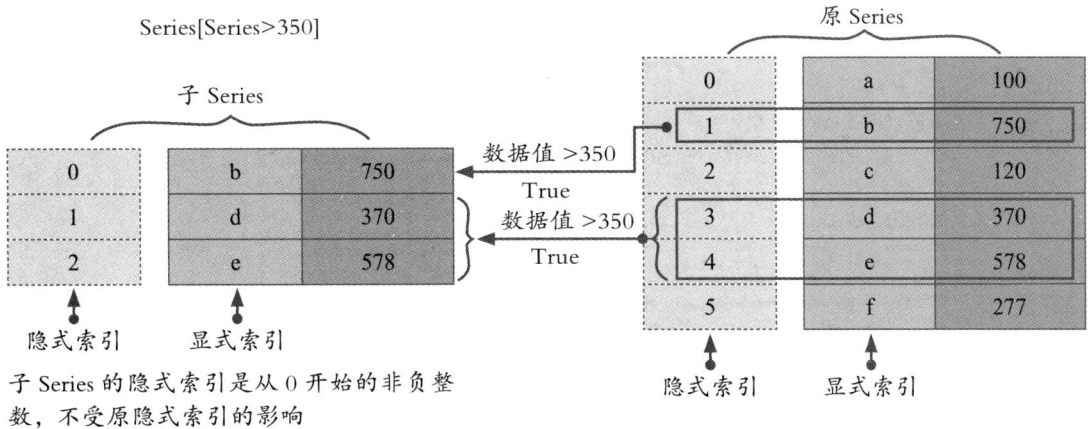

图4-5

【例4-6】某公司1～6月的管理费用如表4-3所示。创建管理费用列表, 使用月份作为显式索引, 根据管理费用列表和月份显式索引创建管理费用Series, 查找管理费用大于270元的月份。（代码位置: 资源\第4章）

表4-3

月份	管理费用/元
1月	189
2月	367
3月	275

续表

月份	管理费用/元
4月	65
5月	328
6月	219

```
In [1]:   import pandas as pd # 导入pandas模块，别名为pd
          resumeList=[189, 367, 275, 65, 328, 219]           # 创建管理费用列表
          index=['1月', '2月', '3月', '4月', '5月', '6月']      # 创建月份显式索引列表
          resumeSeries=pd. Series (resumeList, index)          # 创建管理费用Series，使用月份作为显式索引
```

```
In [2]:   resumeSeries [resumeSeries>270] # 查找管理费用大于270元的月份
```

```
Out[2]:   2 月     367
          3 月     275
          5 月     328
          dtype: int64
```

4.1.4　Series的常用方法

使用Series的方法，可以对存放在其中的原始数据进行适当的处理，以满足实际需求。下面介绍Series的常用方法。

1. unique()方法

使用Series中的unique()方法，可以去掉Series中的重复值。

【例4-7】使用Series中的unique()方法，去掉收支账户Series中的重复值。（代码位置：资源\第4章）

```
In [1]:   import pandas as pd # 导入pandas模块，别名为pd
          accountList=['现金', '微信', '支付宝', '微信', '支付宝'] # 创建有重复值的收支账户列表
          accountSeries=pd. Series (accountList) # 创建收支账户Series，使用默认索引
```

```
In [2]:   accountSeries. unique () # 调用unique ()方法去掉重复值
```

```
Out[2]:   array(['现金', '微信', '支付宝'], dtype=object)
```

注意：返回的是去掉了重复值的一维数组

2. isin()方法

isin()方法用于返回由逻辑值组成的Series（与原Series中数据值的个数相同）。使用该方法可以判断Series中是否存在某个或某几个数据值，如果存在，则该位置返回True，否则该位置返回False。

【例4-8】使用Series中的isin()方法，判断收支账户Series中是否存在指定的数据值。（代码位置：资源\第4章）

```
In [1]:   import pandas as pd # 导入pandas模块，别名为pd
          accountList=['现金', '微信', '支付宝', '微信', '支付宝'] # 创建有重复值的收支账户列表
          accountSeries=pd. Series (accountList) # 创建收支账户Series，使用默认索引
```

```
In [2]:   accountSeries. isin (['微信']) # 判断是否存在指定的数据值"微信"（要写在[]中）
```

```
Out[2]:   0     False
          1     True
          2     False
          3     True
          4     False
          dtype: bool
```

注意：返回的是由判断结果逻辑值组成的与原 Series 位置对应且数据值个数一样的 Series

```
In [3]:   accountSeries.isin(['微信','支付宝']) # 判断是否存在多个数据值，数据值之间用"，"隔开
```

```
Out[3]:   0     False
          1     True
          2     True
          3     True
          4     True
          dtype: bool
```

3. 缺失值处理方法

Python中的缺失值指的是NaN和None。NaN是出现在NumPy和pandas模块里的缺失值，None是Python中的缺失值，它们都表示数据为"空"，因此也被称为空值。需要注意的是，它们与空字符串（' '）、空列表（[]）是不一样的。

在Series中，处理缺失值的方法主要有3种，分别是isna()（与isnull()等价）、notna()（与notnull()等价）和dropna()。

① isna()和isnull()方法用于判断Series中是否有缺失值（NaN），如果有缺失值，则该位置返回True，否则该位置返回False。二者等价，均返回一个由逻辑值组成的Series。

② notna()和notnull()方法与isna()和isnull()方法正好相反，如果有非缺失值，则该位置返回True，否则该位置返回False。二者等价，均返回一个由逻辑值组成的Series。

③ dropna()方法用于删除Series中的缺失值，返回一个由非缺失值组成的子Series。

【例4-9】使用Series中处理缺失值的3种方法删除缺失值。（代码位置：资源\第4章）

```
In [1]:   import pandas as pd # 导入pandas模块，别名为pd
          import numpy as np
          testList=['现金','支付宝','微信',np.NaN,'',None] # 手动创建含有缺失值和空字符串的列表
          testSeries=pd.Series(testList)
          testSeries
```

```
Out[1]:   0     现金
          1     支付宝
          2     微信
          3     NaN        ◄—— numpy 模块里的缺失值
          4                ◄—— 空字符串
          5     None       ◄—— Python 中的缺失值
          dtype: object
```

```
In [2]:   testSeries.isna() # 注意：返回的是由逻辑值组成的新的Series
```

```
Out[2]:   0     False
          1     False
          2     False
          3     True
          4     False      ◄————— 空字符串不是缺失值
          5     True
          dtype: bool
```

```
In [3]:   testSeries. isnull ()   # 与isna()方法等价
```

```
Out [3]:   0     False
          1     False
          2     False
          3      True
          4     False
          5      True
          dtype: bool
```

```
In [4]:   testSeries. notna ()   # 与notnull()方法等价，与isna()和isnull()方法返回的结果相反
```

```
Out [4]:   0      True
          1      True
          2      True
          3     False
          4      True
          5     False
          dtype: bool
```

```
In [5]:   testSeries. dropna ()   # 删除Series中的缺失值
```

```
Out [5]:   0     现金
          1     支付宝
          2     微信
          4
          dtype: object
```

4.1.5　Series的聚合运算和描述性统计

　　Series的聚合运算主要包括对Series中的数据值求和、求平均值、求最大值、求最小值、求方差、求标准差等，使用描述性统计函数可以输出数据的统计信息。

　　【例4-10】对管理费用Series进行聚合运算和描述性统计。（代码位置：资源\第4章）

```
In [1]:   import pandas as pd          # 导入pandas模块，别名为pd
          resumeList=[3, 6, 2, 7, 5, 9]     # 创建管理费用列表
          resumeSeries=pd. Series (resumeList, index) # 创建管理费用Series，使用默认索引
```

```
In [2]:   resumeSeries. sum ()          # 求和
```

```
Out [2]:   32
```

```
In [3]:   resumeSeries. mean ()         # 求平均值
```

```
Out [3]:   5. 333333333333333
```

```
In [4]:   resumeSeries. max ()          # 求最大值
```

```
Out [4]:   9
```

In [5]: | `resumeSeries. min ()` # *求最小值*

Out [5]: 2

In [6]: | `resumeSeries. var ()` # *求方差*

Out [6]: 6.666666666666666

In [7]: | `resumeSeries. std ()` # *求标准差*

Out [7]: 2.581988897471611

In [8]: | `resumeSeries. describe ()` # *输出描述性统计信息*

Out [8]:

```
count    6.000000       计数
mean     5.333333       平均值
std      2.581989       标准差
min      2.000000       最小值
25%      3.500000       25% 分位数
50%      5.500000       50% 分位数，也称为中位数
75%      6.750000       75% 分位数
max      9.000000       最大值
dtype: float64
```

提示　　**什么是方差和标准差?**

　　方差是一个数据集（或一组数）中各个数据分别与这个数据集的平均数之差的平方和的平均数，它用来度量一个数据集中每一个数据与平均数之间的离散程度。方差越小，说明数据的波动越小，越稳定。

　　标准差是方差的算术平方根，它也是用来度量一个数据集的离散程度的。既然都能度量数据集的离散程度，那么为什么有了方差以后，还要定义标准差呢?

　　可以发现，方差与我们要处理的数据的量纲是不一致的（即单位不一致），虽然它能很好地描述数据与平均数的离散程度，但是处理结果是不符合我们的直观思维的。

　　比如一个班男生的平均身高是175cm，标准差是10cm，那么方差就是100cm^2。对于这个结果，使用标准差可以简单、直观地描述为 "本班男生身高分布在175cm ± 10cm"，而方差无法做到这一点。

　　$p\%$分位数可以使得Series中至少有$p\%$的数据值小于或等于这个值，且至少有$(100-p)\%$的数据值大于或等于这个值。

　　例如，某高等院校的入学考试成绩经常以百分位数的形式报告。假设某个学生在入学考试中的语文原始成绩为97分，而参加同一科考试的其他学生的成绩并不容易知道。但是如果原始成绩97分恰好对应的是75%分位数，我们就能知道大约75%的学生的语文分数比他低，而约25%的学生的语文分数比他高，如图4-6所示。

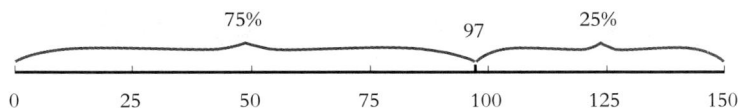

图4-6

p%分位数的计算方法如下。

① 将Series按数值从小到大排序，不妨设为$\{X_i, i=1, 2, 3, \cdots, n\}$。

② p%分位数m_p的位置k的计算公式为：

$k=1+(n-1)\times p\%$

其中，k是p%的位置（从1开始）；n是Series中数据值的个数。

③ p%分位数m_p的计算公式为：

$m_p=X_s+(X_{s+1}-X_s)\times(k-s)$

其中，s是k的整数部分，当k为整数时，s与k相等。

例如，在例4-10中，$n=6$，$X_1=2$，$X_2=3$，$X_3=5$，$X_4=6$，$X_5=7$，$X_6=9$。计算该组数据的75%分位数如下。

$p=75$
$k=1+(6-1)\times75\%=4.75$
$s=4$
$m_{75}=X_4+(X_5-X_4)\times(4.75-4)=6+1\times0.75=6.75$ ◀━━━● 与例4-10中的结果一致

4.1.6 课堂实验——比较两只基金的稳定度

【实验内容】现有两只基金过去12个月的净值，如表4-4所示。判断哪只基金的稳定度高。（代码位置：资源\第4章）

表4-4

汇发基金				汇中基金			
月份	基金净值	月份	基金净值	月份	基金净值	月份	基金净值
1月	2.56	7月	2.62	1月	1.68	7月	1.82
2月	2.39	8月	2.95	2月	1.69	8月	1.76
3月	2.72	9月	2.71	3月	1.77	9月	1.91
4月	2.32	10月	3.03	4月	1.68	10月	1.8
5月	2.76	11月	2.67	5月	1.85	11月	1.81
6月	2.87	12月	3.17	6月	1.76	12月	1.92

【实验思路】衡量基金稳定度的工具就是标准差。标准差越大，未来基金净值可能变动的程度越大，稳定度越低，风险就越高。

4.2 二维表格型数据结构DataFrame

DataFrame是pandas模块中两种主要数据结构之一，也是主要的数据结构，pandas模块中的绝大部分数据处理和分析工作都是通过DataFrame完成的。

DataFrame是一个与Excel表格极其相似的二维表格型数据结构。它由3部分组成：行索引（index）、列索引（columns）和数据值（values）。其结构如图4-7所示。

列索引

	凭证号	摘要	收支账户	收入金额
1	PZ181009012	101房间订餐	现金	560
2	PZ181009013	102房间订餐	微信	282
3	PZ181009017	307房间订餐	支付宝	377

行索引　　数据值

图4-7

4.2.1　通过已有对象中的数据创建DataFrame

使用pandas模块中的DataFrame()函数，可以通过已有对象中的数据来创建DataFrame，其语法格式如下。

```
pandas. DataFrame (data, index, columns)
```

DataFrame()函数中各参数说明如表4-5所示。

表4-5

参数名称	参数说明
data	为DataFrame提供数据的参数，它可来自列表、字典、Series等对象
index	行索引，默认为从0开始的非负整数，可自定义
columns	列索引，默认为从0开始的非负整数，可自定义

由于我们习惯行索引从1开始，所以行索引一般要自定义。列索引一般是用来表示该列的含义的，而默认列索引是无法体现含义的，所以列索引一般也要自定义。

【例4-11】某公司资产负债表的部分数据如表4-6所示，分别使用嵌套列表和字典创建DataFrame。（代码位置：资源\第4章）

表4-6

资产	上年数	本年数
货币资金	50000.00	60000.00
短期投资	35000.00	42000.00
应收票据	68000.00	76000.00
应收账款	30000.00	20000.00
减：坏账准备	10000.00	10000.00

扫码看视频

In [1]:
```
import pandas as pd # 导入pandas模块，别名为pd
```

```
In [2]:    # 使用嵌套列表创建DataFrame
           assetsList = [['货币资金', 50000.00, 60000.00], ['短期投资', 35000.00, 42000.00],
                        ['应收票据', 68000.00, 76000.00], ['应收账款', 30000.00, 20000.00],
                        ['减：坏账准备', 10000.00, 10000.00]] # 资产嵌套列表
           index=[1, 2, 3, 4, 5] # 自定义行索引
           columns=['资产', '上年数', '本年数'] # 自定义列索引
           df = pd.DataFrame(assetsList, index, columns) # 使用自定义行、列索引创建DataFrame
           df
```

Out [2]:

	资产	上年数	本年数
1	货币资金	50000.0	60000.0
2	短期投资	35000.0	42000.0
3	应收票据	68000.0	76000.0
4	应收账款	30000.0	20000.0
5	减：坏账准备	10000.0	10000.0

```
In [3]:    # 使用字典创建DataFrame
           assetsDict = {'资产':['货币资金', '短期投资', '应收票据', '应收账款', '减：坏账准备'],
                        '上年数':[50000.00, 35000.00, 68000.00, 30000.00, 10000.00],
                        '本年数':[60000.00, 42000.00, 76000.00, 20000.00, 10000.00]}
           df = pd.DataFrame(assetsDict, index) # 使用自定义行索引创建DataFrame
           df
```

Out [3]:

	资产	上年数	本年数
1	货币资金	50000.0	60000.0
2	短期投资	35000.0	42000.0
3	应收票据	68000.0	76000.0
4	应收账款	30000.0	20000.0
5	减：坏账准备	10000.0	10000.0

● 字典的键会被当作列索引，无须再设置列索引

提示

例4-11通过显性数据创建DataFrame的目的主要是让大家知道，DataFrame可以通过多种对象类型创建，这种方法简单、直观，适合教学演示。

在实际应用中，创建DataFrame所需的对象类型和例4-11中直观给出的一样，只不过这些对象类型中的数据是来自中间运算结果，而不是直观给出的（隐性），但是其创建方法是一样的。

4.2.2 通过读取文件中的数据创建DataFrame

在实际工作中，业务数据大多存储在外部文件中，如Excel、CSV等格式的文件。当我们需要使用pandas模块对其进行处理与分析的时候，就需要先将它们读取到DataFrame中。

1. 读取Excel文件

使用pandas模块中的read_excel()函数可以将Excel文件中的数据读取到DataFrame中，其语法格式如下。

```
df = pandas.read_excel(io, sheet_name=0, header=0, names=None, index_col=None, usecols=None,
converters=None)
```

其参数说明如表4-7所示。

表4-7

参数名称	参数说明
io	该参数表示要导入的工作簿名称（由路径和文件名组成），有两种写法： ① 详细写法，如io='C:/Python/应收账款报表.xlsx'； ② 省略写法，如'C:/Python/应收账款报表.xlsx'
sheet_name	该参数表示要导入的工作表，有3种写法： ① 默认为0（省略），表示导入第一个工作表； ② 使用工作表名称，如sheet_name='产品编码'； ③ 使用工作表索引号，如sheet_name=1。注意：索引号是从0开始的，从左往右，第一个工作表的索引号是0，第二个工作表的索引号是1，以此类推
names	该参数用来自定义列名，有两种写法： ① 默认为None（省略），直接使用工作表的列名； ② 重新定义列名（用列表参数的形式），新列名将替代原工作表中的列名。注意：列名的数量必须和工作表中的列数相同，否则会出错
header	该参数表示将指定行设置为列名行（列索引），有3种写法： ① 默认为0（省略），取工作表的第一行作为列名，数据取列名行以下的行； ② n（非0正整数），取工作表的第n+1行作为列名，数据取列名行以下的行； ③ 若工作表中的数据没有列名行（即所有行都是数据），则设置header = None，此时将采用从0开始的非负整数作为列名行（列索引）
index_col	该参数表示将指定列设置为行索引，默认为None，此时将采用从0开始的非负整数作为行索引。 如果Excel工作表中有唯一值的列，则通常采用此列作为行索引
usecols	该参数表示要导入的列数据，有3种写法： ① 默认为None（省略），表示导入所有列数据； ② 整数列表，如[0, 2, 3]，表示导入第1、3、4列数据； ③ 列名列表，如['编码', '规格', '单位']。 后两种都是根据需求仅导入指定列数据，避免导入无用数据，提高效率
converters	该参数用来强制规定列数据的类型，有两种写法。 ① 默认为None（省略），表示在把Excel工作表数据导入DataFrame后，各列的数据类型遵循的是pandas的默认规定。注意：它们并不一定与Excel工作表中对应各列的数据类型相同。 ② 字典（键是列名或列号，值是数据类型）。如果Excel工作表某列的数据是纯数字且以0开头（如010101）的文本型数据，则导入后DataFrame会将这一列视为int类型，即把010101变成10101，会出现错误。在这种情况下，如果想要保持数据的完整性，就需要强制规定该列以str类型导入DataFrame中，例如，converters={'编码':str}

【例4-12】通过导入某公司"应收账款报表"工作簿中工作表里的数据，练习read_excel()函数各常用参数的用法。（代码位置：资源\第4章）

扫码看视频

In [1]:　import pandas as pd # 导入pandas模块，别名为pd

（1）关闭警告信息

由于在"应收账款报表.xlsx"工作簿的工作表中使用了公式和函数，所以在使用read_excel()函数导入工作表数据到DataFrame中时，代码可以正常运行但是会提示警告。那么如何关闭警告信息呢？其实很简单，由于Python是通过调用warnings模块中定义的warn()函数来发出警告的，所以设置警告过滤器就可以关闭警告消息。

```
In [2]:  import warnings  # 导入warnings模块
         warnings.simplefilter("ignore")  # 设置警告过滤器关闭警告消息
```

（2）io 参数

io参数表示要导入的工作簿名称（由路径和文件名组成），为了减小read_excel()函数的长度，通常会将该参数定义为字符串变量，该字符串中路径分割线有两种写法：①使用反斜线"\"，如'C:\Python\应收账款报表.xlsx'；②使用斜线"/"，如'C:/Python/应收账款报表.xlsx'。

```
In [3]:  io='C:/Python/应收账款报表.xlsx'  # io参数，与io='C:\Python\应收账款报表.xlsx'等价
         路径部分需要根据实际情况修改
```

（3）sheet_name 参数

① 读取第一个工作表中的数据（见图4-8），不需要指定sheet_name参数。

	A	B	C	D	E	F
1	客户编号	客户名称	账期	联系人	联系电话	客户地址
2	KH001	天翼商超	30	王海洋	18802***078	上海市南开路28号
3	KH002	鑫鑫商场	60	李莎莎	17201***011	上海市山大路17号
4	KH003	前卫超市	30	吴发达	18212***876	上海市北大路19号

客户编码　产品编码　销售人员　销售订单明细表　应收账款明细表　逾期统计表　⊕

图4-8

省略 sheet_name 参数

```
In [4]:  df = pd.read_excel(io)  # 与df = pd.read_excel # (io=io)等价
         df  # 输出DataFrame
```

省略 header 参数，采用首行作为列名（列索引）

	客户编号	客户名称	账期	联系人	联系电话	客户地址
0	KH001	天翼商超	30	王海洋	18802***078	上海市南开路 28 号
1	KH002	鑫鑫商场	60	李莎莎	17201***011	上海市山大路 17 号
2	KH003	前卫超市	30	吴发达	18212***876	上海市北大路 19 号

Out[4]:

......

省略 index_col 参数

② 读取第二个工作表中的数据，需要指定sheet_name参数，sheet_name=1与sheet_name='产品编码'等价。

```
In [5]:  df = pd.read_excel(io, sheet_name=1)  # sheet_name=1与sheet_name='产品编码'等价
         df
```

Out[5]:

	型号	产品名称	单位	单价
0	JP-LR03-C4.C	××7 号碱锰电池 4 粒精品装	板	19.7
1	JP-R03-C4.C	××7 号锌锰电池 4 粒精品装	板	21.5
2	JJ-R6P-S4.C	××5 号锌锰电池 4 粒经济塑装	板	20.8

......

（4）header 参数

若Excel工作表中的第n行才是列名行（见图4-9），则需要指定header = n-1。

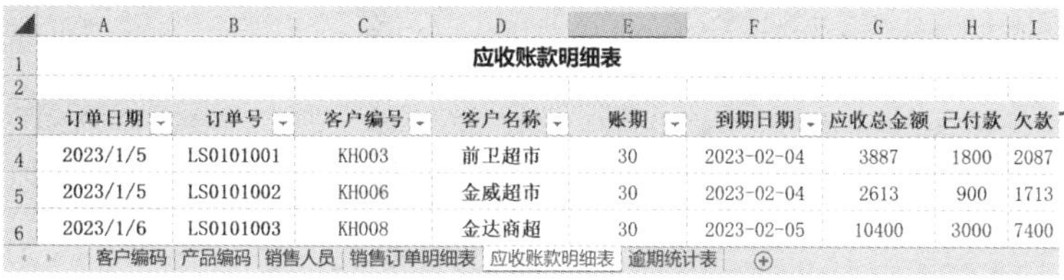

图4-9

第一行不是列名行（表头），第三行才是列名行

In [6]:

```
df = pd.read_excel(io, sheet_name='应收账款明细表', header=2)  # 第三行才是列名行
df
```

Out [6]:

	订单日期	订单号	客户编号	客户名称	账期	收款日期	应收总金额	已付款	欠款
0	2023-01-05	LS0101001	KH003	前卫超市	30	2023-02-04	3887	1800	2087
1	2023-01-05	LS0101002	KH006	金威超市	30	2023-02-04	2613	900	1713
2	2023-01-06	LS0101003	KH008	金达商超	30	2023-02-05	10400	3000	7400

......

（5）names 参数

用列表参数的形式重新定义列名，新列名将替代原工作表中的列名，如果原工作表中没有列名（见图4-10），则此参数可以为工作表增加列名。注意：列名的数量必须和工作表中的列数相同，否则会出错。

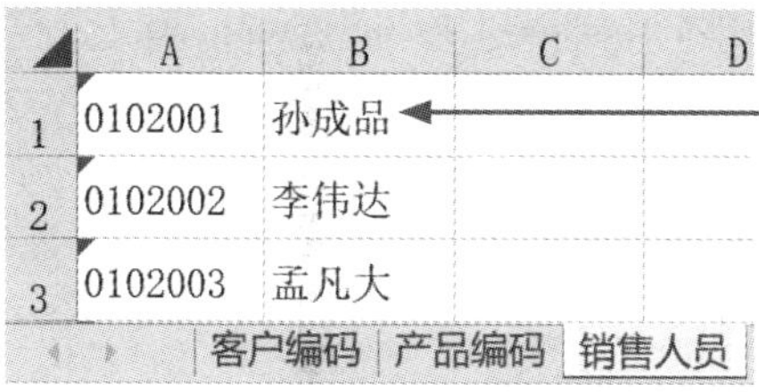

图4-10

In [7]:

```
df = pd.read_excel(io, sheet_name='销售人员', names=['员工编号', '姓名'])  # 重新定义列名
df
```

Out [7]:

增加了自定义列名

	员工编号	姓名
0	102002	李伟达
1	102003	孟凡大
2	102004	萧峰

......

（6）index_col 参数

当需要指定Excel工作表中的某一列作为行索引的时候（通常是有唯一值的列），需要使用此参数。

In [8]:

```
df = pd.read_excel(io, sheet_name='应收账款明细表', header=2, index_col='订单号')
df
```

采用"订单号"作为行索引

Out [8]:

订单号	订单日期	客户编号	客户名称	账期	收款日期	应收总金额	已付款	欠款
LS0101001	2023-01-05	KH003	前卫超市	30	2023-02-04	3887	1800	2087
LS0101002	2023-01-05	KH006	金威超市	30	2023-02-04	2613	900	1713
LS0101003	2023-01-06	KH008	金达商超	30	2023-02-05	10400	3000	7400

......

（7）usecols 参数

当Excel工作表中的数据不是从最左列开始（见图4-11）或者仅需要导入指定列数据的时候，需要使用此参数。

工作表第一列是空白列

	A	B	C	D	E	F	G	H
1		应收账款逾期统计表						
2		序号	客户名称	0~30天	31~60天	61~90天	91天以上	合计
3		001	前卫超市	3369	2087	0	0	5456
4		002	金威超市	0	1713	0	0	1713
5		003	金达商超	0	7400	0	0	7400

客户编码 | 产品编码 | 销售人员 | 销售订单明细表 | 应收账款明细表 | 逾期统计表

图4-11

In [9]:
```
itemList=[1,2,3,4,5,6,7] # 一定要用列表指定要导入的列
df = pd.read_excel(io, sheet_name='逾期统计表', header=1, usecols=itemList)
df
```

把工作表第一列排除

Out [9]:

	序号	客户名称	0～30 天	31～60 天	61～90 天	91 天以上	合计
0	1	前卫超市	3369	2087	0	0	5456
1	2	金威超市	0	1713	0	0	1713
2	3	金达商超	0	7400	0	0	7400

……

（8）converters 参数

从图4-11中可以看出，逾期统计表中序号这一列是以0开头的、由纯数字组成的文本型数据，但导入后却丢失了左边的0，只剩下非0数字。这是因为类似这样的列，DataFrame会将它们视为int类型，因此就出现了丢失左边0的错误。

此时使用converters参数，将序号这一列指定为str类型，就能避免错误。

In [10]:
```
df = pd.read_excel(io, sheet_name=5, header=1, usecols=itemList, converters={'序号':str})
df
```

Out [10]:

	序号	客户名称	0～30 天	31～60 天	61～90 天	91 天以上	合计
0	001	前卫超市	3369	2087	0	0	5456
1	002	金威超市	0	1713	0	0	1713
2	003	金达商超	0	7400	0	0	7400

……

把序号这一列指定为 str 数据类型，0 就不会丢失了

2. 读取CSV文件

使用pandas中的read_csv()函数可以将CSV文件中的数据读取到DataFrame中，其语法格式如下。

```
df = pandas.read_csv(filepath_or_buffer, sep=',', delimiter=None, encoding=None)
```

其参数说明如表4-8所示。

表4-8

参数名称	参数说明
filepath_or_buffer	该参数表示要导入的CSV文件（由路径和文件名组成），有两种写法： ① 详细写法，如filepath_or_buffer='C:\Python\天猫订单表.csv'； ② 省略写法，如'C:\Python\天猫订单表.csv'
sep	该参数表示每行数据内容的分隔符，默认是英文逗号，如sep=','。其他常见的分隔符有制表符（\t）、空格等
delimiter	备选分隔符，效果和sep参数的一样。如果指定该参数，则sep参数会失效
encoding	该参数用来指定字符集类型，有3种写法： ① 默认为'UTF-8'，如果CSV文件的字符集类型为'UTF-8'，则可以省略； ② 如果字符集类型为'GBK'，则encoding='GBK'； ③ 如果字符集类型为'UTF-16'，则encoding='UTF-16'

【例4-13】通过导入图4-12所示的某公司"天猫订单表.csv"文件中的数据，练习read_csv()函数各常用参数的用法。（代码位置：资源\第4章）

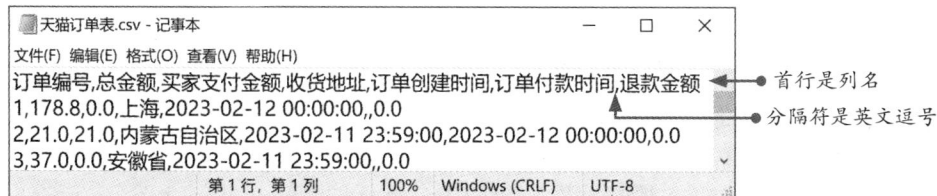

```
天猫订单表.csv - 记事本                          —    □    ×
文件(F) 编辑(E) 格式(O) 查看(V) 帮助(H)
订单编号,总金额,买家支付金额,收货地址,订单创建时间,订单付款时间,退款金额      ← 首行是列名
1,178.8,0.0,上海,2023-02-12 00:00:00,,0.0                    ● 分隔符是英文逗号
2,21.0,21.0,内蒙古自治区,2023-02-11 23:59:00,2023-02-12 00:00:00,0.0
3,37.0,0.0,安徽省,2023-02-11 23:59:00,,0.0
                        第 1 行，第 1 列    100%    Windows (CRLF)    UTF-8
```

图4-12

使用记事本打开CSV文件，状态栏会显示该文件的字符集类型，以便为encoding参数设置合适的值

In [1]: `import pandas as pd # 导入pandas模块，别名为pd`

In [2]: `df = pd.read_csv('C:\Python\天猫订单表.csv')`
        `df`

Out[2]:

	订单编号	总金额	买家支付金额	收货地址	订单创建时间	订单付款时间	退款金额
0	1	78.8	0.0	上海	2023-02-12 00:00:00	NaN	0.0
1	2	21.0	21.0	内蒙古自治区	2023-02-11 23:59:00	2023-02-12 00:00:00	0.0
2	3	37.0	0.0	安徽省	2023-02-11 23:59:00	NaN	0.0

......

提示

什么是CSV文件？

CSV文件是一种通用的纯文本格式的文件，主要用来在不同操作系统之间转移表格类的数据（绝大部分操作系统都支持CSV文件）。它使用换行符终止每一行，一行内的每列数据用逗号分隔。

4.2.3　DataFrame的常用属性

通过DataFrame的属性可以对其整体情况有全面的了解，同时有些运算也会用到它的属性值。DataFrame的常用属性及其含义如表4-9所示。

表4-9

属性	属性含义
index	返回DataFrame的行索引
columns	返回DataFrame的列索引
values	返回DataFrame的数据值，二维数组
shape	返回DataFrame的形状（元组）
size	返回DataFrame中元素的个数

【例4-14】通过导入图4-13所示的某公司“利润及利润分配表.xlsx”文件中的数据，输出DataFrame的常用属性。

（代码位置：资源\第4章）

	A	B	C
1	项目名称	上年数	本年数
2	主营业务收入	¥60,000.00	¥80,000.00
3	主营业务成本	¥40,000.00	¥48,000.00
4	主营业务税金及附加	¥8,000.00	¥12,000.00
5	主营业务利润	¥12,000.00	¥20,000.00
6	其他业务利润	¥8,000.00	¥12,000.00
7	营业费用	¥6,000.00	¥7,000.00
8	管理费用	¥5,000.00	¥6,000.00

利润及利润分配表

扫码看视频

图4-13

In [1]:
```
import pandas as pd # 导入pandas模块，别名为pd
```

In [2]:
```
df = pd.read_excel('C:\Python\利润及利润分配表.xlsx')
df
```

Out[2]:

	项目名称	上年数	本年数
0	主营业务收入	60000	80000
1	主营业务成本	40000	48000
2	主营业务税金及附加	8000	12000
3	主营业务利润	12000	20000
4	其他业务利润	8000	12000
5	营业费用	6000	7000
6	管理费用	5000	6000

In [3]:
```
df.index        # 返回DataFrame的行索引
```

Out[3]:
```
RangeIndex(start=0, stop=7, step=1)
```

In [4]:
```
df.columns     # 返回DataFrame的列索引
```

Out[4]:
```
Index(['项目名称', '上年数', '本年数'], dtype='object')
```

In [5]:
```
df.values       # 返回DataFrame的数据值，二维数组
```

Out[5]:
```
array([['主营业务收入', 60000, 80000],
       ['主营业务成本', 40000, 48000],
       ['主营业务税金及附加', 8000, 12000],
       ['主营业务利润', 12000, 20000],
       ['其他业务利润', 8000, 12000],
       ['营业费用', 6000, 7000],
       ['管理费用', 5000, 6000]], dtype=object)
```

In [6]: df.shape # *返回DataFrame的形状，一个元组*

Out[6]: (7, 3)

In [7]: df.size # *返回DataFrame中元素的个数，即数据区域的行数×列数的值*

Out[7]: 21

4.2.4 选取DataFrame中的部分数据

导入DataFrame中的数据往往都是原始数据，而数据分析可能只需用到其中的部分数据，这时就需要用以下3种常用方法来选取DataFrame中的部分数据。

1. 通过布尔索引选取满足条件的数据

布尔索引是一种可以根据给定的一个或多个条件进行判断的索引，其语法格式如下。

df[(df['列名1'] == 条件1) & (df['列名2'] == 条件2) & …]

其中需要注意以下两点。

① "df['列名1']==条件1"中的"=="号，也可以替换为">"">="" <"等比较运算符。

② 多个条件之间用"&"操作符表示逻辑与，用"|"操作符表示逻辑或，用"~"操作符表示逻辑非。

【例4-15】通过导入某公司"产成品成本表"工作簿中工作表里的数据，练习通过布尔索引选取满足条件的数据。（代码位置：资源\第4章）

扫码看视频

In [1]: import pandas as pd # *导入pandas模块，别名为pd*

In [2]: df = pd.read_excel('C:/Python/产成品成本表.xlsx')
df

Out[2]:

	料号	组件名称	单位	类别	费用名称	金额
0	DC0605F3T002	USB 直角长款	PCS	成品	房租	243.68
1	DC0605F3T002	USB 直角长款	PCS	成品	伙食	275.59
2	DC0605F3T002	USB 直角长款	PCS	成品	运输费	11499.28
3	DC0605F3T002	USB 直角长款	PCS	成品	其他制费	-1027.81
4	DC0605F3T002	USB 直角长款	PCS	成品	折旧	348.47
...	...	...	...	...	...	...
166	DW4020A6005	S722pole 镀锡	PCS	成品	折旧	1583.75
167	DW4020A6005	S722pole 镀锡	PCS	成品	材料成本	59149.89
168	DW4020A6005	S722pole 镀锡	PCS	成品	水电费	8500.00
169	DW4020A6005	S722pole 镀锡	PCS	成品	电费	168.26
170	DW4020A6005	S722pole 镀锡	PCS	成品	人工	12245.43

171 rows × 6 columns

In [3]: df[df['金额']>210000] # *筛选金额大于210000的数据*

Out[3]:

	料号	组件名称	单位	类别	费用名称	金额
15	DC0605F3T003	USB 弯角长款	PCS	成品	水电费	213500.00
150	DW4020A6001	S720pole 镀锡	PCS	成品	运输费	246759.95

In [4]: df[(df['金额']>20000)&(df['费用名称']=='水电费')] # 筛选金额大于20000的水电费数据

Out[4]:

	料号	组件名称	单位	类别	费用名称	金额
15	DC0605F3T003	USB 弯角长款	PCS	成品	水电费	213500.00
24	DW4007A3001	S77pole 镀金	PCS	成品	水电费	26600.0
124	DW4012A6001	S712pole 镀锡	PCS	成品	水电费	21016.0
146	DW4020A6001	S720pole 镀锡	PCS	成品	水电费	27863.0

2. 通过loc、iloc函数选取数据

通过pandas中的loc和iloc函数，可以快速定位想选取的行、列数据。

① loc函数使用自定义索引选取数据，如果没有自定义索引，则使用默认索引。

② iloc函数使用默认索引选取数据。

【例4-16】通过导入某公司"会计科目及余额表"工作簿中工作表里的数据，练习使用loc、iloc函数选取数据。（代码位置：资源\第4章）

扫码看视频

In [1]: import pandas as pd # 导入pandas模块，别名为pd

In [2]: df = pd.read_excel('C:\Python\会计科目及余额表.xlsx',header=1)
df

●第二行是表头行

Out[2]:

	科目编码	科目名称	总账科目	期初余额	本期借方	本期贷方	期末余额	本年累计借	本年累计贷
0	1001	库存现金	1001	24000.0	3000	1210	25790	3000	1210
1	100201	工商银行	1002	300000.0	117520	91900	325620	117520	91900
2	100202	兴业银行	1002	50000.0	0	0	50000	0	0
3	1122	应收账款	1122	6000.0	166788	0	172788	166788	0
4	1405	库存商品	1405	195000.0	30000	188700	36300	30000	188700
5	2001	短期借款	2001	-100000.0	0	0	-100000	0	0
6	2202	应付账款	2202	-40000.0	17000	0	-23000	17000	0
7	2211	应付职工薪酬	2211	NaN	38000	44000	-6000	38000	44000
8	22210101	进项税额	2221	NaN	3900	0	3900	3900	0
9	22210102	销项税额	2221	NaN	0	32708	-32708	0	32708

（1）使用 loc、iloc 函数选取整行数据

使用loc、iloc函数选取整行数据的语法格式如下。

```
df.loc[[' 行自定义索引 1 ',' 行自定义索引 2 ',…][,]:]
df.iloc[[' 行默认索引号 1 ',' 行默认索引号 2 ',…][,]:]
```

在上面的格式中，外层中括号中的逗号的左边代表行，它是一个由自定义行索引或行号组成的列表；逗号的右边代表列，":"表示所有列，可以省略。

In [3]: df.loc[[1]] # 选取第二行。由于没有自定义行索引，所以使用默认行索引

Out[3]:

	科目编码	科目名称	总账科目	期初余额	本期借方	本期贷方	期末余额	本年累计借	本年累计贷
1	100201	工商银行	1002	300000.0	117520	91900	325620	117520	91900

In [4]: df.iloc[[3,5,9]] # 选取第4、6、10这3行数据。注意：iloc函数只能使用默认行索引

Out[4]:

	科目编码	科目名称	总账科目	期初余额	本期借方	本期贷方	期末余额	本年累计借	本年累计贷
3	1122	应收账款	1122	6000.0	166788	0	172788	166788	0
5	2001	短期借款	2001	-100000.0	0	0	-100000	0	0
9	22210102	销项税额	2221	NaN	0	32708	-32708	0	32708

（2）使用 loc、iloc 函数选取整列数据

使用loc、iloc函数选取整列数据的语法格式如下。

```
df.loc[:,[' 列名 1 ',' 列名 2 ',…]]
df.iloc[:,[' 列默认索引号 1 ',' 列默认索引号 2 ',…]]
```

在上面的格式中，有以下两点需要注意。

① 如果Excel工作表中含有表头，那么将其导入DataFrame后，这些表头的名称就是自定义列索引。

② 逗号的左边代表行，"："表示所有行，不能省略；逗号的右边代表列，其是一个由列名或列号组成的列表。

In [5]: df.loc[:,['科目名称','期初余额']] # 通过指定列名选取两列数据

Out[5]:

	科目名称	期初余额
0	库存现金	24000.0
1	工商银行	300000.0
2	兴业银行	50000.0
3	应收账款	6000.0
4	库存商品	195000.0
5	短期借款	-100000.0
6	应付账款	-40000.0
7	应付职工薪酬	NaN
8	进项税额	NaN
9	销项税额	NaN

In [6]: df.iloc[:,[1,3]] # 通过指定列号选取两列数据

Out[6]:

	科目名称	期初余额
0	库存现金	24000.0
1	工商银行	300000.0
2	兴业银行	50000.0
3	应收账款	6000.0
4	库存商品	195000.0
5	短期借款	-100000.0
6	应付账款	-40000.0
7	应付职工薪酬	NaN
8	进项税额	NaN
9	销项税额	NaN

（3）使用 loc、iloc 函数选取行、列交叉部分数据

使用loc、iloc函数选取行、列交叉部分数据的语法格式如下。

```
df.loc[[' 行自定义索引 1 ',' 行自定义索引 2 ',…],[' 列名 1 ',' 列名 2 ',…]]
df.iloc[[' 行默认索引号 1 ',' 行默认索引号 2 ',…],[' 列默认索引号 1 ',' 列默认索引号 2 ',…]]
```

逗号的左边代表行，是一个由自定义行索引或行号组成的列表；逗号的右边代表列，是一个由列名或列号组成的列表。

In [7]: df.loc[[1,2,5],['科目名称','期初余额']] # 选取多行、多列交叉部分数据

Out[7]:

	科目名称	期初余额
1	工商银行	300000.0
2	兴业银行	50000.0
5	短期借款	-100000.0

In [8]: `df.iloc[[1, 2, 5], [1, 3]]` # 选取多行、多列交叉部分数据

Out[8]:

	科目名称	期初余额
1	工商银行	300000.0
2	兴业银行	50000.0
5	短期借款	-100000.0

4.2.5 DataFrame的常用方法

导入DataFrame中的数据，通常需要对它们进行数据处理与计算。因此DataFrame提供了丰富的方法用于快速实现这些功能。下面介绍几个常用的方法。

1. dropna()方法

使用dropna()方法可以删除DataFrame中的缺失值（NaN），该方法返回一个删除缺失值所在的一整行数据后的新DataFrame，而原DataFrame保持不变。

【例4-17】使用例4-16中的"会计科目及余额表"工作簿，采用dropna()方法删除DataFrame中的缺失值。（代码位置：资源\第4章）

扫码看视频

In [1]:
```
import pandas as pd # 导入pandas模块，别名为pd
df = pd.read_excel('C:\Python\会计科目及余额表.xlsx', header=1)
```

In [2]:
```
df1=df.dropna() # 删除缺失值所在的一整行数据，返回新的DataFrame并赋值给df1
df1 # 输出新的DataFrame
```

Out[2]:

	科目编码	科目名称	总账科目	期初余额	本期借方	本期贷方	期末余额	本年累计借	本年累计贷
0	1001	库存现金	1001	24000.0	3000	1210	25790	3000	1210
1	100201	工商银行	1002	300000.0	117520	91900	325620	117520	91900
2	100202	兴业银行	1002	50000.0	0	0	50000	0	0
3	1122	应收账款	1122	6000.0	166788	0	172788	166788	0
4	1405	库存商品	1405	195000.0	30000	188700	36300	30000	188700
5	2001	短期借款	2001	-100000.0	0	0	-100000	0	0
6	2202	应付账款	2202	-40000.0	17000	0	-23000	17000	0

● 原DataFrame中的最后3行被删除了

2. fillna()方法

使用fillna()方法可以对DataFrame中的缺失值（NaN）用非缺失值进行填充，该方法返回一个填充后的新DataFrame，而原DataFrame保持不变。

【例4-18】使用例4-16中的"会计科目及余额表"工作簿，用"0.0"填充DataFrame中的缺失值。（代码位置：资源\第4章）

扫码看视频

In [1]:
```
import pandas as pd          # 导入pandas模块，别名为pd
df = pd.read_excel('C:\Python\会计科目及余额表.xlsx', header=1)
```

In [2]: `df.fillna(0.0)` # 用0.0填充缺失值，返回新的DataFrame，并直接输出

Out[2]:

	科目编码	科目名称	总账科目	期初余额	本期借方	本期贷方	期末余额	本年累计借	本年累计贷
0	1001	库存现金	1001	24000.0	3000	1210	25790	3000	1210
1	100201	工商银行	1002	300000.0	117520	91900	325620	117520	91900
2	100202	兴业银行	1002	50000.0	0	0	50000	0	0
3	1122	应收账款	1122	6000.0	166788	0	172788	166788	0
4	1405	库存商品	1405	195000.0	30000	188700	36300	30000	188700

5	2001	短期借款	2001	-100000.0	0	0	-100000	0	0
6	2202	应付账款	2202	-40000.0	17000	0	-23000	17000	0
7	2211	应付职工薪酬	2211	0.0	38000	44000	-6000	38000	44000
8	22210101	进项税额	2221	0.0	3900	0	3900	3900	0
9	22210102	销项税额	2221	0.0	0	32708	-32708	0	32708

● 最后 3 行中的 NaN 被替换成 0.0 了

3. sort_values()方法

使用sort_values()方法可以对DataFrame中的指定列按值排序,该方法返回一个按值排序后的新DataFrame,而原DataFrame保持不变。

【例4-19】将"工资核算"工作簿中第一个工作表里的数据导入DataFrame,然后采用sort_values()方法对"工资总额"列分别进行升序和降序排列。(代码位置:资源\第4章)

In [1]:
```
import pandas as pd  # 导入pandas模块,别名为pd
```

In [2]:
```
df = pd.read_excel('C:\Python\工资核算.xlsx')
df
```

Out[2]:

	部门编码	部门	工资总额	职工福利费(14%)
0	BM02	企划科	12523.64	1753.3096
1	BM01	财务科	10730.00	1502.2000
2	BM04	供应科	10995.00	1539.3000
3	BM03	销售科	10500.00	1470.0000
4	BM06	生产车间	29750.00	4165.0000
5	BM05	装配车间	11360.00	1590.4000

扫码看视频

In [3]:
```
df.sort_values('工资总额')  # 按工资总额升序排列,参数ascending=True可以省略
```

Out[3]:

	部门编码	部门	工资总额	职工福利费(14%)
3	BM03	销售科	10500.00	1470.0000
1	BM01	财务科	10730.00	1502.2000
2	BM04	供应科	10995.00	1539.3000
5	BM08	装配车间	11360.00	1590.4000
0	BM02	企划科	12523.64	1753.3096
4	BM06	生产车间	29750.00	4165.0000

● 按工资总额升序排列

In [4]:
```
df.sort_values('工资总额', ascending=False)  # 按工资总额降序排列,参数ascending=False不能省略
```

Out[4]:

	部门编码	部门	工资总额	职工福利费(14%)
4	BM06	生产车间	29750.00	4165.0000
0	BM02	企划科	12523.64	1753.3096
5	BM08	装配车间	11360.00	1590.4000
2	BM04	供应科	10995.00	1539.3000
1	BM01	财务科	10730.00	1502.2000
3	BM03	销售科	10500.00	1470.0000

● 按工资总额降序排列

4. sort_index()方法

使用sort_index()方法可以对DataFrame中的行按行索引排序(通常是按自定义行索引排序),该方法返回一个按行索引排序后的新DataFrame,而原DataFrame保持不变。

【例4-20】将"工资核算"工作簿中工作表里的数据导入DataFrame,同时指定行索引为"部

门编码"，然后采用sort_index()方法对DataFrame中的行按自定义行索引"部门编码"分别进行升序和降序排列。（代码位置：资源\第4章）

In [1]: `import pandas as pd` *# 导入pandas模块，别名为pd*

In [2]: `df = pd.read_excel('C:\Python\工资核算.xlsx', index_col='部门编码')`
`df`   指定"部门编码"作为行索引

Out[2]:

部门编码	部门	工资总额	职工福利费（14%）
BM02	企划科	12523.64	1753.3096
BM01	财务科	10730.00	1502.2000
BM04	供应科	10995.00	1539.3000
BM03	销售科	10500.00	1470.0000
BM06	生产车间	29750.00	4165.0000
BM05	装配车间	11360.00	1590.4000

扫码看视频

In [3]: `df.sort_index()` *# 按部门编码升序排列，参数ascending=True可以省略*

Out[3]:

部门编码	部门	工资总额	职工福利费（14%）
BM01	财务科	10730.00	502.2000
BM02	企划科	12523.64	1753.3096
BM03	销售科	10500.00	1470.0000
BM04	供应科	10995.00	1539.3000
BM05	装配车间	11360.00	1590.4000
BM06	生产车间	29750.00	4165.0000

升序

In [4]: `df.sort_index(ascending=False)` *# 按部门编码降序排列，参数ascending=False不能省略*

Out[4]:

部门编码	部门	工资总额	职工福利费（14%）
BM06	生产车间	29750.00	4165.0000
BM05	装配车间	11360.00	1590.4000
BM04	供应科	10995.00	1539.3000
BM03	销售科	10500.00	1470.0000
BM02	企划科	12523.64	1753.3096
BM01	财务科	10730.00	502.2000

降序

5. drop()方法

使用drop()方法可以删除DataFrame中指定的行或列，该方法返回一个删除指定行或列后的新DataFrame，而原DataFrame保持不变。

【例4-21】将"工资核算"工作簿中第一个工作表里的数据导入DataFrame，然后使用drop()方法删除DataFrame中指定的行或列。（代码位置：资源\第4章）

扫码看视频

In [1]: `import pandas as pd` *# 导入pandas模块，别名为pd*
`dfOne = pd.read_excel('C:\Python\工资核算.xlsx')` *# 采用默认行索引*

（1）删除指定行

删除指定行的语法格式如下。

`df.drop([行号1, 行号2, …], axis=0)` *# 使用默认行索引的情况，axis=0 表示按行删除*
`df.drop([行索引号1, 行索引号2, …], axis=0)` *# 使用自定义行索引的情况*

① 在使用默认行索引的情况下，逗号左侧列表中的元素是要删除行的索引号。

In [2]: `dfOne.drop([1, 3], axis=0)` *# 删除默认行索引号为1、3的行*

Out[2]:

	部门编码	部门	工资总额	职工福利费（14%）
0	BM02	企划科	12523.64	1753.3096
2	BM04	供应科	10995.00	1539.3000
4	BM06	生产车间	29750.00	4165.0000
5	BM05	装配车间	11360.00	1590.4000

默认行索引号为 1、3 的行被删除了

② 使用自定义行索引的情况下，逗号左侧列表中的元素是要删除行的自定义行索引号。

In [3]: `dfTwo = pd.read_excel('C:\Python\工资核算.xlsx', index_col='部门编码')` *# 自定义行索引*
`dfTwo.drop(['BM01', 'BM03'], axis=0)` *# 删除自定义行索引号为'BM01'、'BM03'的行*

Out[3]:

部门编码	部门	工资总额	职工福利费（14%）
BM02	企划科	12523.64	1753.3096
BM04	供应科	10995.00	1539.3000
BM06	生产车间	29750.00	4165.0000
BM05	装配车间	11360.00	1590.4000

行索引号为 'BM01'、'BM03' 的行被删除了

提示

删除指定行的时候，列表中的元素只能使用行索引这一列的值，而不能使用非行索引列的值。例如，在上面的代码中，在行索引号列表中不能使用"部门"列的值，因为"部门"列不是行索引列。

（2）删除指定列

删除指定列的语法格式如下。

`df.drop([列索引名1，列索引名2, …], axis=1)` *# axis=1表示按列删除*

In [4]: `dfOne.drop(['部门编码', '工资总额'], axis=1)` *# 删除'部门编码'、'工资总额'两列*

Out[4]:

	部门	职工福利费（14%）
0	企划科	1753.3096
1	财务科	1502.2000
2	供应科	1539.3000
3	销售科	1470.0000
4	生产车间	4165.0000
5	装配车间	1590.4000

'部门编码'、'工资总额'两列被删除了

提示

删除指定列的时候，列表里的元素只能使用非行索引列名，而不能使用行索引列名。例如，在上面的代码中，如果DataFrame使用dfTwo，那么在列索引名列表中就不能删除"部门编码"列，因为这时它是行索引列名。

4.2.6 DataFrame的连接与合并

在实际工作中，经常需要对多张表格中的数据进行连接或合并，再进行数据处理与分析。

例如，一家总公司旗下有多家分公司，各分公司每月向总公司上报销售数据，总公司需要将这些数据合并，再进行销售情况分析；再例如，财务人员从公司的不同系统（ERP、CRM）中导出数据，

将这些不同表格中的数据按照一定的规则进行连接、合并，再进行数据分析。

针对这些情况，pandas提供了merge()函数和cancat()函数用于数据的连接与合并。

1. DataFrame的连接

merge()函数是用来连接两个DataFrame间的数据的，连接时需要将它们按照某个或某几个共同的列名一一对应地连接，这个共同的列名也称为连接键。总的来说，使用merge()函数的连接过程就是将数据一一对应的过程。

merge()函数的语法格式如下。

```
pandas.merge( left, right, how='inner', on=None, left_on=None, right_on=None, left_index=False, right_index=False, sort=False, suffixes=('_x', '_y'))
```

其常用参数说明如表4-10所示。

表4-10

参数名称	参数说明
left和right	left代表两个要连接的DataFrame中左侧的DataFrame，right代表右侧的DataFrame
how	表示连接方式，有内连接（inner）、外连接（outer）、左连接（left）、右连接（right）4种，默认为内连接
on	该参数用于指定两个DataFrame中某个或某几个相同的列名作为连接键，默认使用全部相同的列名（交集）作为连接键
left_on	左侧DataFrame列中作为连接键的列名，当左、右列名不同但含义相同时，可以使用此参数
right_on	右侧DataFrame列中作为连接键的列名
left_index	使用左侧DataFrame中的行索引作为连接键
right_index	使用右侧DataFrame中的行索引作为连接键
sort	默认为True，表示将连接的数据进行排序，设置为False则表示不排序
suffixes	由字符串组成的元组，用于指定当左、右DataFrame中存在相同的列名时，在列名后面附加的后缀名，默认为('_x', '_y')

从表4-10中可以看出merge()函数共提供了4种连接方式：内连接、外连接、左连接和右连接。下面通过一个具体例子分别介绍。

【例4-22】将"员工信息、销售数据"工作簿中相应工作表里的数据分别导入DataFrame，练习merge()函数的用法。（代码位置：资源\第4章）

```
In [1]:   import pandas as pd  # 导入pandas模块，别名为pd
          ioStr='C:\Python\员工信息、销售数据.xlsx'  # 文件路径字符串
```

（1）内连接

内连接是merge()函数默认的连接方式。它在连接的过程中会取两个DataFrame的连接键的交集进行连接。

```
In [2]:   df1 = pd.read_excel(io=ioStr, sheet_name='员工信息')  # 采用默认行索引
          df1  # 输出左侧员工信息DataFrame
```

Out[2]:

	员工编号	员工姓名	性别	等级
0	SL001	张发达	男	中级
1	SL002	吴倩倩	女	初级
2	SL003	李明博	男	初级
3	SL004	钱海涛	男	中级
4	SL005	王玥月	女	中级

左侧员工信息 DataFrame

In [3]:
```
df2 = pd.read_excel(io=ioStr, sheet_name='销售数据')  # 采用默认行索引
df2  # 输出右侧销售数据DataFrame
```

Out[3]:

	员工编号	销售业绩	提成
0	SL001	30000	4200.0
1	SL003	20000	2800.0
2	SL006	60000	8400.0

右侧销售数据 DataFrame

这两个参数可以省略

In [4]:
```
pd.merge(df1, df2, how='inner', on='员工编号')  # 通过'员工编号'进行内连接
```

Out[4]:

	员工编号	员工姓名	性别	等级	销售业绩	提成
0	SL001	张发达	男	中级	30000	4200.0
1	SL003	李明博	男	初级	20000	2800.0

通过'员工编号'进行内连接的结果

　　两个DataFrame的连接键是'员工编号'，取两个DataFrame连接键的交集，这里df1和df2的'员工编号'的交集是{'SL001','SL003'}，其连接过程如图4-14所示。

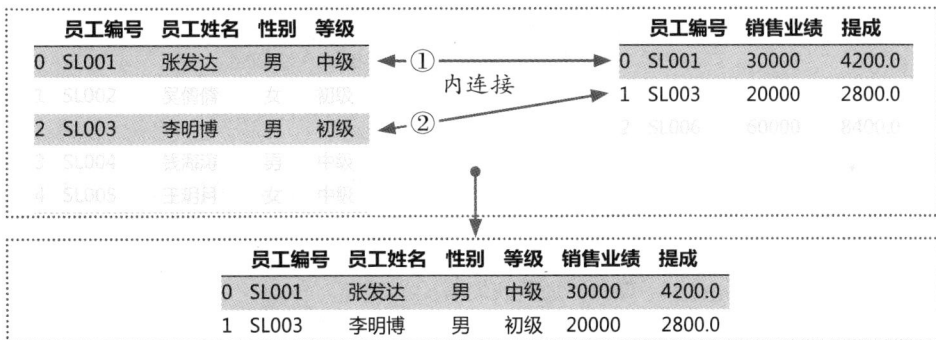

图4-14

　　上面演示的是同一个连接键下，两个DataFrame只有一条对应数据的情况（一个员工对应一条销售业绩）。如果一个员工对应多条销售业绩的话，又是怎么连接的呢？

　　这里，左侧DataFrame不变，右侧DataFrame从"销售数据2"工作表中导入。

In [5]:
```
df3 = pd.read_excel(io=ioStr, sheet_name='销售数据2')  # 采用默认行索引
df3  # 输出新的右侧销售数据2 DataFrame
```

Out[5]:

	员工编号	销售业绩	提成
0	SL001	30000	4200.0
1	SL003	20000	2800.0
2	SL003	37000	5180.0
3	SL005	70000	9800.0

两条（行）'员工编号'为'SL003'的销售数据

In [6]:
```
pd.merge(df1, df3, how='inner', on='员工编号')  # 通过'员工编号'进行内连接
```

Out[6]:

	员工编号	员工姓名	性别	等级	销售业绩	提成
0	SL001	张发达	男	中级	30000	4200.0
1	SL003	李明博	男	初级	20000	2800.0
2	SL003	李明博	男	初级	37000	5180.0
3	SL005	王玥月	女	中级	70000	9800.0

通过'员工编号'进行内连接的结果

两个DataFrame的连接键仍然是'员工编号'，取两个DataFrame连接键的交集，这里df1和df3的'员工编号'的交集是{'SL001','SL003','SL005'}。

对应匹配时，由于这里的'SL003'有两条对应的销售业绩，故在连接时，会将员工信息DataFrame中'SL003'对应的数据多复制一行来和右侧的销售数据进行匹配。

其连接过程如图4-15所示。

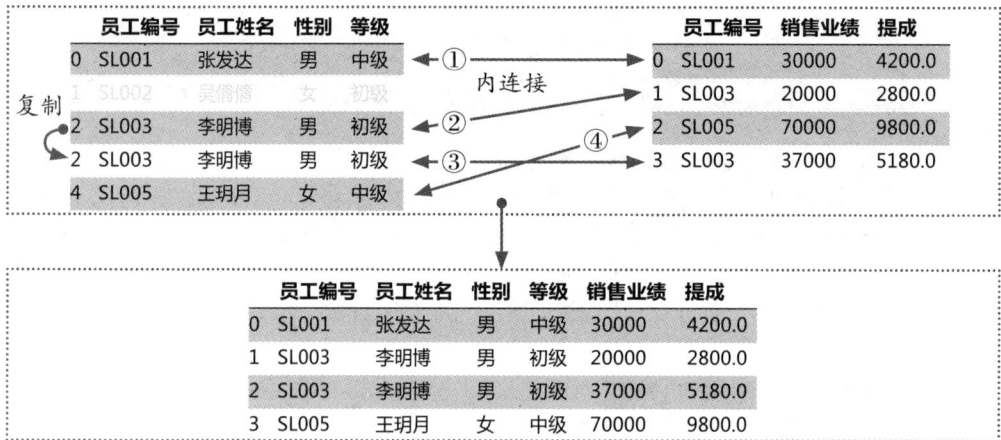

图4-15

（2）左连接和右连接

左连接和右连接的连接方法其实是类似的。

① 左连接：连接时，以左侧DataFrame中的所有连接键为基准进行配对，如果左侧DataFrame中的连接键在右侧DataFrame中不存在，则用缺失值NaN填充。

② 右连接：连接时，以右侧DataFrame中的所有连接键为基准进行配对，如果右侧DataFrame中的连接键在左侧DataFrame中不存在，则用缺失值NaN填充。

In [7]:

```
pd.merge(df1, df2, how='left', on='员工编号')  # 通过'员工编号'进行左连接
```

Out[7]:

	员工编号	员工姓名	性别	等级	销售业绩	提成
0	SL001	张发达	男	中级	30000	4200.0
1	SL002	吴倩倩	女	初级	NaN	NaN
2	SL003	李明博	男	初级	37000	5180.0
3	SL004	钱海涛	男	中级	NaN	NaN
4	SL005	王玥月	女	中级	NaN	NaN

通过'员工编号'进行左连接的结果

以左侧DataFrame中所有的'员工编号'为基准与右侧DataFrame中的'员工编号'进行配对，因为右侧的'SL006'不在左侧DataFrame中，所以不会进行配对。

然后把右侧DataFrame中的能配对的'销售业绩'、'提成'列合并到左侧DataFrame中，对于没有匹配值的用缺失值NaN填充。其连接过程如图4-16所示。

无论在右侧 DataFrame 中是否能找到对应的记录，都保留

它们在右侧 DataFrame 中找不到对应的记录，右侧 DataFrame 中的列补 NaN

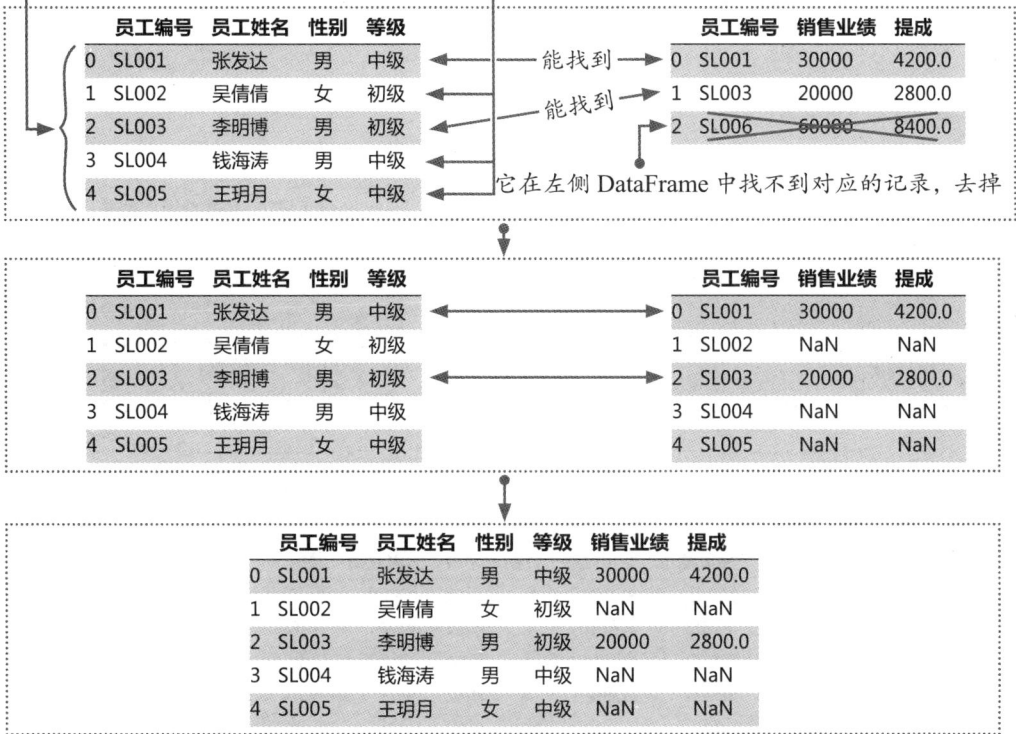

	员工编号	员工姓名	性别	等级
0	SL001	张发达	男	中级
1	SL002	吴倩倩	女	初级
2	SL003	李明博	男	初级
3	SL004	钱海涛	男	中级
4	SL005	王玥月	女	中级

能找到　能找到

	员工编号	销售业绩	提成
0	SL001	30000	4200.0
1	SL003	20000	2800.0
2	SL006	60000	8400.0

它在左侧 DataFrame 中找不到对应的记录，去掉

	员工编号	员工姓名	性别	等级
0	SL001	张发达	男	中级
1	SL002	吴倩倩	女	初级
2	SL003	李明博	男	初级
3	SL004	钱海涛	男	中级
4	SL005	王玥月	女	中级

	员工编号	销售业绩	提成
0	SL001	30000	4200.0
1	SL002	NaN	NaN
2	SL003	20000	2800.0
3	SL004	NaN	NaN
4	SL005	NaN	NaN

	员工编号	员工姓名	性别	等级	销售业绩	提成
0	SL001	张发达	男	中级	30000	4200.0
1	SL002	吴倩倩	女	初级	NaN	NaN
2	SL003	李明博	男	初级	20000	2800.0
3	SL004	钱海涛	男	中级	NaN	NaN
4	SL005	王玥月	女	中级	NaN	NaN

图4-16

In [8]: `pd.merge(df1, df2, how='right', on='员工编号')` # 通过'员工编号'进行右连接

Out[8]:

	员工编号	员工姓名	性别	等级	销售业绩	提成
0	SL001	张发达	男	中级	30000	4200.0
1	SL003	李明博	男	初级	20000	2800.0
2	SL006	NaN	NaN	NaN	60000	8400.0

通过'员工编号'进行右连接的结果

（3）外连接

外连接在连接的过程中，会取两个DataFrame中连接键的并集进行连接。

In [9]: `pd.merge(df1, df2, how='outer', on='员工编号')` # 通过'员工编号'进行外连接

Out[9]:

	员工编号	员工姓名	性别	等级	销售业绩	提成
0	SL001	张发达	男	中级	30000	4200.0
1	SL002	吴倩倩	女	初级	NaN	NaN
2	SL003	李明博	男	初级	20000	2800.0
3	SL004	钱海涛	男	中级	NaN	NaN
4	SL005	王玥月	女	中级	NaN	NaN
5	SL006	NaN	NaN	NaN	60000.0	8400.0

通过'员工编号'进行外连接的结果

取两个DataFrame中连接键的并集，这里df1和df2的'员工编号'的并集是{'SL001', 'SL002', 'SL003', 'SL004', 'SL005', 'SL006'}，然后将两个DataFrame中的数据列连接起来，对于没有匹配的地方，使用缺失值NaN进行填充。其连接过程如图4-17所示。

无论在右侧 DataFrame 中是否能找到对应的记录，都保留

无论在左侧 DataFrame 中是否能找到对应的记录，都保留

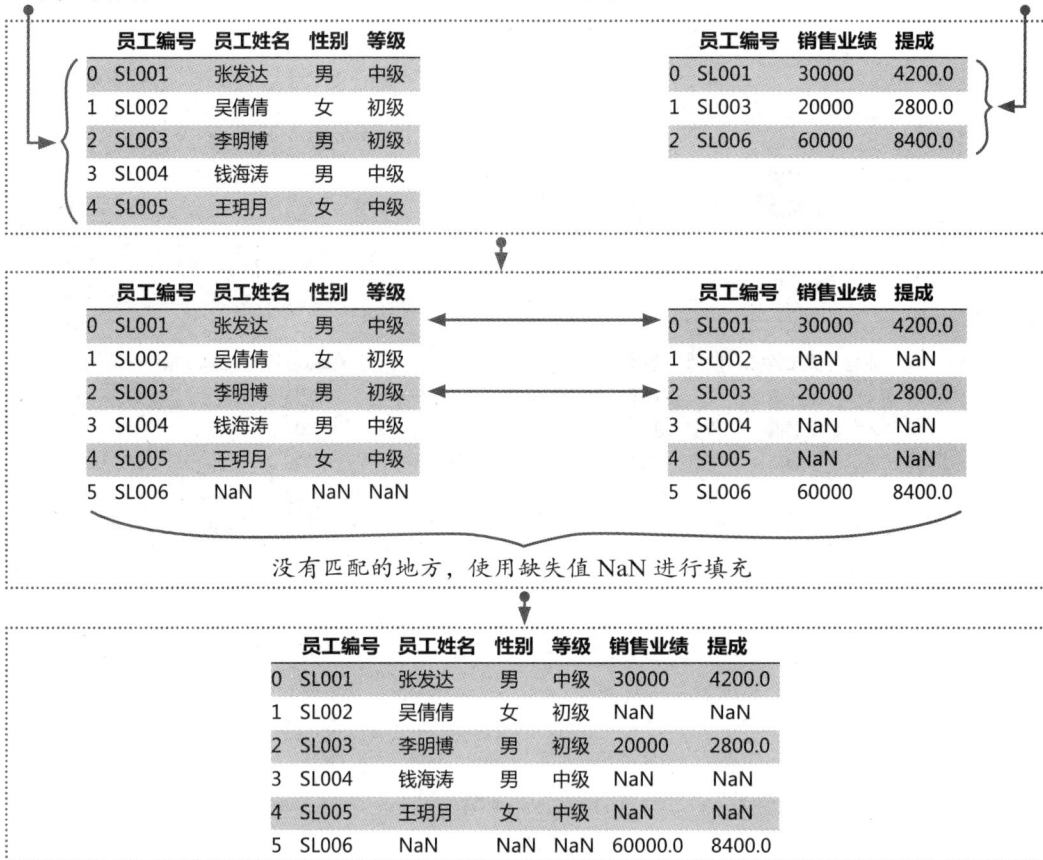

	员工编号	员工姓名	性别	等级
0	SL001	张发达	男	中级
1	SL002	吴倩倩	女	初级
2	SL003	李明博	男	初级
3	SL004	钱海涛	男	中级
4	SL005	王玥月	女	中级

	员工编号	销售业绩	提成
0	SL001	30000	4200.0
1	SL003	20000	2800.0
2	SL006	60000	8400.0

	员工编号	员工姓名	性别	等级
0	SL001	张发达	男	中级
1	SL002	吴倩倩	女	初级
2	SL003	李明博	男	初级
3	SL004	钱海涛	男	中级
4	SL005	王玥月	女	中级
5	SL006	NaN	NaN	NaN

	员工编号	销售业绩	提成
0	SL001	30000	4200.0
1	SL002	NaN	NaN
2	SL003	20000	2800.0
3	SL004	NaN	NaN
4	SL005	NaN	NaN
5	SL006	60000	8400.0

没有匹配的地方，使用缺失值 NaN 进行填充

	员工编号	员工姓名	性别	等级	销售业绩	提成
0	SL001	张发达	男	中级	30000	4200.0
1	SL002	吴倩倩	女	初级	NaN	NaN
2	SL003	李明博	男	初级	20000	2800.0
3	SL004	钱海涛	男	中级	NaN	NaN
4	SL005	王玥月	女	中级	NaN	NaN
5	SL006	NaN	NaN	NaN	60000.0	8400.0

图4-17

2. DataFrame的合并

cancat()函数可以沿着指定的轴（上下或左右）将多个DataFrame（Series）合并在一起。其语法格式如下。

pandas. concat(objs, axis=0, join='outer', join_axes=None, ignore_index=False, keys=None, levels=None, names=None, verify_integrity=False, sort=None, copy=True)

其常用参数说明如表4-11所示。

表4-11

参数名称	参数说明
objs	连接对象，如多个DataFrame列表[df1, df2, …]
axis	轴向，有以下两种取值： ① axis = 0（默认），表示上下（纵向）拼接多个DataFrame； ② axis = 1，表示左右（横向）拼接多个DataFrame，常用于多列的拼接
join	连接方式，有以下两种取值： ① join=outer（默认），表示保留所有列，并将不存在的值设为缺失值； ② join=inner，表示保留两个DataFrame中都出现的列

续表

参数名称	参数说明
ignore_index	是否重建索引，有以下两种取值： ① ignore_index = False（默认），表示保留原本的索引，不产生新的索引； ② ignore_index = True，表示不保留原本的索引，产生新的索引
sort	默认为True，表示将合并的数据排序，设置为False则表示不排序

【例4-23】将"收支记账表"工作簿中多个工作表里的数据分别导入DataFrame中，通过cancat()函数将1月、2月、3月的数据导入3个DataFrame并完成纵向合并，将1月收入、1月支出两个DataFrame完成横向合并。（代码位置：资源\第4章）

In [1]:
```
import pandas as pd # 导入pandas模块，别名为pd
ioStr='C:\Python\收支记账表.xlsx' # 文件路径字符串
```

In [2]:
```
df1 = pd.read_excel(io=ioStr, sheet_name='1月收入') # 采用默认行索引
df1 # 输出'1月收入'DataFrame
```

Out[2]:

	序号	入账时间	收入项目	收入金额／元
0	1	2023-01-08	销售牛肉干	58932
1	2	2023-01-16	销售猪肉柳	7889
2	3	2023-01-27	销售海苔	15359
3	4	2023-01-28	销售无花果	4488

In [3]:
```
df2 = pd.read_excel(io=ioStr, sheet_name='2月收入') # 采用默认行索引
df2 # 输出'2月收入'DataFrame
```

Out[3]:

	序号	入账时间	收入项目	收入金额／元
0	1	2023-02-08	销售鸭脖	38937
1	2	2023-02-27	销售方便面	7688

In [4]:
```
df3 = pd.read_excel(io=ioStr, sheet_name='3月收入') # 采用默认行索引
df3 # 输出'3月收入'DataFrame
```

Out[4]:

	序号	入账时间	收入项目	收入金额／元
0	1	2023-03-08	销售预制菜	68197
1	2	2023-03-17	销售方便面	9806
2	3	2023-03-25	加盟费	37305

（1）纵向合并

纵向合并通常用于将多个结构相同但是内容不同的DataFrame合并在一起，以便于汇总计算。

In [5]:
```
pd.concat([df1, df2, df3], ignore_index=True) # 纵向合并
```

Out[5]:

	序号	入账时间	收入项目	收入金额／元
0	1	2023-01-08	销售牛肉干	58932
1	2	2023-01-16	销售猪肉柳	7889
2	3	2023-01-27	销售海苔	15359
3	4	2023-01-28	销售无花果	4488
4	1	2023-02-08	销售鸭脖	38937
5	2	2023-02-27	销售方便面	7688
6	1	2023-03-08	销售预制菜	68197
7	2	2023-03-17	销售方便面	9806
8	3	2023-03-25	加盟费	37305

将3个月的收入纵向合并在一起

In [6]:
```
df4 = pd.read_excel(io=ioStr, sheet_name='1月支出')  # 采用默认行索引
df4  # 输出'1月支出'DataFrame
```

Out[6]:

	序号	支出时间	支出项目	支出金额／元
0	1	2023-01-06	采购原材料	4031
1	2	2023-01-09	购入固定资产	58432
2	3	2023-01-28	支付工资	6145
3	4	2023-01-30	归还借款	6251

（2）横向合并

横向合并通常用于将两个具有对比关系的DataFrame合并在一起，以便于对比分析。

In [7]:
```
pd.concat([df1, df4], axis=1)  # 横向合并
```

Out[7]:

	序号	入账时间	收入项目	收入金额／元	序号	支出时间	支出项目	支出金额／元
0	1	2023-01-08	销售牛肉干	58932	1	2023-01-06	采购原材料	4031
1	2	2023-01-16	销售猪肉柳	7889	2	2023-01-09	购入固定资产	58432
2	3	2023-01-27	销售海苔	15359	3	2023-01-28	支付工资	6145
3	4	2023-01-28	销售无花果	4488	4	2023-01-30	归还借款	6251

将1月的收入、支出横向合并在一起

4.2.7 DataFrame的数据透视

在实际工作中，经常需要对表格中的数据进行分类汇总。使用pandas模块中的pivot_table()函数（其功能类似于Excel数据透视表的功能），可对DataFrame中的数据进行多种分类统计。

pivot_table()函数的语法格式如下。

```
pandas.pivot_table(data, values=None, index=None, columns=None, aggfunc='mean', fill_value=None,
margins=False, dropna=True, margins_name='All')
```

其常用参数说明如表4-12所示。

表4-12

参数名称	参数说明
data	待进行数据透视的DataFrame
values	需要汇总计算的列，可多选，默认是对所有列进行平均值计算
index	行分组键，指定用于行分组的行名，作为结果DataFrame的行索引
columns	列分组键，指定用于列分组的列名，作为结果DataFrame的列索引
aggfunc	指定对values参数选定的列做汇总运算的函数，默认是进行平均值计算
fill_value	指定缺失值的替换值
margins	是否添加行、列的总计，其中列的总计的前提是columns参数有传入的列
dropna	默认为True，如果列的所有的值都是NaN，则不作为计算列；为False时，被保留
margins_name	汇总行、列的名称，默认为All

【例4-24】将"门店销售数据"工作簿中"销售数据"工作表里的数据导入DataFrame，然后使用pivot_table()函数汇总各门店的销售金额及各门店各产品的销售金额。（代码位置：资源\第4章）

In [1]:
```
import pandas as pd  # 导入pandas模块，别名为pd
ioStr='C:\Python\门店销售数据.xlsx'  # 文件路径字符串
```

扫码看视频

In [2]:
```
df = pd.read_excel(io=ioStr, usecols=['店铺','产品','金额'])  # 采用默认列索引，指定3列
df  # 输出销售数据DataFrame
```

Out[2]:

	店铺	产品	金额
0	太阳宫店	果汁	12
1	立水桥店	果汁	8
2	解放路店	果汁	20
3	解放路店	吐司面包	184
4	立水桥店	苏打饼干	36
...	...	...	...
601	胜利路店	全麦面包	72
602	解放路店	可乐	2
603	立水桥店	可乐	24
604	解放路店	牛角面包	126
605	太阳宫店	牛角面包	162

606 rows × 3 columns

（1）汇总各门店的销售金额

表示对"金额"汇总

In [3]:
```
df1=pd.pivot_table(df, index=['店铺'], values=['金额'], aggfunc='sum')
df1
```

表示对"店铺"分类汇总　　表示汇总运算采用的是求和函数

Out[3]:

店铺	金额
太阳宫店	10762
立水桥店	7634
胜利路店	9753
解放路店	12435

（2）汇总各门店各产品的销售金额

对"产品"分类汇总

In [4]:
```
df2=pd.pivot_table(df, index=['店铺'], values=['金额'], columns=['产品'],
        margins=True, aggfunc='sum', margins_name='合计')
df2
```

对行、列进行合计　　　　　　指定汇总行、列的名称为"合计"

Out[4]:

金额

产品	全麦面包	可乐	吐司面包	曲奇饼干	果汁	牛角面包	苏打饼干	合计
店铺								
太阳宫店	1392.0	328.0	3588.0	1472.0	628.0	2592.0	750.0	10750.0
立水桥店	1536.0	266.0	2438.0	752.0	308.0	1674.0	660.0	7634.0
胜利路店	1536.0	470.0	2231.0	1400.0	852.0	2556.0	708.0	9753.0
解放路店	1584.0	320.0	3979.0	2088.0	432.0	3096.0	936.0	12435.0
合计	6048.0	1384.0	12236.0	5712.0	2220.0	9918.0	3054.0	40572.0

4.2.8　将DataFrame中的数据保存到Excel文件中

当我们把DataFrame中的原始数据处理好后，可以将处理后的数据保存到Excel文件中。

1. 将处理后的数据保存到单个工作表中

使用DataFrame中的to_excel()函数可以将其中的数据保存到Excel文件中，其语法格式如下。

```
df.to_excel(io, sheet_name='Sheet1', index=True)
```

其参数说明如表4-13所示。

表4-13

参数名称	参数说明
io	该参数表示要保存的工作簿名称（由路径和文件名组成）。 若该文件不存在，则系统默认创建一个新文件；若该文件存在，则会覆盖该文件。如果原有文件已打开，则会报错，需先关闭文件
sheet_name	指定要写入的工作表名称。默认名为'Sheet1'
index	逻辑值，表示是否将行索引写入工作表。index=True，默认值，表示写入工作表；index=False，表示不写入工作表

【例4-25】将例4-24中汇总的各门店各产品的销售金额保存到"门店销售数据汇总.xlsx"文件中。（代码位置：资源\第4章）

```
In [1]:   import pandas as pd  # 导入pandas模块，别名为pd
          ioStr='C:\Python\门店销售数据.xlsx'  # 原始文件路径字符串
```

```
In [2]:   df = pd.read_excel(io=ioStr, usecols=['店铺', '产品', '金额'])  # 将指定的3列数据读入df
          df1=pd.pivot_table(df, index=['店铺'], values=['金额'], columns=['产品'],
                             aggfunc='sum', margins=True, margins_name='合计')  # 汇总df中的数据
```

```
In [3]:   df1.to_excel("C:\Python\门店销售数据汇总.xlsx")  # 将汇总结果写入指定工作簿中
```

执行完上述代码后，打开"门店销售数据汇总.xlsx"工作簿，发现汇总结果已经写入该文件中，如图4-18所示。

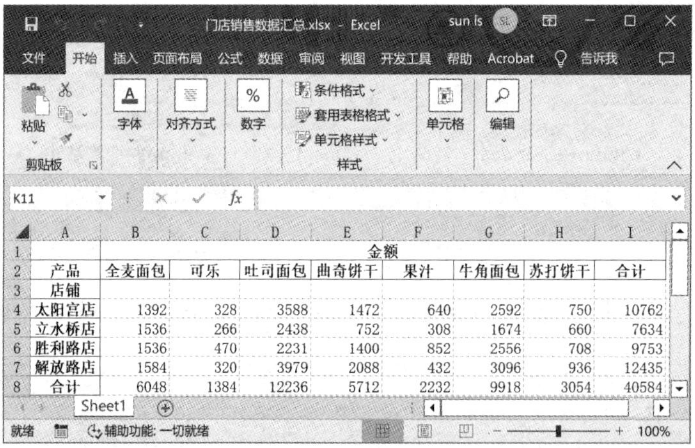

图4-18

这种方式只适合将处理后的数据保存到新的Excel工作簿中，不适合将处理后的数据保存到已有数据的Excel工作簿中，否则会覆盖原有数据，仅保留新写入的Sheet1工作表。

2. 将处理后的数据保存到新增工作表中，不覆盖已有工作表

联合使用pandas模块中的ExcelWriter()函数和DataFrame中的to_excel()函数可以将DataFrame中的数据保存到新增工作表中，并且不覆盖已有工作表。其语法格式如下。

```
with pd.ExcelWriter(io, mode='a', engine='openpyxl') as writer:
    df.to_excel(writer, sheet_name='Sheet1', index=False)
```

其常用参数说明如表4-14所示。

表4-14

参数名称	参数说明
with	它的作用是使Excel文件在使用后能自动关闭
mode	该参数的值为'w'或'a'。 当mode='w'时，当前文件的内容会被写入的内容覆盖。 当mode='a'时，会在原Excel文件中先新增工作表，然后将DataFrame中的数据保存到该新增工作表中。如果参数sheet_name使用了跟已有工作表相同的名称，则系统会自动在该名称后添加一个序号作为后缀，以便区别
engine	当操作的Excel文件为XLSX格式时，engine='openpyxl'； 当操作的Excel文件为XLS格式时，engine='xlrd'
as writer	设置pd.ExcelWriter(io, mode='a', engine='openpyxl')，别名为writer

【例4-26】将例4-24中汇总的各门店各产品的销售金额保存到原文件“门店销售数据.xlsx”中。(代码位置：资源\第4章)

扫码看视频

In [1]:
```
import pandas as pd # 导入pandas模块，别名为pd
ioStr='C:\Python\门店销售数据.xlsx' # 原始文件路径字符串
```

In [2]:
```
df = pd.read_excel(io=ioStr,usecols=['店铺','产品','金额']) # 将指定的3列数据读入df
df1=pd.pivot_table(df, index=['店铺'], values=['金额'], columns=['产品'],
                   aggfunc='sum',margins=True,margins_name='合计') # 汇总df中的数据
```

In [3]:
```
with pd.ExcelWriter(ioStr, mode='a', engine='openpyxl') as writer:
    df1.to_excel(writer, sheet_name='汇总数据')
```

执行完上述代码后，打开“门店销售数据.xlsx”工作簿，发现汇总结果已经写入该工作簿新增的“汇总数据”工作表里，如图4-19所示。

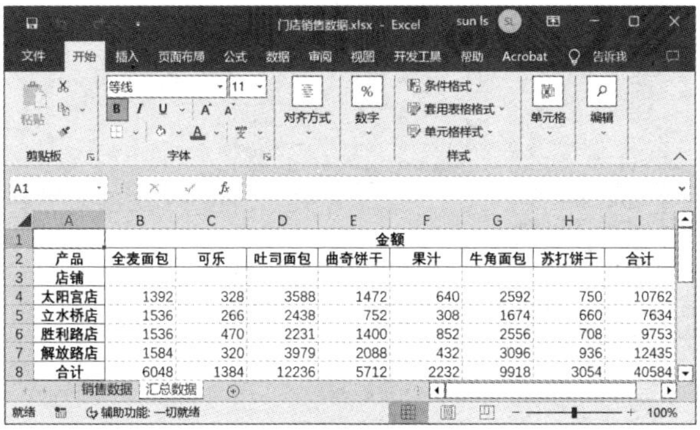

	金额							
产品	全麦面包	可乐	吐司面包	曲奇饼干	果汁	牛角面包	苏打饼干	合计
店铺								
太阳宫店	1392	328	3588	1472	640	2592	750	10762
立水桥店	1536	266	2438	752	308	1674	660	7634
胜利路店	1536	470	2231	1400	852	2556	708	9753
解放路店	1584	320	3979	2088	432	3096	936	12435
合计	6048	1384	12236	5712	2232	9918	3054	40584

图4-19

这种方式可以将原始数据和汇总数据保存在同一个工作簿中，很好地满足了实际工作需求。

4.2.9 将DataFrame中的数据保存到CSV文件中

我们不仅可以把DataFrame中的数据保存到Excel文件中，还可以把它保存到CSV文件中。

使用pandas模块中的to_csv()函数可以将DataFrame中的数据保存到CSV文件中。其语法格式如下。

```
df.to_csv(path_or_buf=None, sep=',', index=True, encoding=None)
```

其常用参数说明如表4-15所示。

表4-15

参数名称	参数说明
path_or_ buf	该参数表示要保存的CSV文件名称（由路径和文件名组成）。如果未提供，则结果将作为字符串返回
sep	该参数用来指定分隔符，默认为英文逗号
index	逻辑值，表示是否将行索引写入CSV文件中。index=True，默认值，表示写入文件；index=False，表示不写入文件
encoding	该参数用来指定编码方式。为了防止使用Excel打开CSV文件时出现乱码，可以指定该参数为GBK

【例4-27】将例4-24中汇总的各门店各产品的销售金额保存到"门店销售数据汇总.csv"文件中。（代码位置：资源\第4章）

In [1]:
```
import pandas as pd  # 导入pandas模块，别名为pd
ioStr='C:\Python\门店销售数据.xlsx'  # 原始文件路径字符串
```

In [2]:
```
df = pd.read_excel(io=ioStr, usecols=['店铺', '产品', '金额'])  # 将指定的3列数据读入df
df1=pd.pivot_table(df, index=['店铺'], values=['金额'], columns=['产品'],
                   aggfunc='sum', margins=True, margins_name='合计')  # 汇总df中的数据
```

In [3]:
```
df1.to_csv(path_or_buf="C:\Python\门店销售数据汇总.csv", encoding='GBK')  # 将结果写入csv
```

执行完上述代码后，打开"门店销售数据汇总.csv"文件，发现汇总结果已经写入该文件中，如图4-20所示。

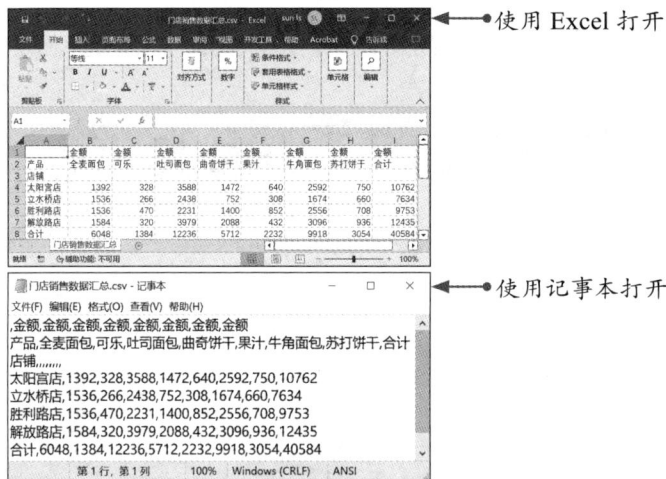

图4-20

4.2.10 课堂实验——序时账生成科目汇总表

【实验内容】现有某公司1月、2月两个月的序时账，生成这两个月的科目汇总表。（代码位置：资源\第4章）

【实验思路】①使用read_excel()函数读取序时账；②使用pivot_table()函数按'科目编号'和 '会计科目'分类汇总'借方金额'和'贷方金额'（提示：由于在汇总合计金额时，如果没有指定columns参数，则只能汇总一个计算列，所以需要分两次分别分类汇总'借方金额'和'贷方金额'，然后将两个DataFrame使用merge()函数外连接成科目汇总表）；③将汇总结果保存到Excel文件中。

4.3　项目实训

实训1　按月统计凭证张数

【实训目标】现有某公司银行现金日记账工作簿，按月统计凭证张数。（代码位置：资源\第4章）

【实训思路】①使用read_excel()函数读取凭证输入工作表数据；②使用pivot_table()函数按'年'和'月'分类统计'凭证号'张数；③使用rename()函数修改列名'凭证号'为'凭证数'。

扫码看视频

实训2　汇总各账龄应收账款及占比

【实训目标】现有某公司应收账款记录工作簿，汇总各账龄应收账款及占比。（代码位置：资源\第4章）

【实训思路】①使用read_excel()函数读取应收账款记录工作表中需要汇总的'未到期金额'、'1~30'、'31~60'、'61~90'、'91天以上'5列数据；②为了能透视汇总表，在df的最左侧插入一列相同值'应收账款'（使用相同值的目的是让所有数据汇总为一类，使用'应收账款'相同值的目的是用该值作后面生成的DataFrame的列名），其列名为'账龄'（这里起名为'账龄'是为了使其转置后更符合该列的含义）。然后使用数据透视函数pivot_table()汇总各账龄应收账款；③将汇总DataFrame转置，得到需要的形状；④对DataFrame增加一列'占比'（对'应收账款'列应用lambda函数）；⑤将DataFrame保存到原Excel工作簿中。

扫码看视频

🖳 **课堂素养**　　**让财务大数据发挥价值**

只有将财务大数据规划好、整理好、分析好、展示好，才能最大化地发挥财务大数据的价值，为各级领导和业务部门的业务决策提供支持和帮助。

4.4　思考与练习

一、单选题

1. moneyList=[200, 320, 178, 560, 377]
   moneySeries=pd.Series(moneyList)

   执行上面的语句后，moneySeries.shape的值为（　　）。

   A. (5,)　　　　　　B. 5　　　　　　　C. (,5)　　　　　　D. (5,1)

2. resumeList=['付货款', '销售款', '水电费', '运费', '往来款', '差旅费']

```
index=['18001', '18002', '18003', '18004', '18005', '18006']
resumeSeries=pd.Series(resumeList, index)
```

   执行上面的语句后，resumeSeries['18003']的值为（　　）。

   A. '销售款'　　　　B. '付货款'　　　　C. '水电费'　　　　D. '运费'

3. 关于ExcelWriter()函数，下面说法正确的是（　　）。

   A. 当mode='w'时，会将DataFrame中的数据追加到当前文件内容的后面

B. 当mode='a'时，会将DataFrame中的数据保存到新增工作表中

C. 当操作的Excel文件为.xls格式时，engine='openpyxl'

D. 当操作的Excel文件为.xlsx格式时，engine='xlrd'

4. 关于Python中的缺失值NaN，下面说法正确的是（　　）。

A. NaN是出现在NumPy和pandas模块里的缺失值，表示数据为"空"的意思

B. NaN与空字符串（' '）是一样的

C. NaN与空列表（[]）是一样的

D. NaN与0是一样的

5. DataFrame是一个跟Excel表格极其相似的二维表格型的数据结构，它由3部分组成，即（　　）。

A. 行索引、列索引和数据值　　　　　　B. 默认索引、列索引和数据值

C. 默认索引、显式索引和数据值　　　　D. 默认索引、显式索引和列索引

二、判断题

1. 使用dropna()方法可以删除DataFrame中的缺失值（NaN），该方法返回一个删除缺失值所在的一整行数据后的新DataFrame，而原DataFrame保持不变。（　　）

2. 使用pandas模块中的read_csv()函数可以将CSV文件中的数据读取到DataFrame中。（　　）

3. 可以根据给定的一个或多个条件选取DataFrame中满足条件的数据。（　　）

4. merge()函数的连接方式有内连接（inner）、外连接（outer）、左连接（left）、右连接（right）4种，默认为外连接。（　　）

5. 使用pivot_table()函数对DataFrame中的数据进行分类汇总的时候，是根据columns参数指定的列名进行分类的。（　　）

6. 使用pandas模块中的read_excel()函数可以将Excel文件中的数据读取到DataFrame中。（　　）

三、填空题

1. 以下程序段的输出结果为（　　）。

```
import pandas as pd
resList=[3, 6, 21, 7, 15, 12]
resSeries=pd. Series (resList, index)
resSeries. max ()
```

2. 以下程序段的输出结果为（　　）。

```
assetsList = [[' 货币资金 ', 60.00, 72.00], [' 短期投资 ', 35.00, 42.00],
            [' 应收票据 ', 68.00, 76.00], [' 应收账款 ', 37.00, 29.00],
            [' 减: 坏账准备 ', 107.00, 121.00]]
index=[1, 2, 3, 4, 5]
columns=[' 资产 ', ' 上年数 ', ' 本年数 ']
df = pd. DataFrame (assetsList, index, columns)
df. size
```

四、上机操作题

1. 将"公司收支记账表"工作簿中1、2、3、4、5、6月工作表里的数据合并到上半年工作表中。

2. 根据"公司销售数据"工作簿中"销售数据"工作表的销售数据，分别汇总各分公司的销售金额及各分公司各产品的销售金额。

第 **5** 章

数据采集与清洗

»

学习目标

知识目标

1. 掌握数据采集的相关知识；
2. 掌握数据清洗的相关知识。

技能目标

1. 能够使用数据接口采集所需数据；
2. 能够使用网络爬虫爬取所需数据；
3. 能够完成对数据集中缺失值的处理；
4. 能够完成对数据集中异常值的处理；
5. 能够完成对数据集中重复值的处理。

章节导读

章节导图

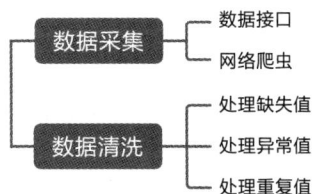

思考题

1. 如何爬取网页中的表格型数据呢？
2. 对于采集回来的数据集中所包含的缺失值，如何处理这些缺失值呢？

5.1 数据采集

　　数据采集是数据分析的基础。获取数据主要有3种途径：数据库、数据接口和网络爬虫。通过数据库获取数据需要具有数据库的访问权限，基于安全考量，数据库管理员一般不会授予财务人员数据库访问权限。因此，本节主要介绍通过数据接口和网络爬虫来获取数据。

5.1.1　数据接口

Python中的数据接口是指数据平台或其他数据提供方向数据需求方提供的获取数据的规范与方法。网上有许多免费、开源的数据平台，它们都提供了通过其数据接口获取数据的方法，以便用户使用。

下面以从证券宝获取证券历史行情数据、上市公司财务数据等为例，介绍如何通过其提供的数据接口来获取数据。

1.　理解数据接口的规则

要想通过数据接口来获取数据，首先需要理解数据接口的规则。证券宝提供了通过其数据接口获取季频盈利能力数据的方法query_profit_data()、季频营运能力数据的方法query_operation_data()、季频成长能力数据的方法query_growth_data()、季频偿债能力数据的方法query_balance_data()以及季频现金流量数据的方法query_cash_flow_data()等，调用这些方法就可以获得企业的季频财务数据信息。

若要获取上市公司的季频成长能力信息，只要单击图5-1所示的证券宝官网页面右侧的"季频成长能力"菜单，就可以看到获取季频成长能力数据的方法query_growth_data()的使用说明以及系统提供的Python示例代码。

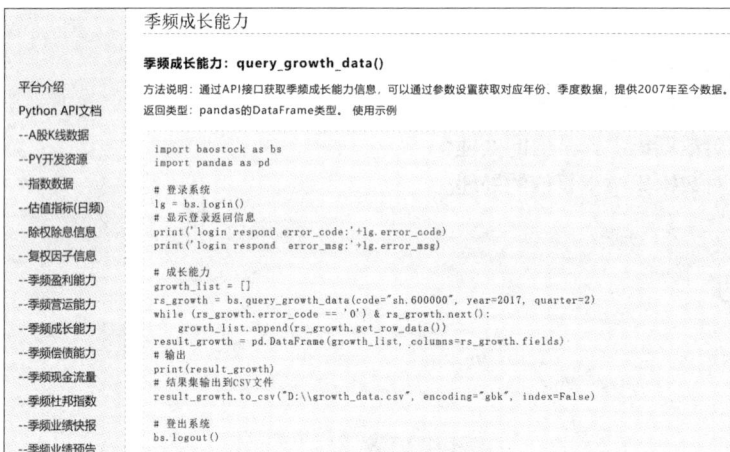

图5-1

在该页面中还给出了query_growth_data()方法的参数含义，如表5-1所示。

表5-1

参数	含义
code	股票代码或者指数代码，如sh.601398。sh表示上海，sz表示深圳。此参数不可为空
year	统计年份，为空时默认为当前年
quarter	统计季度，为空时默认为当前季度。不为空时只有4个取值，即1、2、3、4

由于返回数据DataFrame的列索引是用英文命名的，为了使用户更好地理解其含义，所以在该页面中给出了该DataFrame列索引的中文含义，如表5-2所示。

表5-2

参数名称	参数描述	算法说明
code	证券代码，即股票代码	
pubDate	公司发布财报的日期	

续表

参数名称	参数描述	算法说明
statDate	财报统计的季度的最后一天， 如2017-03-31、2017-06-30	
YOYEquity	净资产同比增长率	(本期净资产-上年同期净资产)/上年同期 净资产的绝对值×100%
YOYAsset	总资产同比增长率	(本期总资产-上年同期总资产)/上年同期 总资产的绝对值×100%
YOYNI	净利润同比增长率	(本期净利润-上年同期净利润)/上年同期 净利润的绝对值×100%
YOYEPSBasic	基本每股收益同比增长率	(本期基本每股收益-上年同期基本每股收益)/上年同期 基本每股收益的绝对值×100%
YOYPNI	归属母公司股东净利润同比增长率	(本期归属母公司股东净利润-上年同期归属母公司股 东净利润)/上年同期归属母公司股东净利润的绝对 值×100%

2. 修改示例代码，获取所需数据

修改query_growth_data()方法中的参数，可以获取不同上市公司在不同时期的季频成长能力
数据。

【例5-1】获取股票代码为sh.600309的上市公司在2022年第3季度的季频成长
能力数据。（代码位置：资源\第5章）

In [1]:
```
import baostock as bs # 需要先使用pip install baostock命令安装baostock模块
import pandas as pd
```

（1）登录系统

使用baostock模块的login()方法登录证券宝系统，使用登录返回值lg的error_code属性显示错
误代码，error_msg属性显示错误信息。

In [2]:
```
lg = bs.login()
print('login respond error_code:'+lg.error_code)
print('login respond　error_msg:'+lg.error_msg)
```

```
login success!　————登录成功
login respond error_code:0　————错误代码为0表示登录成功
login respond　error_msg:success　————显示错误信息（success表示登录成功）
```

（2）获取公司季频成长能力数据

① 使用query_growth_data()方法获取公司季频成长能力数据，需要提供公司股票代码、年
份、季度。该方法的返回值是baostock类型的结果集，结果集的error_code属性如果为'0'，则表
示成功获取数据。

② 把baostock类型的结果集转换为pandas的DataFrame，以便能使用DataFrame的方法对
数据进行处理。对于baostock类型的结果集，我们可以把它理解为类似用DataFrame格式组织起来
的数据集，如图5-2所示。但是它不能直接按DataFrame来使用，需要对结果集使用next()方法，
一行一行地把数据取出来，添加到列表中，然后把列表转换为DataFrame。

③ rs_growth.next()相当于指针，它表示指向结果集中的下一行数据，get_row_data()表示
把指针指向的这行数据取出来，取到最后一行后再用next()方法就会返回False。

④ rs_growth. fields表示结果集中的字段名称列表，columns=rs_growth. fields表示用结果集中的字段名称列表作为DataFrame的字段名称列表。

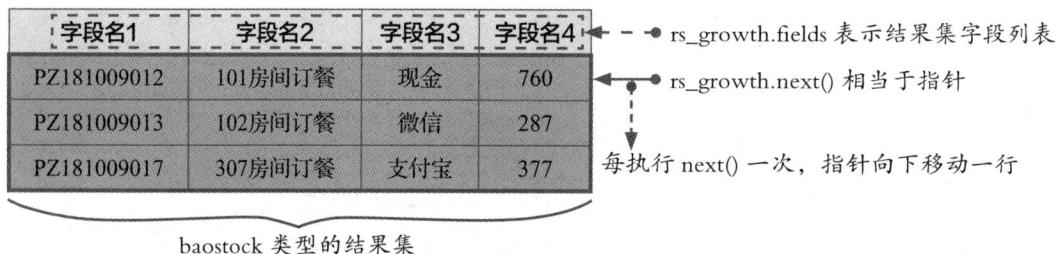

字段名1	字段名2	字段名3	字段名4
PZ181009012	101房间订餐	现金	760
PZ181009013	102房间订餐	微信	287
PZ181009017	307房间订餐	支付宝	377

rs_growth.fields 表示结果集字段列表

rs_growth.next() 相当于指针

每执行 next() 一次，指针向下移动一行

baostock 类型的结果集

图5-2

In [3]:
```
# 用来接收baostock类型的结果集数据的列表，列表的每个元素是结果集中的一行数据，用空列表作为初值
growth_list = []
rs_growth = bs. query_growth_data (code="sh. 600309", year=2022, quarter=3)
# 只要结果集的error_code（错误代码）属性不等于'0'且指针没有指到最后一行数据就循环
while (rs_growth. error_code == '0') & rs_growth. next():
    growth_list. append (rs_growth. get_row_data ()) # 取指针指向的一行数据并添加到列表中
result_growth = pd. DataFrame (growth_list, columns=rs_growth. fields) # 将列表转换为DataFrame
```

（3）将英文列名改为中文列名

由于baostock类型的结果集中的字段名称列表rs_growth. fields都是英文的名称，因此将结果集转换为DataFrame后的列名仍然是英文名称。为了使用户更好地理解其含义，需要将DataFrame的英文列名修改为中文列名。

In [4]:
```
result_growth. columns=['证券代码', '财报日期', '季末日期', '净资产同比增长率',
                '总资产同比增长率', '净利润同比增长率',
                '基本每股收益同比增长率', '归属母公司股东净利润同比增长率']
```

（4）将 DataFrame 输出到 CSV 文件并显示

为了方便以后使用该结果中的数据，可将结果保存到CSV文件中。

In [5]:
```
result_growth. to_csv ("C:\Python\growth_data.csv", encoding="gbk", index=False)
result_growth # 输出结果
```

Out [5]:

	证券代码	财报日期	季末日期	净资产同比增长率	总资产同比增长率
0	sh.600309	2022-10-25	2022-09-30	0.156702	0.189995

净利润同比增长率	基本每股收益同比增长率	归属母公司股东净利润同比增长率
-0.284101	-0.303859	-0.303632

（5）退出系统

In [6]:
```
bs. logout ()
```

Out [6]: logout success! ◄── 成功退出系统

5.1.2 网络爬虫

网络爬虫又称网络蜘蛛、网络蚂蚁或网络机器人等，是一种按照制定的规则，自动抓取所需网络数据的算法程序。

在大数据时代，从互联网中采集信息是一项重要的工作，单纯靠人力进行信息采集，不仅低效、烦琐，采集信息的成本也会很高。网络爬虫就是为解决这类问题而诞生的，它可以代替人力，自动地在互联网中进行所需数据信息的采集与整理。

1. 网络爬虫的工作流程

网络爬虫的工作流程如图5-3所示。

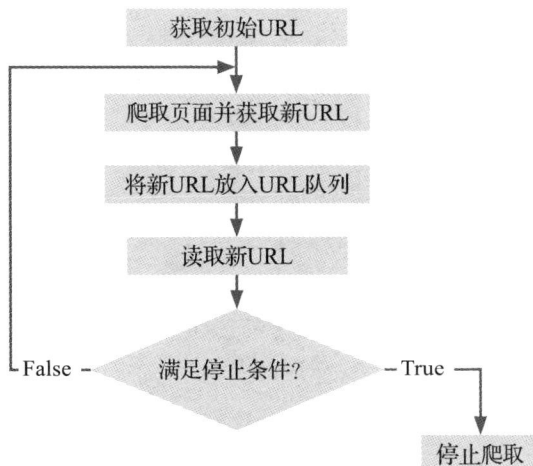

图5-3

① 获取初始URL（Uniform Resource Locator，统一资源定位符）。初始URL可以由用户指定，也可以由用户指定的某个或某几个初始爬取网页决定。

② 爬取页面并获取新URL。获取初始URL之后，首先需要爬取对应URL中的网页，然后将网页存储起来。在爬取网页的同时，还要发现新URL。

③ 将新URL放入URL队列。

④ 读取新URL，并依据新URL爬取网页，同时从新网页中获取新URL，并重复上述的爬取过程。

⑤ 满足爬虫系统设置的停止条件时，停止爬取。在编写爬虫程序的时候，一般会设置相应的停止条件。如果没有设置停止条件，则爬虫会一直爬取数据信息，一直到无法获取新URL地址为止；如果设置了停止条件，则爬虫会在满足停止条件时停止爬取。

2. 网络爬虫简单应用

我们平常在浏览网页时经常会遇到一些表格型的数据信息，除了表格本身体现的内容以外，还想透过表格数据进一步进行汇总、筛选、处理分析等操作，从而得到更多有价值的信息，这可用Python的网络爬虫来实现。采用pandas模块中的read_html()函数可以快速、准确地爬取表格数据。该函数的语法格式如下。

```
pandas. read_html (io, converters=None)
```

该函数的参数说明如表5-3所示。

表5-3

参数名称	参数说明
io	可以是URL、HTML文本、本地文件等
converters	该参数用来强制规定列数据的类型，与read_excel()函数中的converters参数含义相同

read_html()函数的返回值是由DataFrame为元素组成的列表。假设一个网页中包含3个表格，则每个表格的数据组成一个DataFrame元素，返回值就是由这3个DataFrame元素组成的列表。

提示 **什么是网页中的表格型数据？**

网页中如果存在图5-4所示的表格样式的数据，则说明该表格样式中的数据可能是表格型数据。进一步的确定方式如下。

① 在网页中单击鼠标右键，在弹出的快捷菜单中选择“查看网页源代码”后，会打开一个新的代码窗口。

② 在新打开的窗口中会显示该网页的源代码，拖动右侧的滚动条或者通过查找功能查找“table”单词，如果找到“table”单词且其后的代码中的文本与表格数据一致，如图5-5所示，则说明该表格样式中的数据是表格型数据。

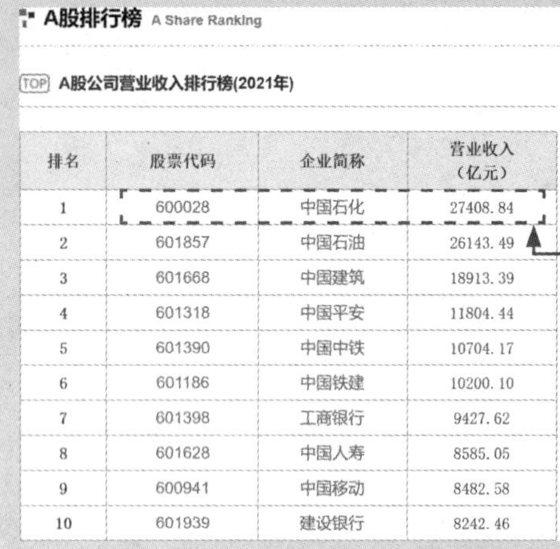

A股排行榜 A Share Ranking

TOP A股公司营业收入排行榜(2021年)

排名	股票代码	企业简称	营业收入（亿元）
1	600028	中国石化	27408.84
2	601857	中国石油	26143.49
3	601668	中国建筑	18913.39
4	601318	中国平安	11804.44
5	601390	中国中铁	10704.17
6	601186	中国铁建	10200.10
7	601398	工商银行	9427.62
8	601628	中国人寿	8585.05
9	600941	中国移动	8482.58
10	601939	建设银行	8242.46

图5-4

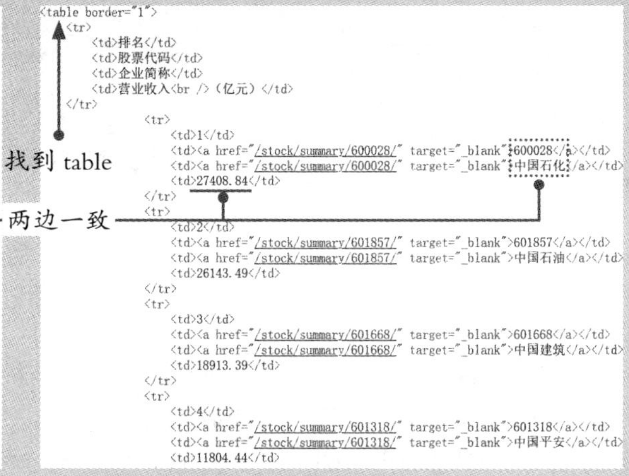

图5-5

【例5-2】在中商产业研究院的官网中，爬取国内上市公司的表格型数据。（代码位置：资源\第5章）

（1）分析网页 URL

首先，观察中商产业研究院第1页和第2页的网址，发现只有pageNum的值随着页码的变化而变化，所以基本可以判断pageNum=1代表第1页，pageNum=2代表第2页……pageNum=253代表第253页（目前最后一页的页码是253，随着股市的扩容，页数还会不断增加）。这样比较容易用for循环构造爬取的网址。

（2）编写代码

① 可以改报告日期。reportTime后面跟的是季度末的日期，可以更改。

② pageNum后面跟的是页码，可以更改。

③ a表示A股，h表示港股，xsb表示新三板，可以更改。

④ 经观察发现所需表格是网页中的第4个表格，故为列表[3]（列表元素是从0开始的）。

⑤ converters={'股票代码':str}的作用是将股票代码作为字符串，防止前面的0丢失。

⑥ 如果爬取网页数据的速度太快，网站会认为这是机器爬取，会封IP，IP被封后就不能爬取网页数据了。为了防止这种情况发生，使用time.sleep(2)延时2s，让网站觉得这是人类在读取数据。即使这样，仍然可能被封，所以采用这种简单的方法爬取时，一次不要爬取太多页面。本例具体代码可查看本书配套资源中第5章例5-2的案例代码。

5.1.3 课堂实验——获取全国啤酒历年各月份产量数据

【实验内容】从中商产业研究院官网爬取全国啤酒历年各月份产量数据。(代码位置：资源\第5章)

【实验思路】在中商产业研究院官网查找关于全国啤酒历年各月份产量的数据，该页面中只有一个产量数据型表格。

扫码看视频

5.2 数据清洗

在实际工作中，我们获取的原始数据，无论是从数据库中导出的、网上爬取的，还是通过其他渠道获取的，其通常是低质量的，即不同程度地存在重复值、缺失值、异常值等问题；对这些低质量的原始数据必须进行一定的处理和加工，如去除重复数据、填补缺失值、处理异常值和转换数据格式等，才能获得高质量的数据。

这种通过对低质量的原始数据进行一定的处理和加工来获得高质量数据的过程，称为数据清洗。它是数据处理与分析过程中非常重要的一环，因为只有对高质量的数据进行分析，才能得到高精度的分析结果。

5.2.1 处理缺失值

缺失值是指原始数据中某个或某些属性的值是缺失的。不论数据集是自己调研获取的，还是从公开数据源上获取的，都不能保证获取的数据集是完全准确的，难免会有一些缺失值。在以有缺失值的数据集为基础进行数据分析时，缺失值会对分析结果产生一定的影响，所以在数据分析之前先处理缺失值是十分有必要的。

1. 缺失值的分类

缺失值通常分为以下3种类型，如图5-6所示。

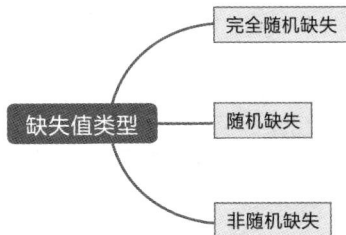

图5-6

（1）完全随机缺失

完全随机缺失是指数据的缺失是完全随机的，不依赖于任何不完全变量或完全变量。简单来说，就是数据缺失的概率与其假设值以及其他变量值都完全无关，如联系方式缺失。

（2）随机缺失

随机缺失意味着数据缺失的概率与缺失的数据本身无关，而仅与部分已观测到的数据有关。也就是说，数据的缺失不是完全随机的，该类数据的缺失依赖于其他完全变量，例如，财务数据缺失的情况与企业的大小有关。

（3）非随机缺失

非随机缺失是指数据的缺失与不完全变量的取值有关，分为以下两种情况。

① 缺失值取决于其假设值，例如，高收入人群通常不希望在调查中透露他们的收入。

② 缺失值取决于其他变量值，假设女性通常不想透露她们的年龄，则这里年龄变量缺失值受性别变量的影响。

> **提示**　　**什么是完全变量和不完全变量？**
>
> 在数据集中，我们通常将不含缺失值的变量（列）称为完全变量，将含有缺失值的变量（列）称为不完全变量。

2. 产生缺失值的原因

产生缺失值的原因通常分为以下6种类型，如图5-7所示。

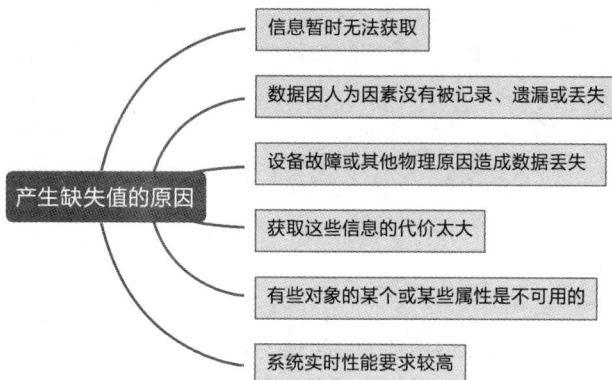

图5-7

① 信息暂时无法获取。例如，某种产品的收益具有滞后效应。

② 数据因人为因素没有被记录、遗漏或丢失，这是数据缺失的主要原因。

③ 数据采集设备故障或其他物理原因，如传输媒体故障而造成数据丢失。

④ 获取这些信息的代价太大。

⑤ 有些对象的某个或某些属性是不可用的。例如，未婚者配偶的姓名、儿童的固定收入状况等。

⑥ 系统实时性能要求较高，即要求得到这些信息后迅速做出判断或决策。

3. 缺失值处理方法

缺失值的处理方法通常分为删除、插补和不处理3类，如图5-8所示。限于篇幅，下面仅介绍几种简单的处理方法。

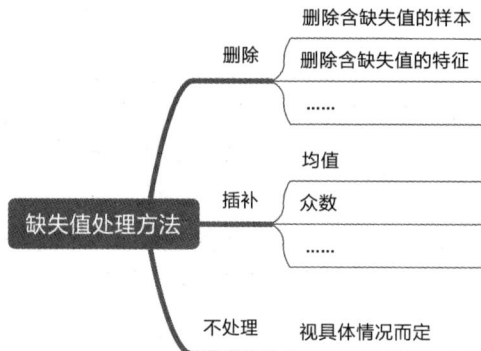

图5-8

（1）删除

将存在缺失值的样本（行）或特征（列）删除，从而得到一个完整的数据表。

优点：简单、易行，在行（列）含有多个缺失值、被删除的含缺失值的行（列）与初始数据集的数据量相比较小的情况下非常有效。

缺点：当缺失值所占比例较大，特别是当遗漏数据非随机缺失时，这种方法可能会导致数据发生偏离，从而产生错误的数据分析结论。

虽然例4-17中介绍过删除缺失值的方法，但是比较简单。下面通过一个具体的案例来更详细地介绍删除缺失值的方法。

【例5-3】某财务顾问公司需要分析标的公司的客户流失情况。在分析之前需要对原始数据集中的缺失值按照一定的规则删除。为了便于教学演示，本例采用的原始数据集实际上是真正原始数据集的很小一个子集。（代码位置：资源\第5章）

扫码看视频

In [1]:
```
import pandas as pd # 导入pandas模块，别名为pd
```

In [2]:
```
# 导入数据
df = pd.read_excel(r'C:\Python\客户流失表.xlsx')
df.head()
```

Out[2]:

	流失标签	近7天订单数	星级偏好	历史取消率	最低价格	客户价值	提前预定天数
0	0	NaN	NaN	0.03	49.0	NaN	0
1	0	NaN	75.4	0.62	80.0	3.440	2
2	0	NaN	NaN	0.39	100.0	NaN	1
3	0	NaN	70.0	0.43	208.0	1.413	21
4	0	NaN	60.0	0.24	196.0	-0.040	20

In [3]:
```
# 查看数据维度
df.shape
```

Out[3]: (13753, 7)

列（在数据分析中，列一般称为特征）

行（在数据分析中，行一般称为样本）

In [4]:
```
# 查看数据类型
df.info()
```

Out[4]:
```
<class 'pandas.core.frame.DataFrame'>
RangeIndex: 13753 entries, 0 to 13752
Data columns (total 7 columns):
 #   Column     Non-Null Count   Dtype
---  ------     --------------   -----
 0   流失标签      13753 non-null   int64
 1   近7天订单数    1678 non-null    float64    ◀── 仅有1678个非缺失值；64位浮点型
 2   星级偏好      9354 non-null    float64
 3   历史取消率     12958 non-null   float64
 4   最低价格      13714 non-null   float64
 5   客户价值      8931 non-null    float64
 6   提前预定天数    13753 non-null   int64     ◀── 全部为非缺失值；64位整型
dtypes: float64(5), int64(2)
memory usage: 752.2 KB
```

121

In [5]:
```
# 查看缺失值占比
df.isnull().mean()
```

Out[5]:
```
流失标签        0.000000
近7天订单数    0.877990  ◄── 该列数据（特征）中，约87.8%的数据为缺失值
星级偏好        0.319857
历史取消率      0.057806
最低价格        0.002836
客户价值        0.350614
提前预定天数    0.000000
dtype: float64
```

In [6]:
```
# 按一定规则删除缺失值
# 定义删除缺失值函数
def nan_drop(df, axis, rate):
    # thresh=n, 这一行除去缺失值, 剩余数值的数量大于等于n
    n=df.shape[1-axis]*rate  # rate是非缺失值比例
    df.dropna(axis=axis, thresh=n, inplace=True)
print('删除缺失值前数据维度是: {}'.format(df.shape))
# 删除缺失值比例大于70%的行和列（删除规则）
nan_drop(df, axis=0, rate=0.3)  # 行 ⎫
nan_drop(df, axis=1, rate=0.3)  # 列 ⎭
print('删除缺失值后数据维度是: {}'.format(df.shape))
```

缺失值比例大于70%的样本和特征已经没有应用意义，所以对缺失值比例大于70%的样本和特征进行删除

```
删除缺失值前数据维度是: (13753, 7)
删除缺失值后数据维度是: (13748, 6)
```

删除了5个样本和1个特征。删除的这5个样本在13753个总样本中占比很小，对分析结果没有影响

（2）插补

很多时候，属性值缺失并不意味着数据缺失，其本身是包含信息的，此时对缺失值的处理不宜采取删除的方法，而是应采取合理（有代表性）的插补（填充）方法。

插补的方法有很多，限于篇幅，这里仅介绍以下两类简单的插补方法。

① 对于定类数据（非数值型、无序分类的数据，如专业、部门、民族等）：使用众数（mode）填补，因为此时众数更有代表性。

② 对于定量（定比）数据（能够用数值来记录的数据，如销售额、工资、价格等）：使用平均数（mean）或中位数（median）填补。一般情况下，特征分布（列数据分布）为正态分布时，使用平均数插补效果比较好；特征分布为偏态分布时，使用中位数插补效果比较好（此时中位数更能代表中间水平）。

⚙ 提示   什么是正态分布和偏态分布

下面用一个通俗易懂的案例来解释正态分布。

假设某学校男生信息表中有10090个男生，其中有一个"身高"列。以5cm为单位，统计出每个身高段各有多少人。然后以身高为横轴，人数为纵轴，画出如图5-9所示的图。

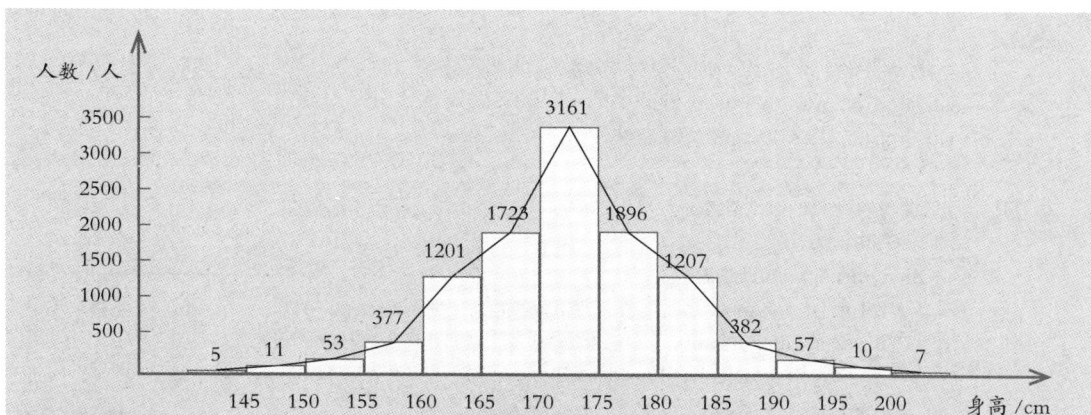

图5-9

仔细观察图5-9，会发现一个规律：这张图的形状是中间高，两边低，左右对称，长得像一只扣着的钟，其大部分数据集中在平均值附近，小部分在两端。这种数据分布就是正态分布。在实际工作中，很多特征数据是服从正态分布的，如身高、智力、考试成绩、股票价格回报等。

当特征数据的分布左右两侧不对称，其中一侧比另一侧聚集的数据更多的时候，我们称这种分布为偏态分布。

当特征数据服从正态分布时，其均值=中位数；当特征数据服从左偏态分布时，由于更多较小的数据分布在极值（最高点）的左侧，因此其均值<中位数；当特征数据服从右偏态分布时，由于更多较小的数据分布在极值（最高点）的右侧，因此其均值>中位数，如图5-10所示。

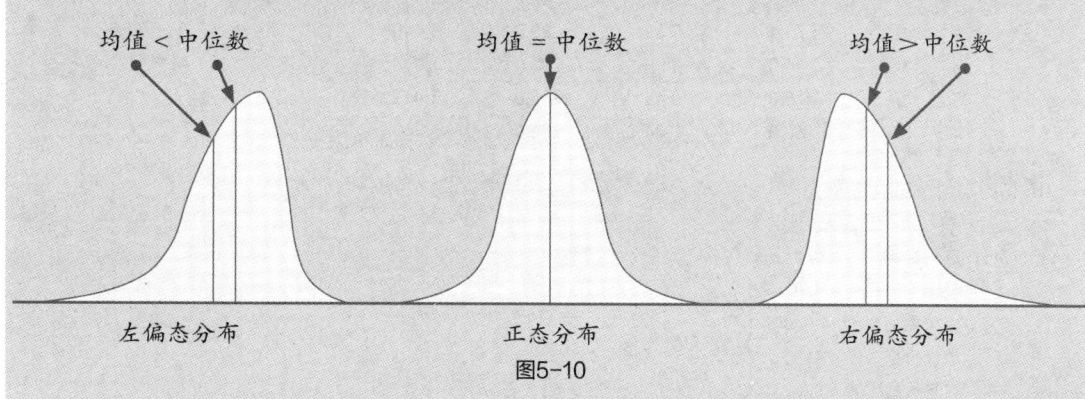

图5-10

【例5-4】采用例5-3中的数据集，按照一定的规则对其中的缺失值进行插补（特征分布为正态分布时，使用平均数插补；特征分布为偏态分布时，使用中位数插补）。（代码位置：资源\第5章）

In [1]:
```
import pandas as pd # 导入pandas模块，别名为pd
```

In [2]:
```
# 导入数据
df = pd.read_excel(r'C:\Python\客户流失表.xlsx')
```

In [3]:
```
# 定义删除缺失值函数
def nan_drop(df, axis, rate):
    # thresh=n，这一行除去缺失值，剩余数值的数量大于等于n
    n=df.shape[1-axis]*rate # rate是非缺失值比例
    df.dropna(axis=axis, thresh=n, inplace=True)
```

扫码看视频

123

```
# 删除缺失值比例大于70%的行和列（删除规则）
nan_drop(df, axis=0, rate=0.3)  # 行
nan_drop(df, axis=1, rate=0.3)  # 列
```

In [4]:
```
# 定义插补（填充）缺失值函数
def nan_fill(df):
    filter_mean = ['历史取消率']           # 趋于正态分布的特征列表
    for col in df.columns:                # 遍历数据集中所有的特征
        if col in filter_mean:            # 如果特征位于趋于正态分布的特征列表中
            df[col] = df[col].fillna(df[col].mean())      # 使用平均数插补
        else:         # 否则
            df[col] = df[col].fillna(df[col].median())    # 使用中位数插补
    return df         # 返回插补后的DataFrame
# 插补缺失值
df = nan_fill(df)
# 查看插补（填充）后的数据
df.head()
```

在第6章中将会介绍如何判断"历史取消率"这个特征的分布是趋于正态分布的，以及其他特征是趋于偏态分布的

Out[4]:

	流失标签	星级偏好	历史取消率	最低价格	客户价值	提前预定天数
0	0	70.0	0.03	49.0	1.447	0
1	0	75.4	0.62	80.0	3.440	2
2	0	70.0	0.39	100.0	1.447	1
3	0	70.0	0.43	208.0	1.413	21
4	0	60.0	0.24	196.0	-0.040	20

缺失值已被插补

In [5]:
```
df.isnull().mean()  # 查看缺失值占比
```

Out[5]:
```
流失标签      0.0
星级偏好      0.0
历史取消率     0.0
最低价格      0.0
客户价值      0.0
提前预定天数    0.0
dtype: float64
```

没有缺失值了

5.2.2 处理异常值

异常值是指数据集中偏离正常范围的值（远离绝大多数样本点的特殊样本），它通常产生于原始数据的收集、输入过程中。如果忽视这些异常值，在某些数据分析场景下就会导致结论错误，所以在分析数据之前，有必要识别异常值并处理它们。

1. 异常值的处理方法

对于异常值，要根据分析场景采取不同的处理方法，通常采取以下3种处理方法。

① 如果后续数据分析模型允许数据集中有异常值，则不处理。

② 如果后续数据分析模型不允许数据集中有异常值，且有异常值的样本很少，则删除它们。

③ 如果后续数据分析模型不允许数据集中有异常值，且有异常值的样本具有一定的数量，则采取插补的方法。

2. 异常值的识别与处理

最简单、常用的识别异常值的方法是描述性统计和箱盒图。

① 描述性统计可以得到数据的最大值、最小值、四分位值等。通过描述性统计可以查看数据中有无极端值（也属于异常值）。但是描述性统计没有箱盒图展现得直观，一般可以在初步筛查时使用。

② 箱盒图很适合识别异常值，具体的判断标准是计算出数据中的最小估计值和最大估计值。如果数据超过这一范围，则说明该值可能为异常值。箱盒图会自动标出此范围，异常值则用圆圈表示。由于该部分内容涉及图表，所以该部分内容会在第6章中介绍。

【例5-5】采用例5-3中的数据集，采用描述性统计判断其中是否有异常值，如果有，则对其中的异常值进行适当的处理。（代码位置：资源\第5章）

扫码看视频

In [1]:
```
import pandas as pd # 导入pandas模块，别名为pd
```

In [2]:
```
# 导入数据
df = pd.read_excel(r'C:\Python\客户流失表.xlsx')
```

In [3]:
```
# 查看描述性统计，使用该方法判断有无极端值（异常值）
df.describe()
```

Out[3]:

	流失标签	近7天订单数	星级偏好	历史取消率	最低价格	客户价值	提前预定天数
count	13753.0000	1678.0000	9354.0000	12958.0000	13714.000000	8931.0000	13753.0000
mean	0.276812	1.780691	67.85464	0.317808	323.053668	4.333021	3.702538
std	0.447439	1.392392	19.32389	0.134242	437.518788	8.976863	6.738585
min	0.000000	1.000000	0.00000	0.000000	-3.000000	-13.700000	0.000000
25%	0.000000	1.000000	54.00000	0.220000	118.000000	0.360000	0.000000
50%	0.000000	1.000000	70.00000	0.310000	206.000000	1.447000	0.000000
75%	1.000000	2.000000	80.70000	0.410000	388.000000	4.383500	4.000000
max	1.000000	16.000000	100.00000	0.670000	16484.000000	235.753000	30.000000

最低价格的最小值为-3，显然不合理，该列中只要是负值就都属于异常值；客户价值的最小值为-13.7，也是不合理的，该列中只要是负值就都属于异常值

In [4]:
```
# 查看最低价格中负值（异常值）的数量
df.loc[df['最低价格']<0, '最低价格'].count()
```

Out[4]:　1　　　　　　　　有1个负值（异常值）

In [5]:
```
# 查看客户价值中负值（异常值）的数量
df.loc[df['客户价值']<0, '客户价值'].count()
```

Out[5]:　560　　　　　　有560个负值（异常值）

In [6]:
```
# 对最低价格中的负值使用中位数插补比较合理
df.loc[df['最低价格']<0, '最低价格']=df['最低价格'].median()
# 对客户价值中的负值使用0插补比较合理
df.loc[df['客户价值']<0, '客户价值']=0
df.describe() # 查看插补后的描述性统计
```

Out[6]:

	流失标签	近7天订单数	星级偏好	历史取消率	最低价格	客户价值	提前预定天数
count	13753.0000	1678.0000	9354.0000	12958.0000	13714.000000	8931.0000	13753.0000
mean	0.276812	1.780691	67.85464	0.317808	323.068908	4.352017	3.702538
std	0.447439	1.392392	19.32389	0.134242	437.511070	8.964280	6.738585

125

min	0.000000	1.000000	0.00000	0.000000	1.000000	0.000000	0.000000
25%	0.000000	1.000000	54.00000	0.220000	118.000000	0.360000	0.000000
50%	0.000000	1.000000	70.00000	0.310000	206.000000	1.447000	0.000000
75%	1.000000	2.000000	80.70000	0.410000	388.000000	4.383500	4.000000
max	1.000000	16.000000	100.00000	0.670000	16484.000000	235.753000	30.000000

最低价格中的负值（异常值）被替换了，客户价值中的负值（异常值）也被替换了

5.2.3 处理重复值

重复值是指数据集中存在的重复数据行，它通常是由于系统错误、多次输入等原因导致的。重复值有可能会影响数据分析结果的准确性，所以在分析数据之前，有必要识别重复值并处理它们。

对原始数据集中重复值的处理，一般采取删除法。pandas模块提供了duplicated()和drop_duplicates()函数分别用于标记和删除重复值。

【例5-6】采用例5-3中的数据集，判断其中是否有重复值（行），如果有，则删除其中的重复值（行）。（代码位置：资源\第5章）

In [1]:
```
import pandas as pd # 导入pandas模块，别名为pd
```

In [2]:
```
# 导入数据
df = pd.read_excel(r'C:\Python\客户流失表.xlsx')
```

（1）使用duplicated()函数标记重复值

duplicated()函数用于标记DataFrame中的重复值（行），返回一个布尔值的Series。该函数的语法格式如下。

```
DataFrame.duplicated(subset=None, keep='first')
```

其中各参数说明如下。

subset：用于识别重复的列标签或列标签序列，默认值为None，表示在判断是否重复时比较所有列；如果仅比较部分列，则需要以列表的形式指定。

keep：如何标记重复标签，有以下3种取值。

① 'first'，表示除了第一次出现外，其余重复行标记为True。默认为'first'。

② 'last'，表示除了最后一次出现外，其余重复行标记为True。

③ 'False'，表示将所有重复行标记为True（不管是不是第一次出现）。

In [3]:
```
df.duplicated() # 判断是否有重复值（行）
```

Out[3]:
```
0          False
1          False
2          False
3          False
4          False
          ...
13748      False
13749      False
13750      False
13751      False
13752      False
Length: 13753, dtype: bool
```

数据集中有很多行（记录），仅显示前后5行逻辑值不足以判断是否有重复值，所以需要在此基础上使用sum()函数统计逻辑值为True的行数，才能判断数据集中是否有重复值（行）

数据集中共有13753行数据

126

使用sum()函数统计df中重复值（行）出现的次数。

In [4]: df.duplicated().sum()

Out[4]: 226

（2）使用drop_duplicates()函数删除重复值

drop_duplicates()函数用于删除DataFrame中的重复值，并返回删除重复值后的DataFrame。该函数的语法格式如下。

```
DataFrame.drop_duplicates(subset=None, keep='first', inplace=False)
```

其各参数说明如下。

subset：与duplicated()中的subset参数含义相同。

keep：与duplicated()中的keep参数含义相同。

inplace：接收逻辑值，True表示直接修改原DataFrame；False表示创建一个副本，修改副本，而原DataFrame保持不变。默认为False。

In [5]: df1=df.drop_duplicates() # 把删除df中重复值（行）后的DataFrame赋值给df1
df1.duplicated().sum() # 统计df1中重复值（行）出现的次数

Out[5]: 0 ◄———————► 说明原数据集中的重复值（行）被删除了

5.2.4 课堂实验——处理某医院销售数据中的缺失值和异常值

【实验内容】现有某医院销售数据工作簿，处理其中的缺失值和异常值。（代码位置：资源\第5章）

【实验思路】①导入数据，并查看行数和列数；②查看缺失值占比，并删除缺失值；③查看描述性统计，使用该方法判断有无异常值，如果有异常值，则删除。

扫码看视频

▌ **5.3 项目实训**

实训1 获取万华化学不同时期季频盈利能力数据

【实训目标】从证券宝获取万华化学（sh.600309）2022年第3季度季频盈利能力数据。（代码位置：资源\第5章）

【实训思路】①使用baostock模块的login()方法登录证券宝系统；②获取公司季频盈利能力数据，并保存为DataFrame；③将英文列名改为中文列名；④将DataFrame输出到CSV文件并显示；⑤退出系统。

扫码看视频

实训2 处理上市公司财务数据造假相关数据指标中的缺失值

【实训目标】现有上市公司财务数据造假相关数据指标工作簿，处理其中的缺失值。（代码位置：资源\第5章）

【实训思路】①使用read_excel()函数导入数据；②造假标志是目标列，不属于处理范围，删除该列；③删除缺失值比例大于70%的行和列；④使用中位数插补缺失值。

扫码看视频

课堂素养 **财务大数据提升预算的预测能力**

　　传统的财务预测主要是利用结构化数据、构建预测模型，对未来的经营成果进行预测；而大数据技术预测的基础扩大到非结构化数据，社交媒体上的新闻、事件、评论等都可以成为预测的数据基础，另外，预测模型也先进很多，由此形成的预测数据具有更高的可用性。

5.4　思考与练习

一、单选题

　　1. 关于缺失值分类，以下说法正确的是（　　　）。

　　　　A. 缺失值通常分为完全随机缺失、随机缺失和非随机缺失3种类型

　　　　B. 缺失值通常分为随机缺失和非随机缺失2种类型

　　　　C. 缺失值通常分为不完全随机缺失、完全随机缺失和非随机缺失3种类型

　　　　D. 缺失值通常分为完全随机缺失、不完全随机缺失、随机缺失和非随机缺失4种类型

　　2. 对于定类数据（如专业、部门、民族等）的缺失值一般使用（　　　）填补。

　　　　A. 最大值　　　　　B. 众数　　　　　　C. 最小值　　　　　D. 平均数

二、判断题

　　1. 网络爬虫又称网络蜘蛛、网络蚂蚁或网络机器人等，是一种按照制定的规则，自动抓取所需网络数据的算法程序。（　　　）

　　2. 重复值不会影响数据分析结果的准确性，直接进行数据分析即可。（　　　）

三、填空题

　　1. 最简单、常用的识别异常值的方法是描述性统计和（　　　）。

　　2. 采用pandas模块中的read_html()函数可以快速准确地爬取（　　　）。

四、上机操作题

　　获取上市公司中远海控不同时期的季频盈利能力数据。

第 **6** 章

数据分析与可视化

≫

学习目标

知识目标

1. 掌握简单的5种数据分析方法；
2. 掌握使用Matplotlib绘制单个图形的方法；
3. 掌握使用Matplotlib绘制组合图和子图的方法。

技能目标

1. 能够用简单的5种数据分析方法完成相关财务数据分析；
2. 能够将有关财务数据以单个图形的形式直观地呈现出来；
3. 能够通过组合图或子图的形式，将多个（有关联的）图形同时在一个屏幕内有序展示，以便更直观地把握财务数据整体情况。

章节导读

章节导图

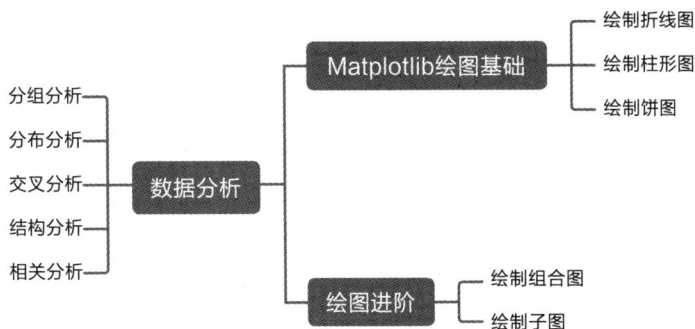

思考题

1. 如何使用Python做简单的数据分析？
2. 对于表格型财务数据，使用Python也可以像Excel一样做出漂亮的图形吗？

6.1 数据分析

使用pandas进行简单数据分析的方法包括分组分析、分布分析、交叉分析、结构分析和相关分析等，下面分别介绍。

6.1.1　分组分析

分组分析是根据分组的列的值，将分析对象划分成不同的部分，以对比分析各部分之间的差异性的一种数据分析方法。分组分析有以下两种常用的语法格式。

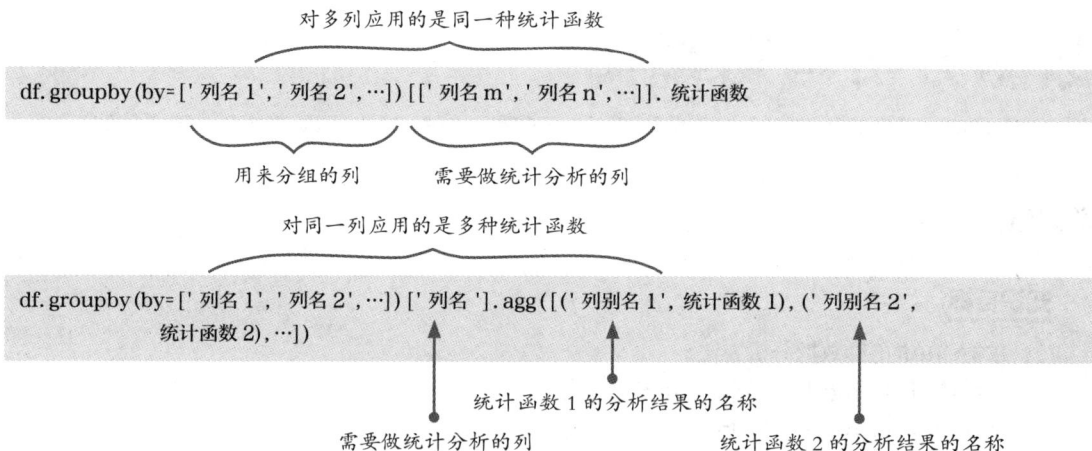

对多列应用的是同一种统计函数

df. groupby (by= [' 列名 1', ' 列名 2', …]) [[' 列名 m', ' 列名 n', …]]. 统计函数

用来分组的列　　　需要做统计分析的列

对同一列应用的是多种统计函数

df. groupby (by= [' 列名 1', ' 列名 2', …]) [' 列名 '].agg ([(' 列别名 1', 统计函数 1), (' 列别名 2', 统计函数 2), …])

统计函数 1 的分析结果的名称

需要做统计分析的列　　　　　　统计函数 2 的分析结果的名称

【例6-1】先按部门和员工类别分组统计奖金和实发合计的平均值，再按部门统计奖金的总和、标准差和中位数。（代码位置：资源\第6章）

In [1]:
```python
import pandas as pd
```

In [2]:
```python
df=pd. read_excel (r'C:/python/员工工资.xlsx')
df.head ()
```

Out[2]:

	员工编号	姓名	部门	性别	员工类别	基本工资	岗位工资	住房补贴	奖金	...	实发合计
0	1001	李强	管理	男	公司管理	5500	4000	1000	3000	...	12295.0
1	1002	马媛	管理	女	公司管理	4000	4000	1000	2000	...	8990.0
2	1003	李政	管理	男	公司管理	4000	4000	1000	2200	...	9370.0
3	2001	张丽	生产	女	生产管理	4000	4000	1000	3000	...	10840.0
4	2002	王鹏	生产	男	生产工人	3500	3500	800	2600	...	9450.0

In [3]:
```python
df. groupby (by=['部门', '员工类别']) [['奖金', '实发合计']]. mean ()
```

对奖金、实发合计两列分组求平均值

Out[3]:

部门	员工类别	奖金	实发合计
生产	生产工人	2300.0	6470.000000
	生产管理	3000.0	10840.000000
管理	公司管理	2400.0	10218.333333
销售	销售人员	5025.0	12668.487500
	销售管理	3500.0	11840.000000

In [4]:
```python
df. groupby (by=['部门']) ['奖金'].agg ([('总和', 'sum'), ('标准差', 'std'),
                                    ('中位数', 'median')])
```

注意统计函数放在单引号内，且没有圆括号

Out[4]:

部门	总和	标准差	中位数
生产	9900	670.198975	2700.0
管理	7200	529.150262	2200.0
销售	43700	2119.027555	4000.0

6.1.2 分布分析

分布分析是先将定量数据进行等距或者不等距的分组，然后研究各组分布规律的一种数据分析方法。分布分析的语法格式如下。

df[' 新增的分段列的列名 ']=pd.cut(df. 被分段的列名, 分段列表, 分段列表标签名称)

由被分段列中的区间点组成

每个区间的标签名称

【例6-2】首先对公司所有员工的奖金进行分段，将其分成'2000元以下'、'2001~3000元'、'3001~4000元'、'4001~5000元'及'5000元以上'5个区间，然后显示每个人奖金所处的区间及各区间的人数。（代码位置：资源\第6章）

In [1]:
```
import pandas as pd
```

In [2]:
```
df=pd.read_excel(r'C:/python/员工工资.xlsx')
```

定义奖金区间列表，从列表左侧开始，相邻两个数构成一个左开右闭的区间。

注意：列表最左侧的最小值 -1 是为了保证把最小值也包括在区间内

In [3]:
```
bonus_bins=[min(df.奖金)-1,2000,3000,4000,5000,max(df.奖金)] # 奖金区间列表
bonus_labels=['2000元以下','2001~3000元','3001~4000元','4001~5000元','5000元以上']
```

与奖金区间列表对应，定义奖金区间名称

新增的分段列的列名   被分段的列名

In [4]:
```
df['奖金区间']=pd.cut(df.奖金,bonus_bins,labels=bonus_labels)
df[['员工编号','姓名','部门','性别','员工类别','奖金','奖金区间']].head()
```

Out[4]:

	员工编号	姓名	部门	性别	员工类别	奖金	奖金区间
0	1001	李强	管理	男	公司管理	3000	2001～3000元
1	1002	马媛	管理	女	公司管理	2000	2000元以下
2	1003	李政	管理	男	公司管理	2200	2001～3000元
3	2001	张丽	生产	女	生产管理	3000	2001～3000元
4	2002	王鹏	生产	男	生产工人	2600	2001～3000元

显示每个人奖金所处的区间

In [5]:
```
df.groupby(by=['奖金区间'])['奖金'].agg([('各区间人数','size')])
```

Out[5]:

奖金区间	各区间人数
2000元以下	3
2001-3000元	5
3001-4000元	4
4001-5000元	1
5000元以上	3

6.1.3 交叉分析

交叉分析是用于分析两个或两个以上分组变量之间的关系，以交叉表形式表示变量间关系的一种数据分析方法。常用的交叉分析的语法格式如下。

131

df. pivot_table (values, index, columns, aggfunc, fill_value)

其参数说明如下。

values：表示数据透视表中对指定列进行透视（交叉统计分析）。

index：表示数据透视表中以指定列的值作为行分组。

columns：表示数据透视表中以指定列的值作为列分组。

aggfunc：表示用于交叉分析的统计函数。

fill_value：表示对统计产生的NaN用指定值统一替换。

【例6-3】首先统计公司各部门、各员工类别中男、女员工的人数，然后统计公司各部门中男、女员工奖金的平均值和中位数。（代码位置：资源\第6章）

In [1]: ```
import pandas as pd
```

In [2]: ```
df=pd. read_excel (r' C:/python/员工工资.xlsx')
```

没有指定 values 参数，表示除了 columns、index 参数中指定的列以外，对 df 中的其他列进行统计

In [3]: ```
df. pivot_table (columns=['性别'], index=['部门', '员工类别'], aggfunc=['size'], fill_value=0)
```

用部门、员工类别列的值作为行分组

NaN 用 0 替换

用性别列的值作为列分组

统计交叉分组后男、女员工人数

Out[3]:

对于计数函数 size()，指不指定 values 参数，其结果是一样的

| | | size | |
| --- | --- | --- | --- |
| 性别 | | 女 | 男 |
| 部门 | 员工类别 | | |
| 生产 | 生产工人 | 0 | 3 |
| | 生产管理 | 1 | 0 |
| 管理 | 公司管理 | 1 | 2 |
| 销售 | 销售人员 | 3 | 5 |
| | 销售管理 | 1 | 0 |

如果省略 fill_value=0，则出现 0 的地方会显示 NaN

In [4]: ```
df. pivot_table (values=['奖金'], columns=['性别'], index=['部门'], aggfunc=['mean', 'median'])
```

对奖金列进行交叉统计分析

统计公司各部门中男、女员工奖金的平均值和中位数

Out[4]:

	mean		median	
	奖金		奖金	
性别	女	男	女	男
部门				
生产	3000	2300	3000	2600
管理	2000	2600	2000	2600
销售	4650	5020	3750	4600

6.1.4　结构分析

结构分析是在分组分析以及交叉分析的基础上，计算各组成部分所占比例的一种数据分析方法。常用的结构分析的语法格式如下。

先利用 pivot_table() 函数进行交叉分析

```
df_pt=df. pivot_table (values, index, columns, aggfunc, fill_value)
df_pt. div (df_pt (sum (axis=1), axis=0)     ◀━━━ 按列计算占比
df_pt. div (df_pt (sum (axis=0), axis=1)     ◀━━━ 按行计算占比，或两者都计算
```

【例6-4】统计各门店中每种产品的销售额相对于该产品销售总额的占比（按行计算占比），以及各门店中每种产品的销售额相对于该门店中所有产品销售额的占比（按列计算占比）。（代码位置: 资源\第6章）

In [1]:
```
import pandas as pd
```

In [2]:
```
df=pd. read_excel (r'C:/python/门店销售数据. xlsx')
df. head ()
```

Out [2]:

	订单号	订单日期	店铺	产品	数量	单价	金额
0	N2000001	2023-03-07	太阳宫店	果汁	3	4	12
1	N2000002	2023-03-07	立水桥店	果汁	2	4	8
2	N2000003	2023-03-07	解放路店	果汁	5	4	20
3	N2000004	2023-03-07	解放路店	吐司面包	8	23	184
4	N2000005	2023-03-07	立水桥店	苏打饼干	6	6	36

In [3]:
```
df_pt = df. pivot_table (values=['金额'], index=['店铺'], columns=['产品'], aggfunc=['sum'])
df_pt  # 输出交叉分析表（数据透视表）
```

Out [3]:

	sum						
	金额						
产品	全麦面包	可乐	吐司面包	曲奇饼干	果汁	牛角面包	苏打饼干
店铺							
太阳宫店	1392	328	3588	1472	640	2592	750
立水桥店	1536	266	2438	752	308	1674	660
胜利路店	1536	470	2231	1400	852	2556	708
解放路店	1584	320	3979	2088	432	3096	936

统计各门店中各产品的销售额

In [4]:
```
# 统计每种产品在所有门店中的销售总额
df_pt. sum (axis=0)  # 按行汇总
```

Out [4]:
```
            产品
sum  金额  全麦面包       6048
          可乐          1384
          吐司面包      12236
          曲奇饼干       5712
          果汁          2232
          牛角面包       9918
          苏打饼干       3054
dtype: int64
```

In [5]:
```
# 统计各门店中每种产品的销售额相对于该产品销售总额的占比
df_pt. div (df_pt. sum (axis=0), axis=1)  # 按行计算占比
```

Out[5]:

	sum 金额						
产品 店铺	全麦面包	可乐	吐司面包	曲奇饼干	果汁	牛角面包	苏打饼干
太阳宫店	0.230159	0.236994	0.293233	0.257703	0.286738	0.261343	0.245580
立水桥店	0.253968	0.192197	0.199248	0.131653	0.137993	0.168784	0.216110
胜利路店	0.253968	0.339595	0.182331	0.245098	0.381720	0.257713	0.231827
解放路店	0.261905	0.231214	0.325188	0.365546	0.193548	0.312160	0.306483

加起来为1

In [6]: # 统计各门店的销售额
df_pt.sum(axis=1) # 按列汇总

Out[6]: 店铺
太阳宫店   10762
立水桥店   7634
胜利路店   9753
解放路店   12435
dtype: int64

In [7]: # 统计各门店中每种产品的销售额相对于该门店中所有产品销售额的占比
df_pt.div(df_pt.sum(axis=1), axis=0) # 按列计算占比

Out[7]:

	sum 金额						
产品 店铺	全麦面包	可乐	吐司面包	曲奇饼干	果汁	牛角面包	苏打饼干
太阳宫店	0.129344	0.030478	0.333395	0.136778	0.059469	0.240847	0.069690
立水桥店	0.201205	0.034844	0.319361	0.098507	0.040346	0.219282	0.086455
胜利路店	0.157490	0.048190	0.228750	0.143546	0.087358	0.262073	0.072593
解放路店	0.127382	0.025734	0.319984	0.167913	0.034741	0.248975	0.075271

加起来为1

6.1.5　相关分析

相关分析是研究变量（字段、列）之间是否存在某种依存关系，并对具有依存关系的变量分析其相关方向以及相关程度的一种数据分析方法。

为了更准确地度量变量之间的相关程度，我们引入相关系数。相关系数是一种可以用来描述变量之间的相关程度的值。相关系数与相关程度之间的关系如表6-1所示。

表6-1

相关系数r的取值范围	相关程度
$-1 \leqslant r < -0.8$	负高度相关
$-0.8 \leqslant r < -0.3$	负中度相关
$-0.3 \leqslant r < 0$	负低度相关
$r = 0$	不相关
$0 < r < 0.3$	低度相关
$0.3 \leqslant r < 0.8$	中度相关
$0.8 \leqslant r \leqslant 1$	高度相关

常用的相关分析的语法格式如下。

```
df[列名1].corr(df[列名2])
```

计算列名1和列名2这两列之间的相关系数

【例6-5】现有某公司某段时间内广告曝光量和费用成本的数据表，通过相关分析计算其广告曝光量与费用成本之间的相关系数。（代码位置：资源\第6章）

In [1]:
```
import pandas as pd
```

In [2]:
```
df=pd.read_excel(r'C:/python/广告成本.xlsx')
df.head()
```

Out[2]:

	投放时间	广告曝光量	费用成本
0	2022-01-09	18481	4616.0
1	2022-01-10	16537	4659.0
2	2022-01-10	17899	4590.0
3	2022-01-13	1302	3700.0
4	2022-01-14	21902	7301.0

In [3]:
```
# 计算广告曝光量与费用成本之间的相关系数
df['广告曝光量'].corr(df['费用成本'])
```

Out[3]:　0.8865064365164154　◀━━━　说明广告曝光量与费用成本之间达到了高度相关的程度

6.1.6　课堂实验——电商数据分析

【实验内容】现有电商销售数据工作簿，统计各销售区域中每个销售渠道的销售额相对于该销售渠道销售总额的占比，并统计各销售区域中每个销售渠道的销售额相对于该销售区域中所有销售渠道的销售总额的占比。（代码位置：资源\第6章）

【实验思路】①使用数据透视表统计各销售区域、销售渠道的销售额；②统计各销售区域中，每个销售渠道的销售额相对于该销售渠道销售总额的占比；③统计各销售区域中，每个销售渠道的销售额相对于该销售区域中所有销售渠道的销售总额的占比。

扫码看视频

6.2　Matplotlib绘图基础

Matplotlib是一个功能非常强大的Python绘图库，使用它可以将数据以图形的形式更直观地呈现出来。它含有很多子模块，其中pyplot子模块是Matplotlib的核心绘图子模块，使用它可以绘制折线图、饼图、柱形图及散点图等各种常见的图表。

需要注意的是：Matplotlib不是Python内置库，调用前需手动安装。

6.2.1　绘制折线图

当我们想观察数据指标随着时间的变化而变化的趋势时，例如，每周、每月、每年的变化趋势是增加、减少、上下波动还是基本不变，首选折线图。

在Matplotlib中使用pyplot子模块的plot()函数绘制折线图，其常用的语法格式如下。

```
pyplot.plot(x, y)
```

其中，x、y分别表示x轴和y轴的数据。

【例6-6】根据某公司的月度支出表绘制折线图，观察各月的支出变化情况。（代码位置：资源\第6章）

```
In [1]:  import pandas as pd
         import Matplotlib.pyplot as plt   # 导入pyplot子模块
```

```
In [2]:  df=pd.read_excel(r'C:/python/月度支出表.xlsx')
         df
```

Out [2]:

1月	2月	3月	4月	5月	6月	7月	8月	9月	10月	11月	12月
0	3300	5506	6600	3954	4533	7723	6079	6917	7273	4132	3963	8687

通过df.columns返回DataFrame对象的列索引（即所有列标签），再通过tolist()函数将列索引转换为列表。

```
In [3]:  x=df.columns.tolist()
         x   # x轴显示列标签（月份）列表
```

Out [3]: ['1月', '2月', '3月', '4月', '5月', '6月', '7月', '8月', '9月', '10月', '11月', '12月']

x轴数据

通过df.iloc[0]获得由第一行数据组成的Series，再通过tolist()函数将Series转换为列表。

```
In [4]:  y=df.iloc[0].tolist()
         y   # y轴显示各月份支出列表
```

Out [4]: [3300, 5506, 6600, 3954, 4533, 7723, 6079, 6917, 7273, 4132, 3963, 8687]   ← *y轴数据*

Matplotlib是不支持显示中文的，添加一行代码plt.rcParams['font.family']='simhei'就可以正常显示中文了；plt.rcParams['axes.unicode_minus']=False这行代码能使坐标轴负数的负号在中文状态下正常显示。另外，通过".rcParams[]=值"这种参数设置格式还可以设置其他参数及其值。

```
In [5]:  plt.rcParams['font.family']='simhei'          # 设置中文字体为黑体
         plt.rcParams['axes.unicode_minus']=False      # 设置中文状态下负号正常显示
```

通过plot()函数绘制折线图。

```
In [6]:  plt.plot(x, y)                # 通过plot()函数绘制折线图
         plt.xlabel("月份")            # 通过xlabel()函数绘制x轴标签
         plt.ylabel("支出/元")         # 通过ylabel()函数绘制y轴标签
         plt.title("月度支出情况")     # 通过title()函数绘制标题
         plt.show()                    # 输出打开的图形
```

Out [6]:

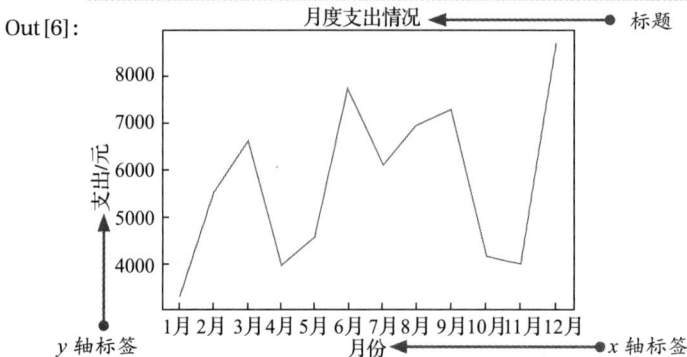

6.2.2　绘制柱形图

当我们想观察数据指标之间的差异时，采用柱形图是很好的选择。因为利用"柱子"的高低可以很直观地反映数据的大小，人眼对高度差异很敏感，辨识效果非常好。

在Matplotlib中使用pyplot子模块的bar()函数绘制柱形图，其常用的语法格式如下。

```
pyplot.bar(x, y)
```

其中，x、y分别表示x轴和y轴的数据。

【例6-7】现有某公司的城市投资额表，绘制柱形图，观察各城市投资额的差异。（代码位置：资源\第6章）

```
In [1]:  import pandas as pd
         import Matplotlib.pyplot as plt  # 导入pyplot子模块
```

```
In [2]:  df=pd.read_excel(r'C:/python/城市投资额表.xlsx')
         df
```

Out[2]:

	北京	上海	深圳	广州	杭州	成都	武汉	苏州
0	5879	5339	4482	3989	2738	5007	3163	4787

通过df.columns返回DataFrame对象的列索引（即所有列标签），再通过tolist()函数将列索引转换为列表。

```
In [3]:  x=df.columns.tolist()
         x  # x轴显示列标签（城市）列表
```

Out[3]: ['北京', '上海', '深圳', '广州', '杭州', '成都', '武汉', '苏州'] ◀━● x轴数据

通过df.iloc[0]获得由第一行数据组成的Series，再通过tolist()函数将Series转换为列表。

```
In [4]:  y=df.iloc[0].tolist()
         y  # y轴显示各城市投资额列表
```

Out[4]: [5879, 5339, 4482, 3989, 2738, 5007, 3163, 4787] ◀━● y轴数据

通过".rcParams[]=值"的参数设置格式设置参数及其值。

```
In [5]:  plt.rcParams['font.family']='simhei'        # 设置中文字体为黑体
         plt.rcParams['axes.unicode_minus']=False    # 设置中文状态下负号正常显示
```

通过bar()函数绘制柱形图。

```
In [6]:  plt.bar(x, y)               # 通过bar()函数绘制柱形图
         plt.xlabel("城市")          # 通过xlabel()函数绘制x轴标签
         plt.ylabel("投资额/万元")   # 通过ylabel()函数绘制y轴标签
         plt.title("各城市投资情况")  # 通过title()函数绘制标题
         plt.show()                  # 输出打开的图形
```

Out[6]:

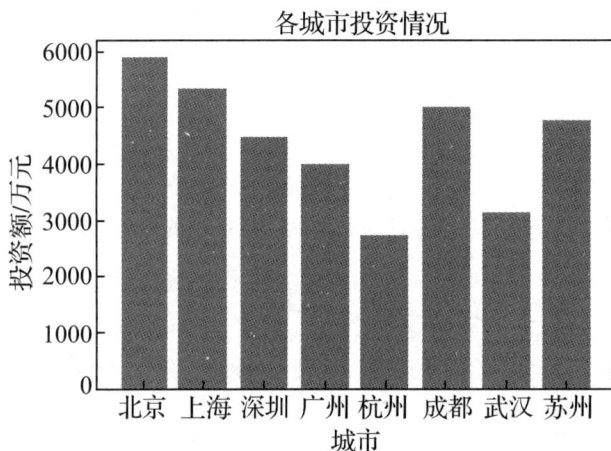

各城市投资情况

6.2.3 绘制饼图

当我们想观察各数据指标占总体的比例时，采用饼图是很好的选择。

在Matplotlib中使用pyplot子模块的pie()函数绘制饼图，其常用的语法格式如下。

```
pyplot.pie(x, labels, autopct)
```

该函数的常用参数如表6-2所示。

表6-2

常用参数	说明
x	饼图基础数据
labels	各数据对应的标签
autopct	饼图内标签的文本样式

【例6-8】现有某公司各门店销售数据表，绘制饼图，观察各门店的销售额占比情况。（代码位置：资源\第6章）

In [1]:
```python
import pandas as pd
import Matplotlib.pyplot as plt  # 导入pyplot子模块
```

In [2]:
```python
df=pd.read_excel(r'C:/python/各门店销售数据.xlsx')
df
```

Out[2]:

	店铺	销售收入
0	太阳宫店	12762
1	立水桥店	6637
2	胜利路店	9753
3	解放路店	17435
4	大悦城店	22918

In [3]:
```python
label=df.iloc[:,0].tolist()
label  # 各门店数据标签列表
```

Out[3]: ['太阳宫店', '立水桥店', '胜利路店', '解放路店', '大悦城店'] ◀━━ 数据标签列表

In [4]:
```
x=df.iloc[:,1].tolist()
x  # 各门店数据列表
```

Out[4]: [12762, 6637, 9753, 17435, 22918] ◄━━● 饼图各部分数据

In [5]:
```
plt.rcParams['font.family']='simhei'          # 设置中文字体为黑体
plt.rcParams['axes.unicode_minus']=False      # 设置中文状态下负号正常显示
```

通过pie()函数绘制饼图。其中，labels=label表示各门店数据对应的标签；autopct='%.2f%%'表示饼图内标签的文本样式为保留两位小数的百分数形式。

In [6]:
```
plt.pie(x, labels=label, autopct='%.2f%%')  # 通过pie()函数绘制饼图
plt.title("各门店销售占比情况")  # 通过title()函数绘制标题
plt.show()  # 输出打开的图形
```

Out[6]:

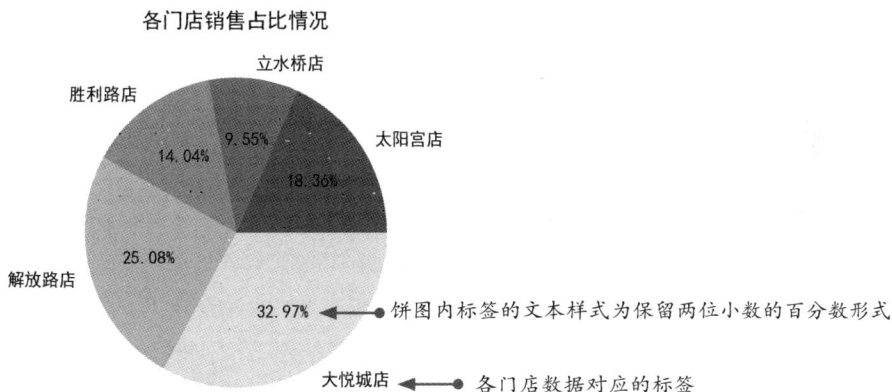

各门店销售占比情况

6.2.4　课堂实验——绘制销售净利润折线图

【实验内容】现有某公司12个月的销售净利润工作簿，绘制销售净利润折线图。（代码位置：资源\第6章）

【实验思路】①将销售净利润工作簿中的数据导入DataFrame；②通过df.columns返回DataFrame对象的列索引（即所有列标签），再通过tolist()函数将列索引转换为列表；③通过df.iloc[0]获得由第一行数据组成的Series，再通过tolist()函数将Series转换为列表；④Matplotlib是不支持显示中文的，添加一行代码plt.rcParams['font.family']='simhei'就可以正常显示中文了；plt.rcParams['axes.unicode_minus']=False这行代码能使坐标轴负数的负号在中文状态下正常显示；⑤通过plot()函数绘制折线图。

扫码看视频

6.3　绘图进阶

当我们需要把握数据整体情况时，一个屏幕内展示单个图表的形式就不能满足要求了。此时，通过组合图或子图的形式，将多个（有关联的）图表同时在一个屏幕内有序展示，就能让我们更直观地把握数据整体情况，从而做出相应的决策。

6.3.1 绘制组合图

绘制组合图的代码比较简单，将需要组合的图表的代码放在一起即可。

【例6-9】根据某公司电视机和冰箱两种产品1～6月的销售收入表，绘制组合折线图，对比展示两种产品的销售收入情况。（代码位置：资源\第6章）

```
In [1]:  import pandas as pd
         import Matplotlib.pyplot as plt  # 导入pyplot子模块
```

```
In [2]:  df=pd.read_excel(r'C:/python/各门店销售数据.xlsx')
         df
```

Out [2]:

	月份	电视机	冰箱
0	1	890	660
1	2	732	567
2	3	912	617
3	4	539	510
4	5	782	478
5	6	896	697

```
In [3]:  x=df.iloc[:,0].tolist()
         x  # （x轴）月份数据列表
```

Out [3]: [1, 2, 3, 4, 5, 6] ◄—● （x轴）月份数据

```
In [4]:  y1=df.iloc[:,1].tolist()
         y1  # （y轴）各月份电视机销售收入列表
```

Out [4]: [890, 732, 912, 539, 782, 896] ◄—● （y轴）各月份电视机销售收入

```
In [5]:  y2=df.iloc[:,2].tolist()
         y2  # （y轴）各月份冰箱销售收入列表
```

Out [5]: [660, 567, 617, 510, 478, 697] ◄—● （y轴）各月份冰箱销售收入

```
In [6]:  plt.rcParams['font.family']='simhei'       # 设置中文字体为黑体
         plt.rcParams['axes.unicode_minus']=False    # 设置中文状态下负号正常显示
```

plot()函数中的参数linestyle表示折线的线型，默认为实线，'--'表示虚线；参数label表示图例，用来指示线型代表的数据。

```
In [7]:  plt.plot(x, y1, linestyle='--', label='电视机销售收入')  # 绘制电视机销售收入折线图
         plt.plot(x, y2, label='冰箱销售收入')                    # 绘制冰箱销售收入折线图
         plt.xlabel("月份/月")  # 绘制x轴标签
         plt.ylabel("收入/元")  # 绘制y轴标签
         plt.title("电视机销售收入vs冰箱销售收入")                  # 绘制组合图标题
         plt.legend()  # 输出图例
         plt.show()    # 输出打开的图形
```

Out[7]:

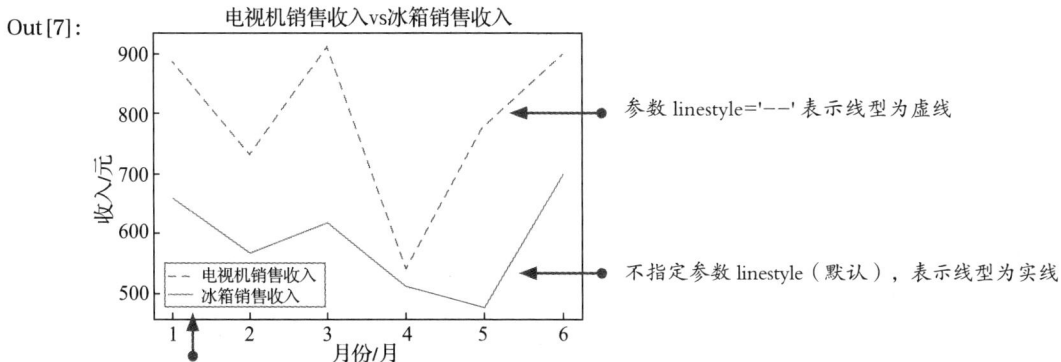

电视机销售收入vs冰箱销售收入

参数 linestyle='--' 表示线型为虚线

不指定参数 linestyle（默认），表示线型为实线

图例，通过指定参数 label 可以清楚地区分不同线型代表的数据

6.3.2 绘制子图

在介绍子图之前，先介绍画布（figure）。画布类似于画画时预先准备的图纸，Matplotlib的所有图表都是在画布中绘制的。也就是说，单个折线图、柱形图及饼图都是在画布中绘制的，如图6-1所示。

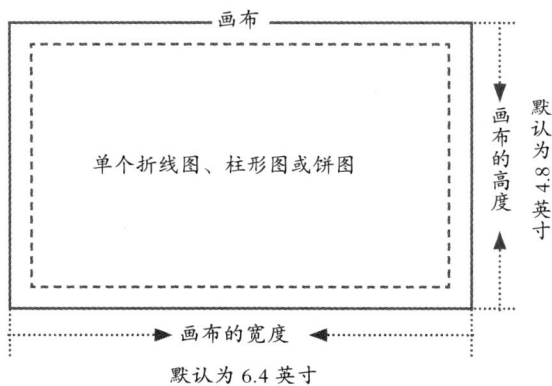

画布

单个折线图、柱形图或饼图

画布的高度

默认为 4.8 英寸

画布的宽度

默认为 6.4 英寸

图6-1

前面我们之所以没有介绍画布这个概念，是因为在使用Matplotlib绘制图表时，画布是默认存在的，且有默认尺寸。画布的默认尺寸（宽、高）为[6.4,4.8]（单位为英寸），通常对于绘制单个且不超过默认尺寸大小的图表，不用设置画布尺寸。但是对于绘制多个图表或者超过默认尺寸大小的图表，例如，绘制多个子图，就需要设置画布尺寸。

设置画布尺寸的语法格式如下。

```
plt.rcParams['figure.figsize'] = [w, h]
```

其中，w表示宽度，h表示高度。

子图将多个图表分别绘制在同一个画布的多个区域（坐标系）中。图6-2所示为两种典型的子图的结构（位置）。

绘制子图的常用语法格式如下。

```
pyplot.subplot(nrows, ncols, index)
```

该函数的功能是：将整个画布的绘图区域分成nrows行和ncols列，而index参数用于对子图区域进行编号（即指明绘制的子图的位置）。其常用参数如表6-3所示。

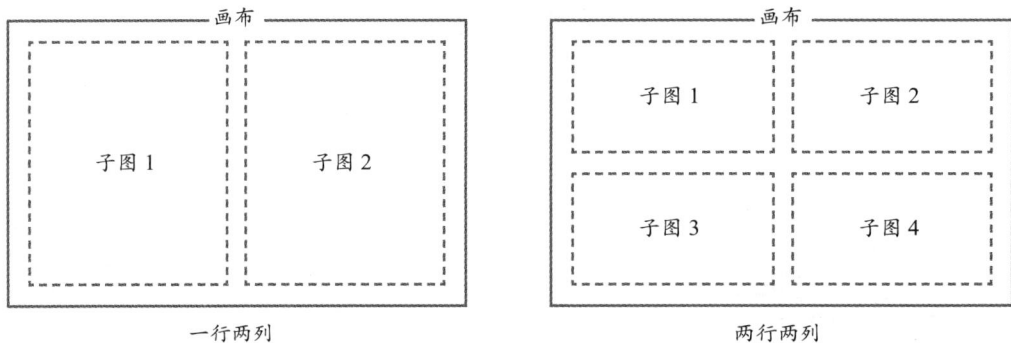

图6-2

表6-3

常用参数	说明
nrows	绘图区域的行数
ncols	绘图区域的列数
index	指明绘制的子图的位置，从左上角的子图1开始，从左向右、从上到下依次增加

提示　　**subplot()函数是专门用于绘制子图吗？**

实际上，subplot()函数并不是专门用于绘制子图的，我们前面在学习使用Matplotlib中的pyplot子模块绘制单个图表的时候，系统默认使用了subplot()函数，只是使用时，该函数的3个参数都是1，即pyplot.subplot(1, 1, 1)，即一行、一列、第一个区域，画布上只绘制一个图表。

【例6-10】根据某公司4个季度各种费用的支出表，绘制子图，通过柱形图和饼图分别展示年度费用和每季度总费用的支出情况。（代码位置：资源\第6章）

In [1]:
```
import pandas as pd
import Matplotlib.pyplot as plt          # 导入pyplot子模块
```

In [2]:
```
plt.rcParams['font.family']='simhei'       # 设置中文字体为黑体
plt.rcParams['axes.unicode_minus']=False   # 设置中文状态下负号正常显示
plt.rcParams['figure.figsize']=[12.8, 4.8] # 由于要绘制两个子图，所以需要把画布设置得宽一些
```

In [3]:
```
df=pd.read_excel(r'C:/python/费用分析表.xlsx')
df
```

Out[3]:

	项目	第一季度	第二季度	第三季度	第四季度	合计
0	工资	19000	2000	18000	21000	70000
1	福利费	1100	800	1050	700	3650
2	税费	5000	3200	3900	290	12390
3	通信费	800	600	1200	250	2850	← 第5列为合计数据
4	水电费	2100	2800	3000	200	8100
5	推广费	1600	900	1328	1520	5348
6	材料费	23000	17000	19000	50000	109000
7	其他费用	12000	19500	26000	18900	76400
8	合计	64600	56800	73478	92860	287738	← 要去掉合计数据

In [4]:
```
x1=df.iloc[:, 0].tolist()[:-1]  # [:-1]表示去掉项目列中最后的合计数据
x1  # 柱形图x轴费用项目数据列表
```

Out[4]: ['工资', '福利费', '税费', '通信费', '水电费', '推广费', '材料费', '其他费用']

第5列为合计数据

项目列中的"合计"列去掉了

In [5]:
```
y1=df.iloc[:, 5].tolist()[:-1]  # [:-1]表示去掉合计列中最后的合计数据
y1  # 柱形图y轴为各费用项目年度合计列表
```

Out[5]: [70000, 3650, 12390, 2850, 8100, 5348, 109000, 76400]

In [6]:
```
label=df.columns.tolist()[1:-1]  # 去掉标题列中的"项目"和"合计"
label  # 饼图为各季度标签列表
```

Out[6]: ['第一季度', '第二季度', '第三季度', '第四季度']

In [7]:
```
x2=df.iloc[8, 1:-1].tolist()  # 取合计行中4个季度的数据（去掉"项目"和"合计"列）
x2  # 饼图为各季度合计数据列表
```

Out[7]: [64600, 56800, 73478, 92860]

In [8]:
```
plt.subplot(1, 2, 1)  # 在一行、两列区域中，指定第1个子图的绘制区域
plt.bar(x1, y1)  # 在指定的子图位置绘制柱形图
plt.title("年度费用分布情况")  # 绘制子图（柱形图）标题
plt.subplot(1, 2, 2)  # 在一行、两列区域中，指定第2个子图的绘制区域
plt.pie(x2, labels=label, autopct='%.2f%%')  # 在指定的子图位置绘制饼图
plt.title("每季度总费用占比情况")  # 绘制子图（饼图）标题
plt.show()  # 输出打开的图表
```

指定子图区域
绘制子图
绘制子图标题

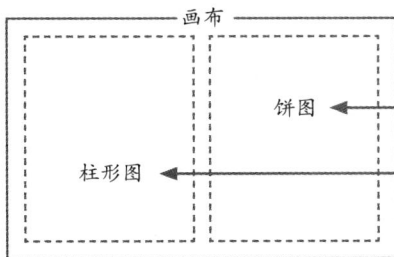

画布

饼图

柱形图

注意：使用 pyplot 子模块绘图时都是在指定区域绘制的

一行两列

Out[8]:

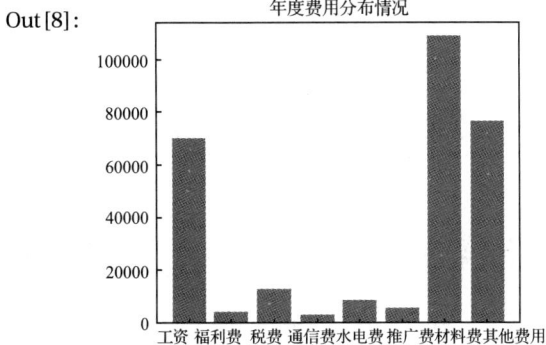

年度费用分布情况

子图1——柱形图

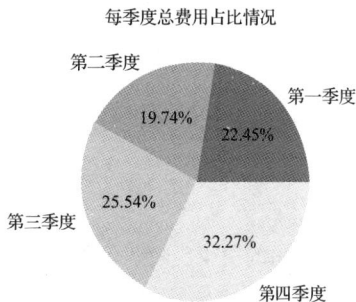

每季度总费用占比情况

子图2——饼图

如果不通过 plt.rcParams['figure.figsize']=[12.8, 4.8] 参数设置将宽度增加，x 轴标签就会挨在一起

6.3.3 课堂实验——绘制毛利率和净利率组合图

【实验内容】根据某公司12个月的毛利率和净利率表工作簿，绘制毛利率和净利率组合图。（代码位置：资源\第6章）

【实验思路】①将毛利率和净利率工作簿中的数据导入DataFrame；②从月份列获取（x轴）月份数据列表；③从毛利率列获取（y轴）各月份毛利率列表；④从净利率列获取（y轴）各月份净利率列表；⑤使用虚线绘制毛利率折线图；⑥使用实线绘制净利率折线图；⑦为了能让y轴按百分数显示，需要从Matplotlib.ticker模块中导入子模块PercentFormatter，它可将比例（如0.45）显示为百分数（45%），还需要执行plt.gca().yaxis.set_major_formatter(PercentFormatter(xmax=1, decimals=0))语句。

扫码看视频

6.4 项目实训

实训1 绘制应收账款、应付账款组合图

【实训目标】根据某公司1～12月的应收应付账款表，绘制组合折线图，对比展示应收应付账款走势。（代码位置：资源\第6章）

【实训思路】①从月份列获取（x轴）月份数据列表；②从应收账款列获取（y轴）各月份应收账款列表；③从应付账款列获取（y轴）各月份应付账款列表；④使用虚线绘制应收账款折线图；⑤使用实线绘制应付账款折线图。

扫码看视频

实训2 绘制应付账款分析子图

【实训目标】根据某公司4个季度的应付账款表，绘制子图，通过柱形图和饼图分别展示年度应付账款和季度应付账款情况。（代码位置：资源\第6章）

【实训思路】①通过参数设置把画布设置得宽一些；②设置柱形图x轴和y轴的数据列表；③设置饼图的标签和数据列表；④绘制子图。

扫码看视频

> **课堂素养** **人工智能技术如何改变我们的财务工作？**
>
> 通过人工智能技术处理财务工作中涉及的单据、发票、合同、订单等数据和资料，可以帮助我们对这些资料的结构化信息进行提取和存储，形成财务原始凭证和数据。

6.5 思考与练习

一、单选题

1. 根据某公司的员工工资表，按部门统计基本工资和岗位工资的中位数，在分组分析代码中，关于基本工资和岗位工资部分的写法正确的是（　　）。

    A．[['基本工资', '岗位工资']]   B．['基本工资', '岗位工资']

    C．('基本工资', '岗位工资')   D．(('基本工资', '岗位工资'))

2. 在对某公司所有员工的奖金进行分布分析时，需要对奖金进行分段，假设分成'3000元以下'、'3001～4000元'、'4001～5000元'及'5000元以上'4个区间，则分段列表正确的写法是（　　）。

A. [min(df.奖金), 3000, 4000, 5000, max(df.奖金)]

B. [2000, 3000, 4000, 5000, max(df.奖金)]

C. [min(df.奖金)-1, 3000, 4000, 5000, max(df.奖金)]

D. [2000, 3000, 4000, 5000, 6000]

3. 在对某公司的广告曝光量与费用成本之间进行相关分析时，如果df['广告曝光量'].corr(df['费用成本'])的值为0.672，则说明广告曝光量与费用成本之间达到（　　）的程度。

A. 高度相关　　　B. 中等相关　　　C. 不相关　　　D. 低度相关

4. 对于以下代码段：

```
plt.rcParams['font.family']='simhei'
plt.rcParams['axes.unicode_minus']=False
plt.rcParams['figure.figsize'] = [8, 6]
```

以下说法正确的是（　　）。

A. 设置中文字体为黑体，不显示标签，画布高度为8英寸，宽度为6英寸

B. 设置中文字体为黑体，中文状态下负号正常显示，画布高度为8英寸，宽度为6英寸

C. 设置中文字体为黑体，中文状态下负号正常显示，画布高度为6英寸，宽度为8英寸

D. 设置中文字体为宋体，中文状态下负号正常显示，画布高度为8英寸，宽度为6英寸

二、判断题

1. 交叉分析通常用于分析两个或两个以上分组变量之间的关系，是以交叉表形式表示变量间关系的一种数据分析方法。（　　）

2. 结构分析是在分组分析以及交叉分析的基础上，计算各组成部分所占比例的一种数据分析方法。（　　）

3. 相关分析是研究变量（字段、列）之间是否存在某种依存关系，并对具有依存关系的变量分析其相关方向以及相关程度的一种数据分析方法。（　　）

4. 当我们想观察数据指标随着时间的变化而变化的趋势时，例如，每周、每月、每年的变化趋势是增加、减少、上下波动还是基本不变，首选饼图。（　　）

5. 当我们想观察数据指标之间的差异时，采用柱形图是很好的选择。（　　）

三、填空题

1. 当我们想观察各数据指标占总体的比例时，采用（　　）是很好的选择。

2. 在同一个坐标系中绘制多个（有关联的）图表就是（　　）。

3. （　　）是将多个图表分别绘制在同一个画布的多个坐标系中。

4. （　　）是研究变量（字段、列）之间是否存在某种依存关系，并对具有依存关系的变量分析其相关方向以及相关程度的一种数据分析方法。

5. （　　）是指先将定量数据进行等距或者不等距的分组，然后研究各组分布规律的一种分析方法。

6. （　　）是指根据分组列的值，将分析对象划分成不同的部分，以对比分析各部分之间的差异性的一种分析方法。

四、上机操作题

1. 根据某公司的年度"资产净利率表"工作簿，绘制折线图，观察各年度资产净利率的走势。

2. 根据某公司的年度"营运能力分析表"工作簿，其中包括各年度的应收账款和流动资产周转率。绘制应收账款和流动资产周转率的组合折线图，观察公司营运能力的走势。

应用篇

## 第 7 章

Python在财务会计中的应用

学习目标

知识目标

1．掌握员工薪酬计算方法；
2．掌握用Python编制会计凭证的方法。

技能目标

1．能够用Python完成不同公司的员工薪酬计算；
2．能够用Python编制多种类型的会计凭证；
3．能够用Python完成多种财务报表的对账工作。

章节导读

章节导图

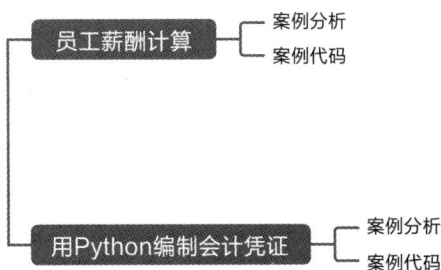

思考题

1．用Python可以编制会计凭证吗？
2．在财务工作中，有些数据是经常需要核对的，可以使用Python核对吗？

7.1 员工薪酬计算

　　员工薪酬是指企业为获得员工提供的服务或解除劳动关系而给予的各种形式的报酬或补偿。及时、准确地计算员工薪酬，是企业健康运营的基本保障，也是保障企业纳税信用的基本要求。

7.1.1　案例分析

某公司2023年6月的员工薪酬相关数据如图7-1所示，财务人员每个月都要计算公司所有员工的住房公积金、社会保险（简称社保）费、应发工资、个人所得税及实发工资等数据。

	A	B	C	D	E	F	G	H	I	J	K
1	员工编号	姓名	部门	性别	出勤天数	基本工资	住房补贴	奖金	社保缴纳基数	专项附加扣除	上期累计应纳税所得额
2	BB1001	李强	行政部	男	22	17500	1000	3000	19000	2000	67900
3	BB1002	马媛	行政部	女	22	14000	1000	2000	13000	1000	53890
4	BB1003	李政	行政部	男	20	14000	1000	2200	13000		50160
5	BB1004	张丽	财务部	女	19	14000	1000	3000	13000		49838
6	BB1005	王鹏	财务部	男	22	13500	800	2600	13000		47080
7	BB1006	孔阳	销售部	男	22	16500	800	4800	15000	1000	57350
8	BB1007	赵刚	销售部	男	22	15000	800	3500	15000		46682
9	BB1008	白雪	生产部	女	22	14500	800	3500	14000	1000	48700
10	BB1009	孙维	生产部	男	22	13800	900	4000	13000	2000	38309
11	BB1010	齐天	生产部	男	22	13800	900	2000	13000	1000	41830
12	BB1011	叶凡	生产部	男	22	13500	900	4600	13000		40887
13	BB1012	王琳	生产部	女	22	13300	900	3900	13000		39780
14	BB1013	齐达内	生产部	男	22	13700	900	5900	13000		40706
15	BB1014	钱利铃	生产部	女	21	13300	900	3600	12000	1000	36927
16	BB1015	李鹏	采购部	男	22	13300	900	2600	12000		37780
17	BB1016	王珊珊	采购部	女	22	13300	900	2700	12000	1000	35395

员工工资

图7-1

下面根据国家及该公司所在市的有关规定，分析员工的应发工资、社会保险费、住房公积金、个人所得税及实发工资等数据的计算方法。

1.　应发工资计算方法

日工资＝基本工资/22

缺勤扣款＝（工作日天数-出勤天数）×日工资

应发工资＝基本工资+奖金+住房补贴-缺勤扣款

2.　社保费计算方法

社保费由养老保险、失业保险、工伤保险及医疗（含生育）保险4部分组成。

① 养老保险（分单位和个人缴纳）。

养老保险（单位）＝社保缴纳基数×单位缴纳比例（16%）

养老保险（个人）＝社保缴纳基数×个人缴纳比例（8%）

② 失业保险（分单位和个人缴纳）。

失业保险（单位）＝社保缴纳基数×单位缴纳比例（0.5%）

失业保险（个人）＝社保缴纳基数×个人缴纳比例（0.5%）

③ 工伤保险（仅单位缴纳）。

工伤保险（单位）＝社保缴纳基数×单位缴纳比例（1%）

④ 医疗（含生育）保险（分基本医疗和大额医疗，同时分单位和个人缴纳）。

基本医疗（单位）＝社保缴纳基数×单位缴纳比例（8.8%）

基本医疗（个人）＝社保缴纳基数×个人缴纳比例（2%）

大额医疗（单位）＝社保缴纳基数×单位缴纳比例（1%）

大额医疗（个人）=3元

3. 住房公积金计算方法

住房公积金（单位）=社保缴纳基数×单位缴纳比例（12%）

住房公积金（个人）=社保缴纳基数×个人缴纳比例（12%）

4. 本期应纳所得税额及累计应纳所得税额计算方法

本期应纳所得税额=应发工资-5000元-社保费（个人）-住房公积金（个人）-专项附加扣除

累计应纳所得税额=上期累计应纳所得税额+本期应纳所得税额

5. 上期累计应纳税额、累计应纳税额及当月应纳税额计算方法

根据表7-1所示的个人所得税税率表（综合所得适用），计算个人所得税。

表7-1

级数	全年应纳税所得额	税率/%	速算扣除数/元
1	不超过36000元的部分	3	0
2	超过36000元至144000元的部分	10	2520
3	超过144000元至300000元的部分	20	16920
4	超过300000元至420000元的部分	25	31920
5	超过420000元至660000元的部分	30	52920
6	超过660000元至960000元的部分	35	85920
7	超过960000元的部分	45	181920

上期累计应纳税额=上期累计应纳税所得额×税率-速算扣除数

累计应纳税额=累计应纳税所得额×税率-速算扣除数

当月应纳税额=累计应纳税额-上期累计应纳税额

6. 实发工资计算方法

实发工资=应发工资-社保费（个人）-住房公积金（个人）-当月应纳税额

7.1.2　案例代码

In [1]:
```
import pandas as pd
```

In [2]:
```
df=pd.read_excel(r'C:/python/员工薪酬数据.xlsx')  # 读入数据
df.fillna(0,inplace=True)  # 为了能正常运算，需将缺失值填充为0
df.head()
```

Out[2]:

	员工编号	姓名	部门	性别	出勤天数	基本工资	住房补贴	奖金	社保缴纳基数	专项附加扣除	上期累计应纳税所得额
0	BB1001	李强	行政部	男	22	17500	1000	3000	19000	2000.0	67900
1	BB1002	马媛	行政部	女	22	14000	1000	2000	13000	1000.0	53890
2	BB1003	李政	行政部	男	20	14000	1000	2200	13000	0.0	50160
3	BB1004	张丽	财务部	女	19	14000	1000	3000	13000	0.0	49838
4	BB1005	王鹏	财务部	男	22	13500	800	2600	13000	0.0	47080

（1）计算缺勤扣款及应发工资

In [3]:
```
df['缺勤扣款']=round((22-df['出勤天数'])*df['基本工资']/22,2)  # round()函数取2位小数
df['应发工资']=df['基本工资']+df['住房补贴']+df['奖金']-df['缺勤扣款']
df.head()
```

Out[3]:

	员工编号	姓名 ...	出勤天数	基本工资	住房补贴	奖金	社保缴纳基数	专项附加扣除	上期累计应纳税所得额	缺勤扣款	应发工资
0	BB1001	李强 ...	22	17500	1000	3000	19000	2000.0	67900	0.00	21500.00
1	BB1002	马媛 ...	22	14000	1000	2000	13000	1000.0	53890	0.00	17000.00
2	BB1003	李政 ...	20	14000	1000	2200	13000	0.0	50160	1272.73	15927.27
3	BB1004	张丽 ...	19	14000	1000	3000	13000	0.0	49838	1909.09	16090.91
4	BB1005	王鹏 ...	22	13500	800	2600	13000	0.0	47080	0.00	16900.00

（2）计算社保费

In [4]:
```
df['社保费（个人）']=round(df['社保缴纳基数']*0.105,2)+3
# df['社保费（单位）']=round(df['社保缴纳基数']*0.263,2)
df.head()
```

Out[4]:

	员工编号	姓名 ...	住房补贴	奖金	社保缴纳基数	专项附加扣除	上期累计应纳税所得额	缺勤扣款	应发工资	社保费（个人）
0	BB1001	李强 ...	1000	3000	19000	2000.0	67900	0.00	21500.00	1998.0
1	BB1002	马媛 ...	1000	2000	13000	1000.0	53890	0.00	17000.00	1368.0
2	BB1003	李政 ...	1000	2200	13000	0.0	50160	1272.73	15927.27	1368.0
3	BB1004	张丽 ...	1000	3000	13000	0.0	49838	1909.09	16090.91	1368.0
4	BB1005	王鹏 ...	800	2600	13000	0.0	47080	0.00	16900.00	1368.0

（3）计算住房公积金

In [5]:
```
df['住房公积金（个人）']=round(df['社保缴纳基数']*0.12,2)
# df['住房公积金（单位）']=round(df['社保缴纳基数']*0.12,2)
df.head()
```

Out[5]:

	员工编号	姓名 ...	社保缴纳基数	专项附加扣除	上期累计应纳税所得额	缺勤扣款	应发工资	社保费（个人）	住房公积金（个人）
0	BB1001	李强 ...	19000	2000.0	67900	0.00	21500.00	1998.0	2280.0
1	BB1002	马媛 ...	13000	1000.0	53890	0.00	17000.00	1368.0	1560.0
2	BB1003	李政 ...	13000	0.0	50160	1272.73	15927.27	1368.0	1560.0
3	BB1004	张丽 ...	13000	0.0	49838	1909.09	16090.91	1368.0	1560.0
4	BB1005	王鹏 ...	13000	0.0	47080	0.00	16900.00	1368.0	1560.0

（4）计算本期应纳所得税额及累计应纳所得税额

In [6]:
```
def tax_income(inc):
    # 自定义函数，计算本期应纳所得税额（小于0按0计算）
    if inc>0:
        return inc
    else:
        return 0
# 通过map()函数在该列的每个值上应用tax_income()函数
df['本期应纳税所得额']=(df['应发工资']-5000-df['社保费（个人）']-df['住房公积金（个人）']
        -df['专项附加扣除']).map(tax_income)
df['累计应纳税所得额']=df['上期累计应纳税所得额']+df['本期应纳税所得额']
df.head()
```

Out [6]:

	员工编号	姓名 ...	缺勤扣款	应发工资	社保费（个人）	住房公积金（个人）	本期应纳税所得额	累计应纳税所得额
0	BB1001	李强 ...	0.00	21500.00	1998.0	2280.0	10222.00	78122.00
1	BB1002	马媛 ...	0.00	17000.00	1368.0	1560.0	8072.00	61962.00
2	BB1003	李政 ...	1272.73	15927.27	1368.0	1560.0	7999.27	58159.27
3	BB1004	张丽 ...	1909.09	16090.91	1368.0	1560.0	8162.91	58000.91
4	BB1005	王鹏 ...	0.00	16900.00	1368.0	1560.0	8972.00	56052.00

（5）计算上期累计应纳税额、累计应纳税额及当月应纳税额

In [7]:

```
def tax(m):
    # 自定义函数，根据表7-1所示的个人所得税税率表计算个人所得税
    if m>960000:
        tax=round(m*0.45-181920,2)
    elif m>660000:
        tax=round(m*0.35-85920,2)
    elif m>420000:
        tax=round(m*0.3-52920,2)
    elif m>300000:
        tax=round(m*0.25-31920,2)
    elif m>144000:
        tax=round(m*0.2-16920,2)
    elif m>36000:
        tax=round(m*0.1-2520,2)
    else:
        tax=round(m*0.03,2)
    return tax
df['上期累计应纳税额']=df['上期累计应纳税所得额'].map(tax)
df['累计应纳税额']=df['累计应纳税所得额'].map(tax)
df['当月应纳税额']=df['累计应纳税额']-df['上期累计应纳税额']
df.head()
```

Out [7]:

	员工编号	姓名 ...	住房公积金（个人）	本期应纳税所得额	累计应纳税所得额	上期累计应纳税额	累计应纳税额	当月应纳税额
0	BB1001	李强 ...	2280.0	10222.00	78122.00	4270.0	5292.20	1022.20
1	BB1002	马媛 ...	1560.0	8072.00	61962.00	2869.0	3676.20	807.20
2	BB1003	李政 ...	1560.0	7999.27	58159.27	2496.0	3295.93	799.93
3	BB1004	张丽 ...	1560.0	8162.91	58000.91	2463.8	3280.09	816.29
4	BB1005	王鹏 ...	1560.0	8972.00	56052.00	2188.0	3085.20	897.20

（6）计算实发工资

In [8]:

```
df['实发工资']=df['应发工资']-df['社保费（个人）']-df['住房公积金（个人）']-df['当月应纳税额']
df.head()
```

Out [8]:

	员工编号	姓名 ...	本期应纳税所得额	累计应纳税所得额	上期累计应纳税额	累计应纳税额	当月应纳税额	实发工资
0	BB1001	李强 ...	10222.00	78122.00	4270.0	5292.20	1022.20	16199.8
1	BB1002	马媛 ...	8072.00	61962.00	2869.0	3676.20	807.20	13264.8
2	BB1003	李政 ...	7999.27	58159.27	2496.0	3295.93	799.93	12199.34
3	BB1004	张丽 ...	8162.91	58000.91	2463.8	3280.09	816.29	12346.62
4	BB1005	王鹏 ...	8972.00	56052.00	2188.0	3085.20	897.20	13074.8

（7）将计算结果保存到 Excel 文件中

该参数表示如果工作簿中已存在参数 sheet_name 指定的工作表，则替换它

```
In [9]:    # 写入原工作簿中
           io=r'C:/python/员工薪酬数据.xlsx'
           with pd.ExcelWriter(io,mode='a',engine='openpyxl',if_sheet_exists='replace') as writer:
               df.to_excel(writer,sheet_name='员工薪酬',index=False)
```

最终结果如图7-2所示。

图7-2

7.2   用Python编制会计凭证

财务人员基本每天都要跟会计凭证打交道，这是一个重复度非常高的工作。其实，编制会计凭证这类手动复制粘贴的工作完全可以用Python完成。

7.2.1   案例分析

神龙餐饮是一家经营连锁餐厅的公司，它在国内有多家门店，主要售卖汉堡、薯条、炸鸡等快餐食品。

该公司目前通过"采购业务系统"实现原材料采购的下单、请款、支付、验收全过程管理。这些数据最终会汇总到财务部进行采购及应付会计核算。

2023年5月底，财务部收到来自"采购业务系统"的数据，如图7-3所示。我们需要根据这些数据编写Python程序，实现用Python编制会计凭证的功能。

流水号	采购门店	商品	数量	交易币种	含税单价	含税金额	不含税金额	进项税额	供应商	下单时间	是否入库	入库时间	预付应付	付款时间	信用期
1001	01号店	面粉	12	CNY	320	3840	3340.8	499.2	伟民公司	2023/5/1	是	2023/5/5	预付	2023/5/1	
1002	01号店	面粉	18	CNY	320	5760	5011.2	748.8	伟民公司	2023/5/3	是	2023/5/6	预付	2023/5/3	
1003	01号店	鸡腿	8	CNY	250	2000	1740	260	科创公司	2023/5/4	是	2023/5/9	预付	2023/5/4	
1004	01号店	土豆	17	CNY	40	680	591.6	88.4	天虹公司	2023/5/4	是	2023/5/8	预付	2023/5/5	
1005	01号店	鸡腿	18	CNY	250	4500	3915	585	科创公司	2023/5/7	是	2023/5/12	应付	2023/6/3	1个月
1006	01号店	鸡腿	13	CNY	250	3250	2827.5	422.5	科创公司	2023/5/7	是	2023/5/12	预付	2023/5/7	
1007	01号店	鸡翅	19	CNY	180	3420	2975.4	444.6	富丽公司	2023/5/8	是	2023/5/13	预付	2023/5/9	
1008	01号店	面粉	19	CNY	320	6080	5289.6	790.4	伟民公司	2023/5/10	是	2023/5/14	应付		3个月
1009	01号店	面粉	9	CNY	320	2880	2505.6	374.4	伟民公司	2023/5/11	是	2023/5/15	预付	2023/5/11	
1010	01号店	鸡翅	16	CNY	180	2880	2505.6	374.4	富丽达公司	2023/5/12	是	2023/5/16	预付	2023/5/12	
1011	01号店	牛奶	12	CNY	260	3120	2714.4	405.6	宏达公司	2023/5/12	是	2023/5/16	预付	2023/5/12	

图7-3

1. 分析会计凭证的处理要求

从采购业务的每一笔交易数据，分析科目代码、科目名称、交易币种、借贷方金额等信息，并将

采购门店和供应商等关键信息作为会计凭证的辅助核算字段，最后赋予每笔交易数据各自的编号、凭证日期、行号。

2. 梳理业务与准则依据

从"采购业务系统"发送的数据中，我们可以看到该公司存在两种付款模式：对于一般的采购，该公司在下单时或入库前先预付供应商款项；对于个别合同向供应商申请信用期付款，即验收货物后一段时间再支付货款。因此，其业务准则如下。

（1）预付模式

① 在付款时确认预付账款。

借：预付账款
贷：银行存款

② 在入库时确认原材料。

借：原材料
　　应交税费－进项税额
贷：预付账款

（2）应付模式

① 在入库时确认原材料。

借：原材料
　　应交税费－进项税额
贷：应付账款

② 在付款时核销应付账款。

借：应付账款
贷：银行存款

7.2.2 案例代码

In [1]:
```
import pandas as pd
import Numpy as np  # 导入Numpy模块，用来生成随机数和缺失值
import datetime as dt
```

In [2]:
```
df=pd.read_excel(r'C:/python/采购业务数据.xlsx')  # 读入数据
df.head()
```

Out[2]:

	流水号	采购门店	商品	数量	交易币种	...	是否入库	入库时间	预付应付	付款时间	信用期
0	1001	01号店	面粉	12	CNY	...	是	2023-05-05	预付	2023-05-01	NaN
1	1002	01号店	面粉	18	CNY	...	是	2023-05-06	预付	2023-05-03	NaN
2	1003	01号店	鸡腿	8	CNY	...	是	2023-05-09	预付	2023-05-04	NaN
3	1004	01号店	土豆	17	CNY	...	是	2023-05-08	预付	2023-05-05	NaN
4	1005	01号店	鸡腿	18	CNY	...	是	2023-05-12	应付	2023-06-03	1个月

In [3]:
```
df_code=pd.read_excel(r'C:/python/采购业务数据.xlsx',sheet_name='科目代码表')  # 读入数据
df_code.head()
```

153

Out [3]:

	科目代码	科目名称
0	1002	银行存款
1	1123	预付账款
2	1403	原材料
3	2202	应付账款
4	22210102	应交税费 - 进项税额

这是手动补充的科目代码表，其目的是在给出科目名称后，能够自动匹配其科目代码，减少出错

（1）预付模式的凭证处理

① 第一个会计分录，在付款时间内确认预付账款。

借：1123—预付账款
贷：1002—银行存款

a. 筛选预付模式下的采购数据，以付款时间为凭证日期，编制会计凭证第一行。

In [4]:
```
#筛选预付模式下的采购数据
df01_1=df.loc[df['预付应付']=='预付', ['付款时间', '采购门店', '供应商', '含税
            金额', '不含税金额', '进项税额', '交易币种']].
            rename(columns={'付款时间':'凭证日期', '采购
            门店':'辅助核算1', '供应商':'辅助核算2'})
# 使用NumPy模块生成随机数, randint()函数是NumPy模块中random()函数的生成随机整数的函数
# df01_1['凭证日期'].shape的值是凭证日期列的个数
# np.random.randint(1000,9999,df01_1['凭证日期'].shape)生成凭证日期列的个数个随机整数
df01_1['凭证编号']=np.random.randint(1000,9999,df01_1['凭证日期'].shape)
+np.random.randint(1000,9999,df01_1['凭证日期'].shape)
# hex()函数将十进制整数转换成十六进制数, upper()函数负责将英文小写字母转换成大写字母
# map()函数和lambda()函数配合，可以对凭证编号列的每一个值都应用hex()函数和upper()函数
df01_1['凭证编号'] = df01_1['凭证编号'].map(lambda x: hex(x).upper())
df01_1['行号'] = 1
# 根据科目名称，从科目代码表中查找预付账款的科目代码, iat[0, 0]表示取第1行、第1列的值
df01_1['科目代码'] = df_code[df_code['科目名称']=='预付账款'].iat[0, 0]
df01_1['科目名称'] = '预付账款'
df01_1['交易币借方'] = df01_1['含税金额']
df01_1['交易币贷方'] = np.nan # 使用NumPy模块生成缺失值
df01_1.head()
```

上面虚线框中的代码中的 df_code[df_code['科目名称']=='预付账款'] 的含义：从 df_code 的科目名称列的第一列开始，向下遍历，查找科目名称为预付账款的记录（行），得到一个新的 DataFrame，如箭头①、②所示

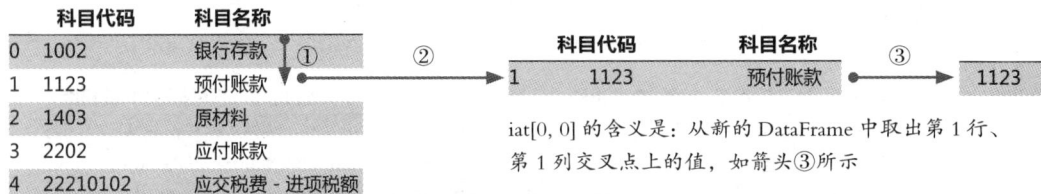

	科目代码	科目名称
0	1002	银行存款
1	1123	预付账款
2	1403	原材料
3	2202	应付账款
4	22210102	应交税费 - 进项税额

	科目代码	科目名称
1	1123	预付账款

③ → 1123

iat[0, 0] 的含义是：从新的 DataFrame 中取出第 1 行、第 1 列交叉点上的值，如箭头③所示

Out[4]:

	凭证日期	辅助核算 1	...	含税金额	凭证编号	行号	科目代码	科目名称	交易币借方	交易币贷方
0	2023-05-01	01 号店	...	3840	0XCD1B	1	1123	预付账款	3840	NaN
1	2023-05-03	01 号店	...	5760	0X9BE0	1	1123	预付账款	5760	NaN
2	2023-05-04	01 号店	...	2000	0XD3F0	1	1123	预付账款	2000	NaN
3	2023-05-05	01 号店	...	680	0X10D45	1	1123	预付账款	680	NaN
5	2023-05-07	01 号店	...	3250	0XA905	1	1123	预付账款	3250	NaN

b．复制第一行凭证，将科目名称列修改为银行存款，交易币贷方列修改为含税金额。

```
In [5]:   df01_2 = df01_1.copy()  # 复制
          df01_2['行号'] = 2
          df01_2['科目代码'] = df_code[df_code['科目名称']=='银行存款'].iat[0, 0]
          df01_2['科目名称'] = '银行存款'
          df01_2['交易币借方'] = np.nan  # 使用NumPy模块生成缺失值
          df01_2['交易币贷方'] = df01_2['含税金额']
          df01_2.head()
```

Out [5]:

	凭证日期	辅助核算1	...	含税金额	凭证编号	行号	科目代码	科目名称	交易币借方	交易币贷方
0	2023-05-01	01 号店	...	3840	0XCD1B	2	1002	银行存款	NaN	3840
1	2023-05-03	01 号店	...	5760	0X9BE0	2	1002	银行存款	NaN	5760
2	2023-05-04	01 号店	...	2000	0XD3F0	2	1002	银行存款	NaN	2000
3	2023-05-05	01 号店	...	680	0X10D45	2	1002	银行存款	NaN	680
5	2023-05-07	01 号店	...	3250	0XA905	2	1002	银行存款	NaN	3250

② 第二个会计分录，在入库时确认原材料。

借：1403—原材料
　　22210102—应交税费—进项税额
贷：1123—预付账款

a．筛选预付模式下已入库的数据，以入库时间为凭证日期，将交易币借方列修改为不含税金额。

```
In [6]:   # 筛选预付模式下已入库的数据
          df01_3 = df.loc[(df['预付应付']=='预付') & (df['是否入库']=='是'), ['入库时间',
                          '采购门店', '供应商', '含税金额', '不含税金额',
                          '进项税额', '交易币种']].rename(columns={'入库
                          时间':'凭证日期', '采购门店':'辅助核算1',
                          '供应商':'辅助核算2'})
          df01_3['凭证编号'] = np.random.randint(10000, 99999, df01_3['凭证日期'].
          shape) + np.random.randint(1000, 9999, df01_3['凭证日期'].shape)
          df01_3['凭证编号'] = df01_3['凭证编号'].map(lambda x: hex(x).upper())
          df01_3['行号'] = 1
          df01_3['科目代码'] = df_code[df_code['科目名称']=='原材料'].iat[0, 0]
          df01_3['科目名称'] = '原材料'
          df01_3['交易币借方'] = df01_3['不含税金额']
          df01_3['交易币贷方'] = np.nan  # 使用NumPy模块生成缺失值
          df01_3.head()
```

Out [6]:

	凭证日期	辅助核算1	...	含税金额	凭证编号	行号	科目代码	科目名称	交易币借方	交易币贷方
0	2023-05-05	01 号店	...	3840	0X97AC	1	1403	原材料	3340.8	NaN
1	2023-05-06	01 号店	...	5760	0X16E4B	1	1403	原材料	5011.2	NaN
2	2023-05-09	01 号店	...	2000	0X94EB	1	1403	原材料	1740.0	NaN
3	2023-05-08	01 号店	...	680	0X9EC9	1	1403	原材料	591.6	NaN
5	2023-05-12	01 号店	...	3250	0X1467B	1	1403	原材料	2827.5	NaN

b．复制第一行凭证，将科目名称列修改为应交税费-进项税额，交易币借方列修改为进项税额。

```
In [7]:   df01_4 = df01_3.copy()
          df01_4['行号'] = 2
          df01_4['科目代码'] = df_code[df_code['科目名称']=='应交税费-进项税额'].iat[0, 0]
```

```
df01_4['科目名称'] = '应交税费-进项税额'
df01_4['交易币借方'] = df01_4['进项税额']
df01_4['交易币贷方'] = np.nan  # 使用NumPy模块生成缺失值
df01_4.head()
```

Out[7]:

	凭证日期	辅助核算1	...	含税金额	凭证编号	行号	科目代码	科目名称	交易币借方	交易币贷方
0	2023-05-05	01 号店	...	3840	0X97AC	2	22210102	应交税费 - 进项税额	499.2	NaN
1	2023-05-06	01 号店	...	5760	0X16E4B	2	22210102	应交税费 - 进项税额	748.8	NaN
2	2023-05-09	01 号店	...	2000	0X94EB	2	22210102	应交税费 - 进项税额	260.0	NaN
3	2023-05-08	01 号店	...	680	0X9EC9	2	22210102	应交税费 - 进项税额	88.4	NaN
5	2023-05-12	01 号店	...	3250	0X1467B	2	22210102	应交税费 - 进项税额	422.5	NaN

c．复制第一行凭证，将科目名称列修改为预付账款，交易币贷方列修改为含税金额。

In [8]:
```
df01_5 = df01_3.copy()
df01_5['行号'] = 3
df01_5['科目代码'] = df_code[df_code['科目名称']=='预付账款'].iat[0, 0]
df01_5['科目名称'] = '预付账款'
df01_5['交易币借方'] = np.nan  # 使用NumPy模块生成缺失值
df01_5['交易币贷方'] = df01_3['含税金额']
df01_5.head()
```

Out[8]:

	凭证日期	辅助核算1	...	含税金额	凭证编号	行号	科目代码	科目名称	交易币借方	交易币贷方
0	2023-05-05	01 号店	...	3840	0X97AC	3	1123	预付账款	NaN	3840
1	2023-05-06	01 号店	...	5760	0X16E4B	3	1123	预付账款	NaN	5760
2	2023-05-09	01 号店	...	2000	0X94EB	3	1123	预付账款	NaN	2000
3	2023-05-08	01 号店	...	680	0X9EC9	3	1123	预付账款	NaN	680
5	2023-05-12	01 号店	...	3250	0X1467B	3	1123	预付账款	NaN	3250

③ 将上述两笔凭证数据（5个DataFrame）拼成一个完整的DataFrame。

In [9]:
```
df01=pd.concat([df01_1,df01_2,df01_3,df01_4,df01_5],sort=False).sort_values(['凭证日期','凭证编号','行号']).reset_index(drop=True)
df01.head()
```

Out[9]:

	凭证日期	辅助核算1	...	含税金额	凭证编号	行号	科目代码	科目名称	交易币借方	交易币贷方
0	2023-05-01	01 号店	...	3840	0XCD1B	1	1123	预付账款	3840.0	NaN
1	2023-05-01	01 号店	...	3840	0XCD1B	2	1002	银行存款	NaN	3840.0
2	2023-05-03	01 号店	...	5760	0X9BE0	1	1123	预付账款	5760.0	NaN
3	2023-05-03	01 号店	...	5760	0X9BE0	2	1002	银行存款	NaN	5760.0
4	2023-05-04	01 号店	...	2000	0XD3F0	1	1123	预付账款	2000.0	NaN

新的索引 ◄─── 按凭证日期、凭证编号和行号3列重新排序并生成新的索引 ◄───

（2）应付模式的凭证处理

① 第一个会计分录，在入库时确认原材料。

借：1403—原材料
  22210102—应交税费—进项税额
贷：1123—应付账款

a．筛选应付模式下已入库的采购数据，以入库时间为凭证日期，编制会计凭证第一行。

In [10]:
```
#筛选应付模式下已入库的采购数据
df02_1 = df.loc[(df['预付应付']=='应付')&(df['是否入库']=='是'),['入库时间','采购
```

```
门店', '供应商', '含税金额', '不含税金额', '进项税额',
'交易币种'].rename(columns={'入库时间':'凭证日期',
'采购门店':'辅助核算1', '供应商':'辅助核算2'})
df02_1['凭证编号'] = np.random.randint(10000, 99999, df02_1['凭证日期'].
shape) + np.random.randint(1000, 9999, df02_1['凭证日期'].shape)
df02_1['凭证编号'] = df02_1['凭证编号'].map(lambda x: hex(x).upper())
df02_1['行号'] = 1
df02_1['科目代码'] = df_code[df_code['科目名称']=='原材料'].iat[0, 0]
df02_1['科目名称'] = '原材料'
df02_1['交易币借方'] = df02_1['不含税金额']
df02_1['交易币贷方'] = np.nan
df02_1.head()
```

Out[10]:

	凭证日期	辅助核算1	...	含税金额	凭证编号	行号	科目代码	科目名称	交易币借方	交易币贷方
4	2023-05-12	01号店	...	4500	0X5215	1	1403	原材料	3915.0	NaN
7	2023-05-14	01号店	...	6080	0XA5D8	1	1403	原材料	5289.6	NaN
11	2023-05-17	01号店	...	260	0X190C8	1	1403	原材料	226.2	NaN

b. 复制第一行凭证，将科目名称列修改为应交税费-进项税额，交易币借方列修改为进项税额。

In [11]:
```
df02_2 = df02_1.copy()
df02_2['行号'] = 2
df02_2['科目代码'] = df_code[df_code['科目名称']=='应交税费-进项税额'].iat[0, 0]
df02_2['科目名称'] = '应交税费-进项税额'
df02_2['交易币借方'] = df02_2['进项税额']
df02_2['交易币贷方'] = np.nan
df02_2.head()
```

Out[11]:

	凭证日期	辅助核算1	...	含税金额	凭证编号	行号	科目代码	科目名称	交易币借方	交易币贷方
4	2023-05-12	01号店	...	4500	0X5215	1	22210102	应交税费 - 进项税额	585.0	NaN
7	2023-05-14	01号店	...	6080	0XA5D8	1	22210102	应交税费 - 进项税额	790.4	NaN
11	2023-05-17	01号店	...	260	0X190C8	1	22210102	应交税费 - 进项税额	33.8	NaN

c. 复制第一行凭证，将科目名称列修改为应付账款，交易币贷方列修改为含税金额。

In [12]:
```
df02_3 = df02_1.copy()
df02_3['行号'] = 3
df02_3['科目代码'] = df_code[df_code['科目名称']=='应付账款'].iat[0, 0]
df02_3['科目名称'] = '应付账款'
df02_3['交易币借方'] = np.nan
df02_3['交易币贷方'] = df02_1['含税金额']
df02_3.head()
```

Out[12]:

	凭证日期	辅助核算1	...	含税金额	凭证编号	行号	科目代码	科目名称	交易币借方	交易币贷方
4	2023-05-12	01号店	...	4500	0X5215	3	2202	应付账款	NaN	4500
7	2023-05-14	01号店	...	6080	0XA5D8	3	2202	应付账款	NaN	6080
11	2023-05-17	01号店	...	260	0X190C8	3	2202	应付账款	NaN	260

② 第二个分录，在付款时核销应付。

借: 2202 - 应付账款
贷: 1002 - 银行存款

a．筛选应付模式下有付款时间的交易数据，以付款时间为凭证日期，编制会计凭证第一行。

```
In [13]:  # 筛选应付模式下有付款时间的交易数据
          df02_4 = df.loc[(df['预付应付']=='应付')&(pd.notnull(df['付款时间'])), ['付款时间',
                          '采购门店','供应商','含税金额','不含税金额','进项税额',
                          '交易币种']].rename(columns={'付款时间':'凭证日期',
                          '采购门店':'辅助核算1','供应商':'辅助核算2'})
          df02_4['凭证编号'] = np.random.randint(10000, 99999, df02_4['凭证日期']
          .shape) + np.random.randint(1000, 9999, df02_4['凭证日期'].shape)
          df02_4['凭证编号'] = df02_4['凭证编号'].map(lambda x: hex(x).upper())
          df02_4['行号'] = 1
          df02_4['科目代码'] = df_code[df_code['科目名称']=='应付账款'].iat[0, 0]
          df02_4['科目名称'] = '应付账款'
          df02_4['交易币借方'] = df02_4['含税金额']
          df02_4['交易币贷方'] = np.nan
          df02_4.head()
```

Out[13]:

	凭证日期	辅助核算1	...	含税金额	凭证编号	行号	科目代码	科目名称	交易币借方	交易币贷方
4	2023-06-03	01 号店	...	4500	0XA462	1	2202	应付账款	4500	NaN
11	2023-06-13	01 号店	...	260	0X9E5D	1	2202	应付账款	260	NaN

b．复制第一行凭证，将科目名称列修改为银行存款，交易币贷方列修改为含税金额。

```
In [14]:  df02_5 = df02_4.copy()
          df02_5['行号'] = 2
          df02_5['科目代码'] = df_code[df_code['科目名称']=='银行存款'].iat[0, 0]
          df02_5['科目名称'] = '银行存款'
          df02_5['交易币借方'] = np.nan
          df02_5['交易币贷方'] = df02_5['含税金额']
          df02_5.head()
```

Out[14]:

	凭证日期	辅助核算1	...	含税金额	凭证编号	行号	科目代码	科目名称	交易币借方	交易币贷方
4	2023-06-03	01 号店	...	4500	0XA462	2	1002	银行存款	NaN	4500
11	2023-06-13	01 号店	...	260	0X9E5D	2	1002	银行存款	NaN	260

③ 将上述两笔凭证数据（5个DataFrame）拼成一个完整的DataFrame。

```
In [15]:  df02=pd.concat([df02_1, df02_2, df02_3, df02_4, df02_5], sort=False).sort_values(['凭证日期','凭证
          编号','行号']).reset_index(drop=True)
          df02.head()
```

Out[15]:

	凭证日期	辅助核算1	...	含税金额	凭证编号	行号	科目代码	科目名称	交易币借方	交易币贷方
0	2023-05-12	01 号店	...	4500	0X5215	1	1403	原材料	3915.0	NaN
1	2023-05-12	01 号店	...	4500	0X5215	2	22210102	应交税费 - 进项税额	585.0	NaN
2	2023-05-12	01 号店	...	4500	0X5215	3	2202	应付账款	NaN	4500.0
3	2023-05-14	01 号店	...	6080	0XA5D8	1	1403	原材料	5289.6	NaN
4	2023-05-14	01 号店	...	6080	0XA5D8	2	22210102	应交税费 - 进项税额	790.4	NaN

（3）将上述预付和应付 2 个 DataFrame 拼成一个完整的 DataFrame

```
In [16]:  df03=pd.concat([df01, df02], sort=False).sort_values(['凭证日期','凭证编号','行号']).reset_index
          (drop=True)
          df03.head()
```

Out[16]:

	凭证日期	辅助核算1	...	含税金额	凭证编号	行号	科目代码	科目名称	交易币借方	交易币贷方
0	2023-05-01	01号店	...	3840	0XCD1B	1	1123	预付账款	3840.0	NaN
1	2023-05-01	01号店	...	3840	0XCD1B	2	1002	银行存款	NaN	3840.0
2	2023-05-03	01号店	...	5760	0X9BE0	1	1123	预付账款	5760.0	NaN
3	2023-05-03	01号店	...	5760	0X9BE0	2	1002	银行存款	NaN	5760.0
4	2023-05-04	01号店	...	2000	0XD3F0	1	1123	预付账款	2000.0	NaN

（4）生成会计凭证

针对会计凭证要求的信息，做以下加工处理。

删除含税金额、不含税金额、进项税额3列信息，补充套账编码、会计期间、凭证类型、本位币借方、本位币贷方、摘要、制单人及审批人8列信息。

In [17]:
```
# 删除含税金额、不含税金额、进项税额3列信息
df03=df03.drop(['含税金额','不含税金额','进项税额'],axis=1)
df03['套账编码'] = '001'
# 会计期间从凭证日期中自动获取
# apply()函数和lambda()函数配合,可以对凭证日期列的每一个值都应用strftime()函数
df03['会计期间'] = df03['凭证日期'].apply(lambda x:dt.datetime.strftime(x,'%Y%m'))
df03['凭证类型'] = '自动凭证'
df03['本位币借方'] = df03['交易币借方']
df03['本位币贷方'] = df03['交易币贷方']
df03['摘要'] = '系统自动编辑采购凭证'
df03['制单人'] = 'System'
df03['审批人'] = np.nan
df03.head()
```

Out[17]:

	凭证日期	...	凭证编号	行号	科目代码	科目名称	交易币借方	交易币贷方	套账编码	会计期间	...	审批人
0	2023-05-01	...	0XCD1B	1	1123	预付账款	3840.0	NaN	001	202305	...	NaN
1	2023-05-01	...	0XCD1B	2	1002	银行存款	NaN	3840.0	001	202305	...	NaN
2	2023-05-03	...	0X9BE0	1	1123	预付账款	5760.0	NaN	001	202305	...	NaN
3	2023-05-03	...	0X9BE0	2	1002	银行存款	NaN	5760.0	001	202305	...	NaN
4	2023-05-04	...	0XD3F0	1	1123	预付账款	2000.0	NaN	001	202305	...	NaN

> **提示**
>
> 需要注意的是，由于凭证编号是随机生成的，因此每次需要全部代码一起运行，前后的凭证编号才能对得上，否则会对不上。

7.3　项目实训

实训1　固定资产折旧税收策划方案

【实训目标】2023年1月，某公司购置了一台原价为1000000元的设备，预计使用10年，净残值率为5%，期望年化收益率为8%，企业所得税税率为25%。比较直线法、双倍余额递减法、年数总和法3种不同折旧方法对企业税负的影响，从中选择最优的折旧方案。（代码位置：资源\第7章）

扫码看视频

【实训思路】①使用直线法计算折旧额；②使用双倍余额递减法计算折旧额；

③使用年数总和法计算折旧额；④绘制累计折旧折线图和累计折旧抵税现值柱形图；⑤通过累计折旧折线图和累计折旧抵税现值柱形图得出最优的折旧方案。

实训2　财务对账

【实训目标】现有发货方和收货方的发货和收货数据，它们存放在同一个Excel工作簿的不同工作表中，请找出发货方和收货方有差异的数据。（代码位置：资源\第7章）

【实训思路】①分别读入发货数据和收货数据；②在发货数据里找出与收货数据有差异的记录，并保存到新工作表中；③在收货数据里找出与发货数据有差异的记录，并保存到新工作表中。

扫码看视频

课堂素养　　**大数据提升预算的预测和资源配置能力**

对于预算来说，最重要的事情就是根据历史和现状，结合企业本身、行业和竞争对手这3个维度，对未来进行预测以及对资源进行有效分配。大数据可以在预测和资源配置中发挥巨大的优势，带来传统预算管理难以实现的应用价值。

7.4　思考与练习

一、单选题

1. 语句df.fillna(0, inplace=True)的含义是（　　　）。
    A. 将缺失值填充为0
    B. 将缺失值填充为0，创建并返回新的DataFrame
    C. 将缺失值填充为None
    D. 将缺失值填充为0，不创建新的DataFrame，直接在原DataFrame中修改

2. 下列关于map()函数的说法不正确的是（　　　）。
    A. map()函数是Python的内置函数
    B. map()函数将参数中指定的函数依次作用在给定序列中的每一个元素上，得到一个新的序列并返回
    C. map()函数是自定义函数
    D. map()函数会根据参数提供的函数对指定的序列进行映射

3. 下列关于dt.datetime.strftime(x, '%Y%m')的说法不正确的是（　　　）。
    A. 参数x是日期
    B. 参数'%Y%m'表示取x中的年和月，组成一个字符串
    C. 参数x是字符串
    D. strftime()函数的功能是将给定的日期转换为指定格式的字符串

二、判断题

1. round()函数是Python自带的一个函数，用于数字的四舍五入。（　　　）
2. randint()函数是NumPy模块中random()函数的生成随机整数的函数。（　　　）
3. iat[0, 0]表示取第1行、第1列的值。（　　　）
4. upper()函数的功能是将字符串中的英文小写字母转换为大写字母。（　　　）
5. 函数reset_index(drop=True)的功能是重建索引，并保留原来的索引列。（　　　）

三、填空题

1. df01_1 ['凭证日期'] .shape的值是凭证日期列的（　　　）。

2. np.nan表示用NumPy模块生成（　　　）。

3. 语句df_code [df_code ['科目名称'] == '预付账款'] 的含义：从df_code的科目名称列的（　　　）开始，向下遍历，查找科目名称为预付账款的记录（行），得到一个新的DataFrame。

四、上机操作题

现有银行日记账和会计账两个表，需要对其进行核对（仅需对银行日记账的存入金额和会计账的贷方金额进行核对）。

## 第 8 章

Python在管理会计中的应用

学习目标

知识目标

1. 掌握净现值法投资决策方法；
2. 掌握投资回收期法投资决策方法；
3. 掌握本量利分析法。

技能目标

1. 能够运用净现值法投资决策方法给出项目是否可以投资的建议；
2. 能够运用投资回收期法投资决策方法计算项目的投资回收期；
3. 能够运用本量利分析法为企业在产销规划、产品结构等方面的经营决策以及成本管控等给出财务意见。

章节导读

章节导图

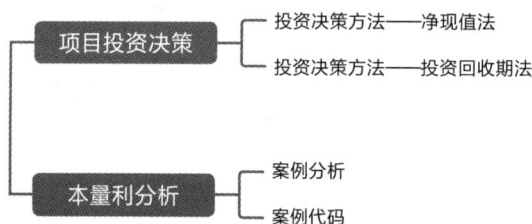

思考题

1. 利用Python可以给出项目投资决策建议吗？
2. 利用Python可以计算出生产某个产品的保本点和安全边际吗？

8.1 项目投资决策

项目投资决策是企业财务管理的重要环节，是企业在调查、分析、论证的基础上，对投资活动所做出的最后决断。常用的投资决策方法有两种，即净现值法和投资回收期法。

8.1.1　投资决策方法——净现值法

净现值（Net Present Value，NPV）是指将目标项目在未来存续期间产生的预期现金流，以适当的贴现率贴现后加总求和，再减去目标项目期初的投资金额后的差量。

$$项目的净现值 = \sum_{t=1}^{N} \frac{C_t}{(1+r)^t} - 初始投资金额$$

式中C_t为现金流量，r为折现率，N为项目寿命期。

如果项目的净现值大于等于0，则表明项目产生的预期现金流入不仅可以收回初始投资，而且可以向投资者提供超出他们要求的回报。净现值大于等于0的项目是可行的，是好的投资项目，应该被投资者接受。

如果项目的净现值小于0，则表明项目产生的预期现金流入无法弥补初始投资。此时，实施目标项目后会降低企业的当前市场价值。净现值小于0的项目被视为不可行的投资项目，应该被投资者拒绝。

1. 案例分析

炬龙汽车公司是一家汽车研发和生产企业，目前正在评估投资建设生产纯电动超级跑车（以下简称电动超跑）。

① 该项目预期持续5年（5年后停产），公司自主研发并获得电动超跑的相关专利，剩余有效使用期为10年，对应的无形资产账面价值为9亿元。如果公司现出售该专利，则市值为15亿元；如果项目结束时（第5年年末）出售该专利，由于技术更新换代，保守估计市值为3亿元。假设项目期间该专利仅供炬龙公司汽车使用。

② 为生产该电动超跑，公司需新建一条生产线，预计将耗资100亿元，生产线折旧年限为10年，在项目结束时（第5年年末），预计出售生产线可获得70亿元，公司采用直线法进行无形资产摊销和固定资产折旧。

③ 公司现有一处闲置厂房对外出租，每年年末收租金5000万元，该厂房可用于生产电动超跑，因生产线安装期限较短，假设安装期间租金不受影响。

④ 该项目需要初始（第0期）净营运资本为1亿元（项目结束时全额收回）。

⑤ 预计该项目每年生产并销售5万辆电动超跑，每辆价格为20万元。预计每年固定成本为20亿元，每辆电动超跑可变生产成本为10万元。

⑥ 政府为促进新能源汽车产业发展，对电动汽车生产企业进行为期5年的生产成本补贴，预计公司每生产一辆电动超跑能获得5万元的政府补贴。

⑦ 公司的加权平均资本成本为10%，可用于评估电动超跑项目。公司试用所得税税率为25%（假设不考虑除企业所得税之外的其他税费）。

请用净现值法评估是否投资该项目。

（1）计算初始投资

① 生产线初始投资额：100（亿元）。

② 专利出售机会成本=市值-(市值-账面价值)×所得税税率

=15-(15-9)×0.25=13.5（亿元）。

③ 净营运资本投资：1（亿元）。

因此，该项目的初始投资为100+13.5+1=114.5（亿元），即该项目第0期的现金净流量为-100-13.5-1=-114.50（亿元）。

（2）计算期末专利的税后残值

① 专利每年摊销额：9/10=0.9（亿元）。

② 5年后专利的账面价值：9-0.9×5=4.5（亿元）。

因此，期末（5年后）专利的税后残值为市值-(市值-账面价值)×所得税税率=3-(3-4.5)×0.25=3.375（亿元）。

（3）计算期末生产线的税后残值

① 生产线每年折旧：100/10=10（亿元）。

② 5年后生产线的账面价值：100-10×5=50（亿元）。

因此，期末（5年后）生产线的税后残值为市值-(市值-账面价值)×所得税税率=70-(70-50)×0.25=65（亿元）。

（4）计算每年经营现金流量

① 经营现金流量（Operating Cash Flow，OCF）=(收入-成本)×(1-所得税税率)+(折旧-摊销)×所得税税率，即OCF=$[(P-V) \times Q-\text{FC}] \times (1-\text{TC})+(D+A) \times \text{TC}$。

将P=20万元，V=10万元，Q=5万辆，FC=20亿元，D=10亿元，A=0.9亿元，TC=25%代入上面的公式得OCF=25.225（亿元）。

② 由于每辆电动超跑能获得5万元的补贴，相当于每辆电动超跑的单位变动成本减少了5万元，此时V=10-5=5（万元），重新将V代入上面的公式得OCF=43.975（亿元）。

（5）计算每年厂房的税后租金机会成本

每年厂房的税后租金机会成本为0.5×(1-25%)=0.375（亿元）。

公司未来5年的现金流如表8-1所示。

表8-1   单位：亿元

类别	第0年	第1年	第2年	第3年	第4年	第5年
生产线初始投资额	-100					65
专利出售机会成本	-13.5					3.375
净营运资本投资	-1					1
租金（税后）		-0.375	-0.375	-0.375	-0.375	-0.375
经营现金流量		43.975	43.975	43.975	43.975	43.975
现金净流量	-114.5	43.6	43.6	43.6	43.6	112.975

2. 案例代码

```
In [1]:   import pandas as pd
          pd.options.display.float_format="{:.3f}".format  # 设置DataFrame中的数据
                                                           # 保留3位小数
```

（1）读入折现率和所得税税率

```
In [2]:   df_t=pd.read_excel(r'C:/python/投资决策（净现值法）.xlsx',sheet_name='税率')
          df_t.head()
```

```
Out[2]:        类别          百分比
          0    加权平均资本成本    0.100
          1    所得税税率      0.250
```

In [3]:
```
r=df_t.iat[0,1]  # r为折现率（在财务管理中，可以用加权平均资本成本作为折现率）
tc=df_t.iat[1,1]  # tc为所得税税率
```

（2）计算专利出售机会成本与期末专利的税后残值

In [4]:
```
df_p=pd.read_excel(r'C:/python/投资决策（净现值法）.xlsx',sheet_name='专利')  # 读入数据
df_p.head()
```

Out[4]:

	类别	金额	单位
0	专利市值	15	亿元
1	对应的无形资产账面价值	9	亿元
2	剩余有效使用期	10	年
3	项目结束时（第5年年末）出售该专利的价值	3	亿元
4	项目年限	5	年

① 专利出售机会成本=市值-(市值-账面价值)×所得税税率。

In [5]:
```
pc=df_p.iat[0,1]-(df_p.iat[0,1]-df_p.iat[1,1])*tc  # pc为专利出售机会成本
print('专利出售机会成本：'+"{:.3f}".format(pc)+'亿元')
```

专利出售机会成本：13.500 亿元

② 专利每年摊销额：9/10=0.9（亿元）。

③ 5年后专利的账面价值：9-0.9×5=4.5（亿元）。因此，期末（5年后）专利的税后残值为市值-(市值-账面价值)×所得税税率=3-(3-4.5)×0.25=3.375（亿元）。

In [6]:
```
term=df_p.iat[4,1]  # term为项目期限
a=df_p.iat[1,1]/df_p.iat[2,1]  # a为专利每年摊销额
ps=df_p.iat[3,1]-(df_p.iat[3,1]-(df_p.iat[1,1]-a*term))*tc  # ps为期末（5年后）专利的税后残值
print('期末（5年后）专利的税后残值为'+"{:.3f}".format(ps)+'亿元')
```

期末（5年后）专利的税后残值为3.375 亿元

（3）读入净营运资本投资

In [7]:
```
df_w=pd.read_excel(r'C:/python/投资决策（净现值法）.xlsx',sheet_name='运营资本')
df_w.head()
```

Out[7]:

	类别	金额	单位
0	初始（第0期）净营运资本	1	亿元

In [8]:
```
ic=-df_w.iat[0,1]  # ic为初始净营运资本
ec=df_w.iat[0,1]  # ec为期末净营运资本
```

（4）计算期末生产线的税后残值

In [9]:
```
df_i=pd.read_excel(r'C:/python/投资决策（净现值法）.xlsx',sheet_name='生产线初始投资额')
df_i.head()
```

Out[9]:

	类别	金额	单位
0	生产线初始投资额	100	亿元
1	在项目结束时（第5年年末）价值	70	亿元
2	生产线折旧年限	10	年

① 生产线每年折旧额：100/10=10（亿元）。

② 5年后生产线的账面价值：100-10×5=50（亿元）。因此，期末（5年后）生产线的税后残值为市值-(市值-账面价值)×所得税税率=70-(70-50)×0.25=65（亿元）。

```
In [10]: ia=df_i.iat[0,1]    # ia为生产线初始投资额
         d=ia/df_i.iat[2,1]    # d为生产线每年折旧额
         pls=df_i.iat[1,1]-(df_i.iat[1,1]-(ia-d*term))*tc  # pls为期末（5年后）生产线的税后残值
         print('期末（5年后）生产线的税后残值为'+"{:.3f}".format(pls)+'亿元')
```

期末（5年后）生产线的税后残值为65.000亿元

（5）计算每年经营现金流量

```
In [11]: df_o=pd.read_excel(r'C:/python/投资决策（净现值法）.xlsx',sheet_name='生产销售')
         df_o.head()
```

Out[11]:

	类别	金额	单位
0	每年生产并销售车辆数	5	万辆
1	每辆价格	20	万元
2	每辆车可变生产成本	10	万元
3	每年固定成本	20	亿元
4	生产成本补贴	5	万元

① 经营现金流量=(收入-成本)×(1-所得税税率)+(折旧-摊销)×所得税税率，即OCF=[$(P-V)\times Q-FC]\times(1-TC)+(D+A)\times TC$。

将P=20万元，V=10万元，Q=5万辆，FC=20亿元，D=10亿元，A=0.9亿元，TC=25%代入上面的公式得OCF=25.225（亿元）。

② 由于每辆电动超跑能获得5万元的补贴，相当于每辆电动超跑的单位变动成本减少了5万元，此时V=10-5=5（万元），重新将V代入上面的公式得OCF=43.975（亿元）。

```
In [12]: p=df_o.iat[1,1]  # p为每辆价格
         v=df_o.iat[2,1]-df_o.iat[4,1]    # v为补贴后每辆电动超跑可变生产成本
         q=df_o.iat[0,1]  # q为每年生产并销售电动超跑数
         fc=df_o.iat[3,1]  # fc为每年固定成本
         ocf=((p-v)*q-fc)*(1-tc)+(d+a)*tc    # ocf为经营现金流量
         print('经营现金流量（OCF）为'+"{:.3f}".format(ocf)+'亿元')
```

经营现金流量（OCF）为43.975亿元

（6）计算每年厂房的税后租金机会成本

```
In [13]: df_r=pd.read_excel(r'C:/python/投资决策（净现值法）.xlsx',sheet_name='租金')
         df_r.head()
```

Out[13]:

	类别	金额	单位
0	每年年末收租金	0.500	亿元

每年厂房的税后租金机会成本为0.5×(1-25%)=0.375（亿元）。

```
In [14]: rf=df_r.iat[0,1]*(1-tc)  # rf为每年厂房的税后租金机会成本
         print('每年厂房的税后租金机会成本为'+"{:.3f}".format(rf)+'亿元')
```

每年厂房的税后租金机会成本为0.375亿元

（7）建立公司未来 5 年的现金流 DataFrame

In [15]:

```
df=pd.DataFrame(columns=['类别','第0年','第1年','第2年','第3年','第4年','第5年'])
# 生产线初始投资额这一行，只有生产线初始投资额和期末生产线的税后残值有值，其他年份的为0
df.loc[0]=['生产线初始投资额',-df_i.iat[0,1],0,0,0,0,pls]
# 专利出售机会成本这一行，只有期初专利出售机会成本和期末专利的税后残值有值，其他年份的为0
df.loc[1]=['专利出售机会成本',-pc,0,0,0,0,ps]
# 净营运资本投资这一行，只有期初净营运资本投资和期末收回净营运资本投资有值，其他年份的为0
df.loc[2]=['净营运资本投资',ic,0,0,0,0,ec]
# 租金（税后）这一行，除期初为0外，其他年份都是每年厂房的税后租金机会成本的负值
df.loc[3]=['租金（税后）',0,-rf,-rf,-rf,-rf,-rf]
# 经营现金流量这一行，除期初为0外，其他年份都是经营现金流量
df.loc[4]=['经营现金流量',0,ocf,ocf,ocf,ocf,ocf]
# 现金净流量这一行为上述5项每列求和
list_icf=['现金净流量']
for item in df.columns:
    if item!='类别':
        list_icf.append(df[item].sum()) # 列求和
df.loc[5]=list_icf
df
```

Out[15]:

	类别	第0年	第1年	第2年	第3年	第4年	第5年
0	生产线初始投资额	-100.000	0.000	0.000	0.000	0.000	65.000
1	专利出售机会成本	-13.500	0.000	0.000	0.000	0.000	3.375
2	净营运资本投资	-1.000	0.000	0.000	0.000	0.000	1.000
3	租金（税后）	0.000	-0.375	-0.375	-0.375	-0.375	-0.375
4	经营现金流量	0.000	43.975	43.975	43.975	43.975	43.975
5	现金净流量	-114.500	43.600	43.600	43.600	43.600	112.975

（8）计算项目净现值，得出投资决策结论

In [16]:

```
npv=0 # npv为项目净现值，初值为0
list_npv=['净现值'] # 净现值列表初值
for i in range(1,7):
    # 当i=1时，对应第0年，i-1=0，任何数的0次幂都是1，相当于累加第0年，其和就是初始投资
    # 净现值本身就是负数，虽然是累加，但是相当于减去了初始投资
    npv+=df.iat[5,i]/((1+r)**(i-1))
    list_npv.append(df.iat[5,i]/((1+r)**(i-1))) # 追加每年的净现值到列表中
df.loc[6]=list_npv
# 将净现值列表写入工作簿中，作为下一年投资回收期法的原始数据
io=r'C:/python/投资决策（投资回收期法）.xlsx'
df.to_excel(io,sheet_name='项目净现值',index=False)
df
```

Out[16]:

	类别	第0年	第1年	第2年	第3年	第4年	第5年
0	生产线初始投资额	-100.000	0.000	0.000	0.000	0.000	65.000
1	专利出售机会成本	-13.500	0.000	0.000	0.000	0.000	3.375
2	净营运资本投资	-1.000	0.000	0.000	0.000	0.000	1.000
3	租金（税后）	0.000	-0.375	-0.375	-0.375	-0.375	-0.375
4	经营现金流量	0.000	43.975	43.975	43.975	43.975	43.975
5	现金净流量	-114.500	43.600	43.600	43.600	43.600	112.975
6	净现值	-114.500	39.636	36.033	32.757	29.779	70.149

```
In [17]:   # 得出结论
           if npv>=0:
               print('电动超跑项目的净现值（NPV）为'+"{:.2f}".format(npv)+'亿元，所以该项目可以投资！')
           else:
               print('电动超跑项目的净现值（NPV）为'+"{:.2f}".format(npv)+'亿元，所以该项目不可以投资！')
```

电动超跑项目的净现值（NPV）为 93.85 亿元，所以该项目可以投资！

8.1.2 投资决策方法——投资回收期法

投资回收期是指用项目产生的净现金流入补偿原始投资所需的时间，它分为静态投资回收期和动态投资回收期两种。

① 静态投资回收期是指在不考虑资金的时间价值时收回初始投资所需的时间，它是以现金净流量为基准进行计算的。其计算公式如下。

$$静态投资回收期 = （累计现金净流量开始出现正值的年分数 -1）+ \frac{上一年累计现金净流量的绝对值}{当年现金净流量}$$

② 动态投资回收期是指在考虑资金的时间价值时收回初始投资所需的时间，它是以净现值为基准进行计算的。其计算公式如下。

$$动态投资回收期 = （累计净现值开始出现正值的年分数 -1）+ \frac{上一年累计净现值的绝对值}{当年净现值}$$

1. 案例分析

使用业务场景8.1.1小节中的数据，使用投资回收期法进行投资决策。具体步骤如下。

① 将8.1.1小节中保存的投资决策（投资回收期法）工作簿中的数据导入DataFrame。

② 将DataFrame转置，对现金净流量和净现值两列使用cumsum()函数计算出上一年累计现金净流量和净现值。

③ 分别使用公式求出静态投资回收期和动态投资回收期。

2. 案例代码

```
In [1]:   import pandas as pd
          pd.options.display.float_format="{:.3f}".format # 设置DataFrame中的数据保留3位小数
```

（1）导入数据

```
In [2]:   df=pd.read_excel(r'C:/python/投资决策（投资回收期法）.xlsx') # 导入数据
          df=df.iloc[5:7] # 仅保留最后两行有用的数据
          df
```

Out[2]:		类别	第0年	第1年	第2年	第3年	第4年	第5年
	5	现金净流量	-114.500	43.600	43.600	43.600	43.600	112.975
	6	净现值	-114.500	39.636	36.033	32.757	29.779	70.149

（2）将 DataFrame 转置并重命名年份列

为了更方便、直观地计算上一年累计现金净流量和净现值，需要将DataFrame转置，并且把类别列的值作为新DataFrame的列名。

df.set_index('类别',drop=True)函数中的第一个参数'类别'表示按类别重建索引，第二个参数drop=True表示删除用作新索引的列'类别'，也就是说，'类别'仅作为索引，不再作为（普通）列；rename_axis(None)表示将索引的名称（'类别'）去掉，否则会出现在DataFrame转置后默认索引的列名上，容易引起歧义。

In [3]:
```
df = df.set_index('类别', drop=True).rename_axis(None)
df
```
去掉了索引的名称

Out[3]:

	第 0 年	第 1 年	第 2 年	第 3 年	第 4 年	第 5 年
现金净流量	-114.500	43.600	43.600	43.600	43.600	112.975
净现值	-114.500	39.636	36.033	32.757	29.779	70.149

将df转置、重建默认索引，并将转置后默认产生的列名"index"改为含义更明确的列名"年份"。

In [4]:
```
df=df.T.reset_index().rename(columns={"index":"年份"})
df
```
修改了列名

Out[4]:

	年份	现金净流量	净现值
0	第 0 年	-114.500	-114.500
1	第 1 年	43.600	39.636
2	第 2 年	43.600	36.033
3	第 3 年	43.600	32.757
4	第 4 年	43.600	29.779
5	第 5 年	112.975	70.149

可以看出默认索引的索引号和年份是一致的

（3）计算投资回收期

cumsum()函数的功能是计算前n项的和，使用cumsum()函数分别计算上一年累计现金净流量和净现值。

In [5]:
```
# 对现金净流量、净现值两列使用cumsum()函数，并重新命名
df_s=df[['现金净流量','净现值']].cumsum()
df_s=df_s.rename(columns={"现金净流量":"上一年累计现金净流量","净现值":"上一年累计净现值"})
# 对原df中的现金净流量、净现值两列切片，再与df_s合并，组成新的df
df=pd.merge(df[['现金净流量','净现值']], df_s, left_index=True, right_index=True)
df # 由于默认索引的索引号和年份是一致的，所以切掉了年份列，保留默认的索引号用于后面的计算
```

Out[5]:

	现金净流量	净现值	上一年累计现金净流量	上一年累计净现值
0	-114.500	-114.500	-114.500	-114.500
1	43.600	39.636	-70.900	-74.864
2	43.600	36.033	-27.300	-38.831
3	43.600	32.757	16.300	-6.073
4	43.600	29.779	59.900	23.706
5	112.975	70.149	172.875	93.855

In [6]:
```
# 计算静态投资回收期
for index, row in df.iterrows():
    if row['上一年累计现金净流量']>0:
        # index就是上一年累计现金净流量出现正值的年份
        term=(index-1)+abs(df.iat[index-1,2])/row['现金净流量']
        break
print('静态投资回收期为'+'{:.2f}'.format(term)+'年')
```

静态投资回收期为 2.63 年

In [7]:
```python
# 计算动态投资回收期
for index, row in df.iterrows():
    if row['上一年累计净现值'] > 0:
        # index就是上一年累计净现值出现正值的年份
        term = (index-1) + abs(df.iat[index-1, 3]) / row['净现值']
        break
print('动态投资回收期为' + '{:.2f}'.format(term) + '年')
```

动态投资回收期为 3.20 年

8.2 本量利分析

本量利分析（Cost-Volume-Profit Analysis，CVPA）是管理会计的一项基本管理工具，该工具能比较准确地揭示成本、业务量和利润之间的数量关系，为企业在产销规划、产品结构等方面的经营决策，以及成本管控等提供理论依据和技术支撑，减少决策的随意性和盲目性，降低企业经营风险，提高企业经营利润。

8.2.1 案例分析

××是一家小型机械工程公司，其下属的一个部门专门生产一种特别的零部件。此零部件现时的每年需求量（销售量）为10000件，销售单价为84元。

零部件的年度预算成本如表8-2所示。

表8-2

项目	金额/元
原材料	260000
人工工资	180000
机器租赁费用	120000
其他固定成本	180000
成本总额	740000

其中，人工工资为雇用两名机器操作员的固定总成本，且不论零部件的生产数量是多少，这两名工人的工资都按月固定计算。最近，××正在考虑租用另外一台机器，如果租用新的机器，则可使用较便宜的原材料，每件成本仅为14元。新机器的每年租赁费用为240000元。此外，不论使用的是现有的机器还是新机器，在零部件需求量范围内，人工工资都维持不变。

要求如下。

① 假设公司使用现有的机器和按照现时的需求量，计算其保本点和安全边际（以生产件数为准）。

② 给出租赁新机器的建议（用数据支持论点）。

③ ××获悉在短期内该零部件的每年需求量可能增加至14000件。如果生产量超过12000件，则公司需要再额外雇用一名机器操作员，其每年的成本为90000元。给出使用现有机器或新机器来生产14000件零部件的财务意见。

（1）计算保本点和安全边际

在本例中，由于人工工资在这个相关范围明显是固定的，所以只有原材料是变动成本。

① 单位变动成本=原材料÷销售量=260000÷10000=26（元）。

② 单位贡献边际=单价-单位变动成本=84-26=58（元）。

③ 固定成本=人工工资+机器租赁费用+其他固定成本=180000+120000+180000=480000（元）。

④ 保本点（销售量）=固定成本÷单位贡献边际=480000÷58≈8276（件）。

安全边际为保本点（销售量）与预测或实际销售量之差，其用来评价某销售量水平的风险。安全边际越高，风险越低。

⑤ 安全边际=销售量-保本点=10000-8276=1724（件）。

（2）给出租赁新机器的建议

要给出合理的租赁新机器的建议，不仅需要对比现有机器和新机器二者之间的保本点和安全边际，还需要对比二者在10000件产量水平的盈利能力（利润）。

因为新机器的单位变动成本是14元，因此其单位贡献边际=84-14=70（元），其固定成本=180000+240000+180000=600000（元）。二者保本点、安全边际和利润对比如表8-3所示。

表8-3

	现有机器	新机器
保本点/件	8276	600000÷70≈8571
安全边际/件	1724	10000-8571=1429
贡献边际/元	10000×58=580000	10000×70=700000
固定成本/元	480000	600000
利润/元	580000-480000=100000	700000-600000=100000

从表8-3中可以看出，新机器与现有机器产生的利润相同。但是，新机器的保本点较高，导致安全边际较低。因此，这些数据并不足以支持租赁新机器的决定。另外，虽然两者的保本点和安全边际有差异，但是两者的差距是比较接近的，在这种情况下，如果有其他原因促使公司转向使用新机器，则没有任何强烈的财务因素来反对这个决定。

（3）给出使用现有机器或新机器生产14000件零部件的财务意见

假设零部件的需求量增加到14000件，仅固定成本中的人工工资将会因为雇用第3名机器操作员而增加到90000元，虽然原材料成本会增加1.4倍，但是销售量也会增加1.4倍，因此单位变动成本和单位贡献边际并不受影响。按前面的公式重新计算现有机器与新机器的保本点、安全边际和利润的对比结果如表8-4所示。

表8-4

	现有机器	新机器
保本点/件	9828	9857
安全边际/件	4172	4143
利润/元	242000	290000

从表8-4中可以看出，虽然固定成本在14000件的产量水平下是较高的，但两台机器都能产生比10000件产量水平高的利润。另外，使用新机器的利润比使用现有机器的利润多48000元。虽然新机器的保本点比现有机器的保本点高出29件，但由于保本点与预测销售量14000件还有很大的差距，故这个差距不是很重要。如果产销量能达到14000件左右，则使用新机器在只增加很小的风险的情况下便能得到较大的回报。

8.2.2　案例代码

```
In [1]:    import pandas as pd
           pd.options.display.float_format="{:.0f}".format  # 设置DataFrame中的数据显示为整数
```

In [2]:
```
# 自定义函数
def CVP(p, r, rm, lw, mrf, ofc):
    '''
    函数功能：计算本量利分析中的相关指标。
    函数返回值：返回由保本点、安全边际和利润组成的列表。
    函数参数如下。
    p——单价；
    r——销售量；
    rm——原材料；
    lw——人工工资；
    mrf——机器租赁费用；
    ofc——其他固定成本
    '''
    uvc=rm/r          # 单位变动成本=原材料÷销售量
    ucm=p-uvc         # 单位贡献边际=单价-单位变动成本
    fc=lw+mrf+ofc     # 固定成本=人工工资+机器租赁费用+其他固定成本
    bp=fc/ucm         # 保本点=固定成本÷单位贡献边际
    mos=r-bp          # 安全边际=销售量-保本点
    cm=ucm*r          # 贡献边际=单位贡献边际×销售量
    pr=cm-fc          # 利润=贡献边际-固定成本
    return [bp, mos, pr]
```

In [3]:
```
list_index=['保本点', '安全边际', '利润']  # 索引列表
```

（1）计算使用现有机器生产时的保本点和安全边际

In [4]:
```
list_1=CVP(84, 10000, 260000, 180000, 120000, 180000)
df_1=pd.DataFrame(list_1[0:2], columns=['现有机器'], index=list_index[0:2])
df_1
```
Out[4]:

	现有机器
保本点	8276
安全边际	1724

仅取列表的前两项

（2）给出租赁新机器的建议

要想正确给出租赁新机器的建议，需要对比分析使用现有机器和新机器生产时的保本点、安全边际和利润。

In [5]:
```
df_2=pd.DataFrame(list_1, columns=['现有机器'], index=list_index)
list_2=CVP(84, 10000, 140000, 180000, 240000, 180000)
df_3=pd.DataFrame(list_2, columns=['新机器'], index=list_index)
df=pd.merge(df_2, df_3, left_index=True, right_index=True)  # 合并两个DataFrame
df
```
Out[5]:

	现有机器	新机器
保本点	8276	8571
安全边际	1724	1429
利润	100000	100000

从程序的输出结果中可以看出，新机器与现有机器产生的利润相同，但是，新机器的保本点较高，导致安全边际较低。因此，这些数据并不足以支持租赁新机器的决定。另外，由于两者的保本点和安全边际的差距是比较接近的，在这种情况下，如果有其他原因促使公司转向使用新机器，则从财

务方面来看就没有反对的理由了。

（3）给出使用现有机器或新机器生产14000件零部件的财务意见

In [6]:
```
# 10000件的原材料成本是260000元，14000件的原材料成本就是260000*1.4元
list_3=CVP(84, 14000, 260000*1.4, 270000, 120000, 180000)
df_4=pd.DataFrame(list_3, columns=['现有机器'], index=list_index)
list_4=CVP(84, 14000, 140000*1.4, 270000, 240000, 180000)
df_5=pd.DataFrame(list_4, columns=['新机器'], index=list_index)
df=pd.merge(df_4, df_5, left_index=True, right_index=True)
df
```

Out[6]:

	现有机器	新机器
保本点	9828	9857
安全边际	4172	4143
利润	242000	290000

从程序的输出结果中可以看出，现有机器与新机器生产14000件零部件和二者生产10000件零部件相比，都有较高的利润。另外，使用新机器的利润比使用现有机器的利润多48000元。虽然从计算数据上看，新机器的保本点比现有机器的保本点高出29件，但由于保本点与预测销售量14000件之间还有很大的差距，因此这个差距并不是很重要。如果产销量能达到14000件左右，则使用新机器生产会有风险小、回报高的效果，那么就可以推荐使用新机器生产。

8.3　项目实训

实训1　评估芯片项目投资是否可行

【实训目标】某公司准备投资某芯片项目，正在评估投资是否可行。该项目总投资20000万元，建设期为2年，第1年年初投资12000万元，第2年年初投资8000万元。项目投产后，预计每年年末销售收入、付现成本及折旧与摊销如表8-5所示。该公司适用的企业所得税税率为15%，项目预期投资回报率为8%。（代码位置：资源\第8章）

表8-5　　　　　　　　　　　　　　　　　　　　　　　　　　　　单位：万元

投产后每年年末	销售收入	付现成本	折旧与摊销
第1年	12000	8000	3000
第2年	16000	10000	3000
第3年	20000	12000	3000
第4年	23000	14000	3000
第5年	26000	16000	3000
第6年	22000	18000	3000

【实训思路】①将数据导入DataFrame；②构建包括初始投资的DataFrame；③增加营业利润列，并计算其值；④增加所得税列，并计算其值；⑤增加税后营业利润列，并计算其值；⑥增加现金净流量列，并计算其值；⑦增加折现现金净流量列，并计算其值；⑧计算项目净现值，并根据项目净现值得出投资建议。

扫码看视频

实训2　固定预算与弹性预算

【实训目标】某公司按照固定预算法编制2023年度销售预算，预测板鞋年销售量为50000双，单价为120元/双，单位变动成本为46元/双，固定成本为1000000元。2023年末，经过核算，板鞋的实际销量为60000双，单价为150元/双，单位变动成本为55元/双，固定成本为1200000元。据此做预算和实际差异分析。

（1）按固定预算法编制2023年利润预算，并分析2023年实际执行数与预算数的差异。

（2）如果采用弹性预算法，请编制2023年弹性利润预算，并分析其与实际执行数的差异。

（代码位置：资源\第8章）

【实训思路】①自定义本量利分析函数；②根据2023年销售预测数据，调用本量利分析函数计算固定预算数；③根据2023年末的实际生产和销售数据，调用本量利分析函数计算实际执行数；④计算固定预算执行差异；⑤计算弹性预算数；⑥计算弹性执行差异。

扫码看视频

课堂素养　　**大数据可以实现多维的数据处理**

原本财务人员在核算时，一般会根据部门、人员、项目等设置一些辅助核算项，来帮助记录业务数据的信息。但是一项业务活动往往具有非常多的数据项和数据维度，例如，出差费用包括交通工具、座位/舱位等级、酒店星级、城市、城市等级等非常多的维度，这些信息在进行会计核算时是无法通过辅助核算方式来记录的，也就没有办法进行进一步的财务分析。通过大数据，这些分析都可以轻松实现。

8.4　思考与练习

一、单选题

1．df.set_index('类别', drop=True)函数中两个参数的含义是（　　　）。

　　A．第一个参数'类别'表示按类别重建索引，第二个参数drop=True表示删除用作新索引的列'类别'

　　B．第一个参数'类别'表示按类别重建索引，第二个参数drop=True表示保留用作新索引的列'类别'

　　C．第一个参数'类别'表示删除类别索引，重建默认索引，第二个参数drop=True表示保留用作新索引的列'类别'

　　D．以上都不对

2．在df.set_index('类别', drop=True).rename_axis(None)语句中，函数rename_axis(None)的含义是（　　　）。

　　A．按类别建立索引　　　　　　　　　B．保留索引的名称

　　C．将索引的名称（'类别'）去掉　　　D．以上都不对

二、判断题

1．cumsum()函数的功能是计算前n项的和。（　　　）

2．NPV小于0的项目被视为好的投资项目，应该被投资者接受。（　　　）

3．安全边际为保本点（销售量）与预测或实际销售量之差，其用来评价某销售量水平的风险。安全边际越高，风险越低。（　　　）

三、填空题

1.（　　）是指将目标项目在未来存续期间产生的预期现金流，以适当的贴现率贴现后加总求和，再减去目标项目期初的投资金额后的差量。

2.（　　）也称为销售量，它等于固定成本除以单位贡献边际。

3.本量利分析的英文缩写是（　　）。

四、上机操作题

某公司经销甲、乙、丙3种不同的商品。按照销售部门提供的销售预测及其他部门所做的成本预算，该公司编制了表8-6所示的预算利润表。

表8-6　　　　　　　　　　　　　　　　　　　单位：千元

类别	项目	变动成本	固定成本	总额
销售	销售额			14400
	销售折扣			472
	净销售额			13928
成本	销售成本	6856		6856
	管理费用	668	820	1488
	销售费用	1088	1628	2716
	费用总额	8612	2448	11060
利润	净销售额-费用总额			2868

表8-7所示是对每种商品的收入和成本进行的分析。

表8-7　　　　　　　　　　　　　　　　　　　单位：千元

商品	销售额	折扣	固定成本		变动成本
			特定	其他	
甲	4800	154	252	276	2640
乙	6000	240	442	638	3600
丙	3600	78	146	694	2372
合计	14400	472	840	1608	8612

公司的成本计算系统将所有固定成本分配到各种商品上，一部分固定成本是特定的，其他固定成本为各种商品共同分担。各种商品的销售折扣是随实际的销售额变动的。

要求如下。

（1）请计算每一种商品弥补以下成本所需的保本销售额。

① 该种商品的特定固定成本。

② 所有分配到该种商品上的固定成本。

（2）请解释上述计算出来的数据的重要性，并指出哪些数据比较有意义。

第
9 章

Python在财务中的综合应用

学习目标

知识目标

1. 掌握上市公司财务指标的分析与可视化;
2. 掌握上市公司行业数据的分析与可视化。

技能目标

1. 能够对上市公司的财务指标进行数据采集、数据处理和数据分析;
2. 能够对上市公司的行业数据进行数据采集、数据处理和数据分析。

章节导读

章节导图

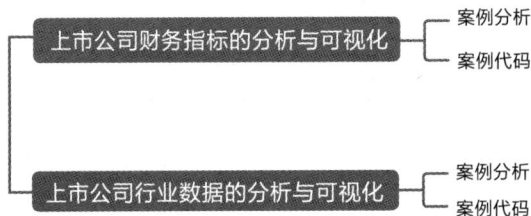

思考题

你能从上市公司财务指标和行业数据中及时发现上市公司数据的异常波动,并找出问题吗?

9.1 上市公司财务指标的分析与可视化

通过对上市公司盈利能力及营运能力等不同维度指标的计算,综合评价一个上市公司的财务状况。在数字经济时代,随着大数据体系的逐步建立,这些指标数据很容易从开放的数据源(如证券交易所、商业网站、公司官网)中获取,从而减少大量简单的、重复性的计算工作,以便将更多的时间用在数据的分析和数据价值的挖掘上。

9.1.1 案例分析

以万华化学（股票代码为sh.600309）为例，通过较完整的数据分析流程，对其近10年来的盈利情况进行分析和可视化呈现。

（1）**数据采集**

通过证券宝数据接口采集数据。

（2）**数据加工**

对采集到的数据进行整理、清洗和处理。

（3）**数据分析**

通过计算、可视化等方式进行数据分析。

9.1.2 案例代码

```
In [1]:   import baostock as bs  # 先使用pip install baostock命令安装baostock模块
          import pandas as pd
          pd.options.display.float_format="{:.4f}".format  # 设置DataFrame中的数据保留4位小数
          import Matplotlib.pyplot as plt
          plt.rcParams['font.family']='SimHei'          # 设置中文字体为黑体
          plt.rcParams['axes.unicode_minus']=False      # 设置中文状态下负号正常显示
```

（1）**登录系统**

使用baostock模块的login()函数登录证券宝系统，使用登录返回值lg的error_code属性显示错误代码，error_msg属性显示错误信息。

```
In [2]:   lg = bs.login()
          print('login respond error_code:'+lg.error_code)  # 显示错误代码，代码为0表示登录成功
          print('login respond  error_msg:'+lg.error_msg)  # 显示错误信息
```

```
login success!
login respond error_code:0  ◄
login respond  error_msg:success
```

（2）**利用 query_profit_data() 函数，获取 2013—2022 年的财务指标数据**

```
In [3]:   list_result=[]              # 结果列表，用于接收数据接口返回的数据
          str_year='20131231'        # 年份初值字符串
          # 用date_range()函数生成连续10年的年度数据列表，其中第一个参数str_year表示起始年份
          # 参数periods=10表示生成10个年份
          # 参数freq='1Y'表示两个年份之间间隔1，即生成连续的10个年份
          list_year=pd.date_range(str_year,periods=10,freq='1Y').strftime('%Y')
          for year in list_year:  # 遍历年份列表
              # 查询季频盈利能力数据，return_data是一个类似Excel文件的baostock数据集
              return_data=bs.query_profit_data(code='sh.600309',year=year,quarter=4)
              # 只要错误代码为0（无错误）且数据集中有数据就循环
              while(return_data.error_code=='0') & return_data.next():
```

```
            # 把数据集中的行数据取出来，添加到结果列表中
            list_result.append(return_data.get_row_data())
        # 把结果列表转换成DataFrame，其列名采用数据集中的列名
        df_result=pd.DataFrame(list_result, columns=return_data.fields)
        # 将DataFrame中的英文列名转换成含义相同的中文列名
        df_result.rename(columns={'code':'证券代码', 'pubDate':'发布日期',
                        'statDate':'财报日期', 'roeAvg':'净资产收益率',
                        'npMargin':'销售净利率', 'gpMargin':'销售毛利率',
                        'netProfit':'净利润', 'epsTTM':'每股收益',
                        'MBRevenue':'主营业务收入', 'totalShare':'总股本',
                        'liqaShare':'流通股本'}, inplace=True)
        bs.logout()  # 获取数据后，及时退出系统
        df_result
```

logout success!

Out[3]:

	证券代码	发布日期	财报日期	净资产收益率	销售净利率	销售毛利率	...	流通股本
0	sh.600309	2014-04-15	2013-12-31	0.321584	0.186075	0.328838		2162334720.00
1	sh.600309	2015-03-17	2014-12-31	0.238690	0.145667	0.308702		2162334720.00
2	sh.600309	2016-03-08	2015-12-31	0.145251	0.116946	0.301267		2162334720.00
3	sh.600309	2017-04-11	2016-12-31	0.278823	0.151099	0.310801		2162334720.00
4	sh.600309	2018-03-13	2017-12-31	0.528955	0.250537	0.397000		2594801664.00
...								
9	sh.600309	2023-03-21	2022-12-31	0.223384	0.102932	0.165694		3139746626.00

（3）提取财务数据，并将文本格式数据转换为数值格式数据

In [4]:

```
df_profit=df_result.iloc[:, 0:9]  # 提取财务数据(左侧9列)，用于分析
# 将文本格式数据转换为数值格式数据
df_profit=df_profit.astype({'净资产收益率':'float', '销售净利率':'float', '销售
            毛利率':'float', '净利润':'float', '每股收益':
            'float', '主营业务收入':'float'})df_profit
```

Out[4]:

	证券代码	发布日期	财报日期	净资产收益率	销售净利率	销售毛利率	...	主营业务收入
0	sh.600309	2014-04-15	2013-12-31	0.321584	0.186075	0.328838		20113327719.5700
1	sh.600309	2015-03-17	2014-12-31	0.238690	0.145667	0.308702		21985237734.8300
2	sh.600309	2016-03-08	2015-12-31	0.145251	0.116946	0.301267		19209280032.7000
3	sh.600309	2017-04-11	2016-12-31	0.278823	0.151099	0.310801		29824207561.9100
4	sh.600309	2018-03-13	2017-12-31	0.528955	0.250537	0.397000		52740162812.9900
...								
9	sh.600309	2023-03-21	2022-12-31	0.223384	0.102932	0.165694		164508009512.0900

（4）绘制财务指标（净资产收益率、销售净利率和销售毛利率）比较条形图（见图9-1）

In [5]:

```
# 其中的rot(整型值)参数用于设置x轴上的刻度标签旋转角度，rot的默认值是None
# 稍微旋转刻度标签，使刻度标签看起来更明显，不"呆板"
df_profit.plot(x='财报日期', y=['净资产收益率', '销售净利率', '销售毛利率'],
            kind='barh', title='2013—2022年净资产收益率、销售净利率及销售
            毛利率指标比较',
```

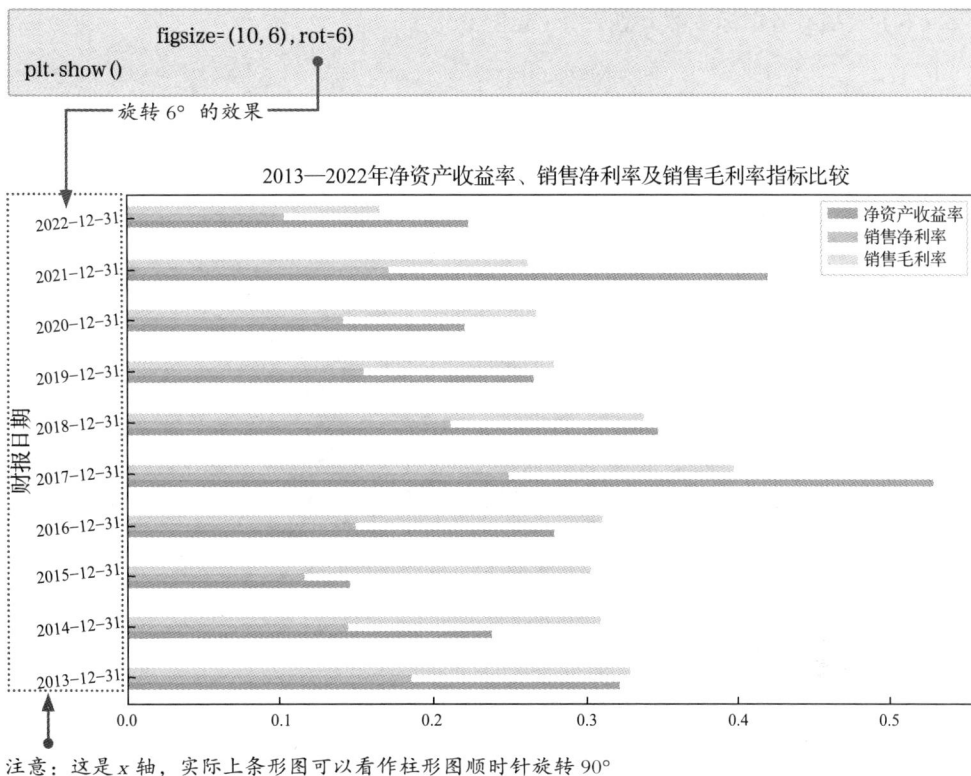

figsize=(10,6),rot=6

plt.show()

旋转6°的效果

2013—2022年净资产收益率、销售净利率及销售毛利率指标比较

财报日期

2022-12-31
2021-12-31
2020-12-31
2019-12-31
2018-12-31
2017-12-31
2016-12-31
2015-12-31
2014-12-31
2013-12-31

净资产收益率
销售净利率
销售毛利率

0.0   0.1   0.2   0.3   0.4   0.5

注意：这是 x 轴，实际上条形图可以看作柱形图顺时针旋转 $90°$

图9-1

（5）绘制财务指标（主营业务收入和净利润）比较柱形图（见图 9-2）

```
In  [6]:    df_profit.plot(x='财报日期',y=['主营业务收入', '净利润'], kind='bar',
                 title='2013—2022年主营业务收入与净利润比较', figsize=
                 (10,4), rot=6)
            plt.show()
```

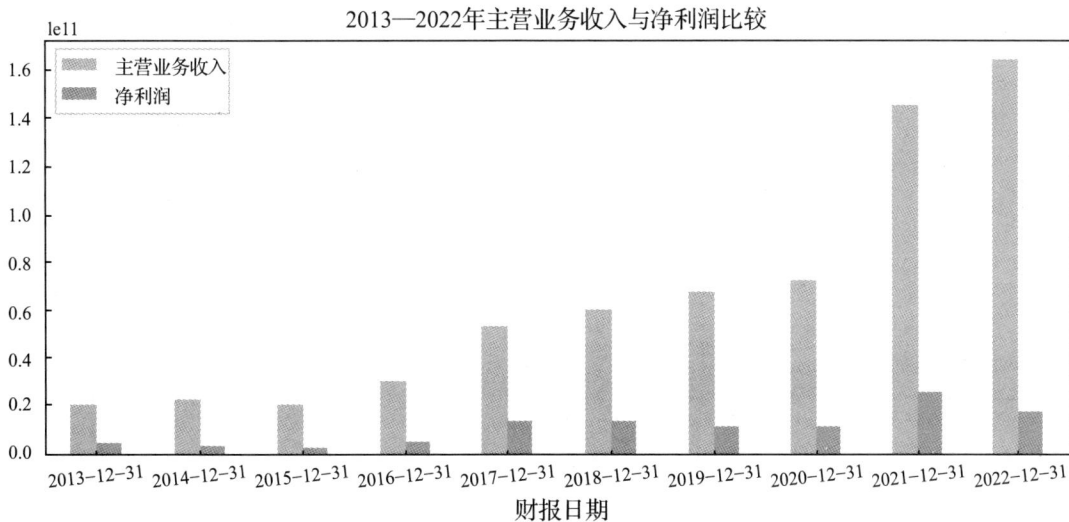

2013—2022年主营业务收入与净利润比较

le11

1.6
1.4
1.2
1.0
0.8
0.6
0.4
0.2
0.0

主营业务收入
净利润

2013-12-31 2014-12-31 2015-12-31 2016-12-31 2017-12-31 2018-12-31 2019-12-31 2020-12-31 2021-12-31 2022-12-31

财报日期

图9-2

（6）绘制财务指标多种类型子图（见图9-3）

In [7]:
```
# figure为画布；axes为画布中创建的笛卡儿坐标系
# 第1个参数2表示画布为两行，第2个参数1表示画布为1列，第3个参数表示画布尺寸为(10,8)
# 第4个参数sharex=True表示两个子图共享x轴，默认值为False
figure, axes=plt. subplots (2, 1, figsize= (10, 8) , sharex=True)
# 参数ax=axes[0] 表示该折线子图使用第一个坐标系（即第1行、第1列）
ax0=df_profit. plot ('财报日期', ['净资产收益率', '销售净利率', '销售毛利率'],
                     title='2013—2022年财报指标比较', ax=axes[0])
# 参数ax=axes[1] 表示该柱形子图使用第二个坐标系（即第2行、第1列）
ax1=df_profit. plot ('财报日期', '主营业务收入', kind='bar',
                     title='2013—2022年主营业务收入与净利润比较',
                     color='gold', ax=axes[1])
# 参数secondary_y为True（默认值为Flase），表示将右轴作为索引，即右轴显示刻度
# 参数ax=axes[1] 表示该折线子图也使用第二个坐标系（即和柱形图共用一个坐标系）
ax2=df_profit. plot ('财报日期', '净利润', secondary_y=True, color='red',
                     style='--', marker='o', linewidth=2, ax=axes[1],
                     rot=6)
plt. show ()
```

第一个坐标系

第二个坐标系

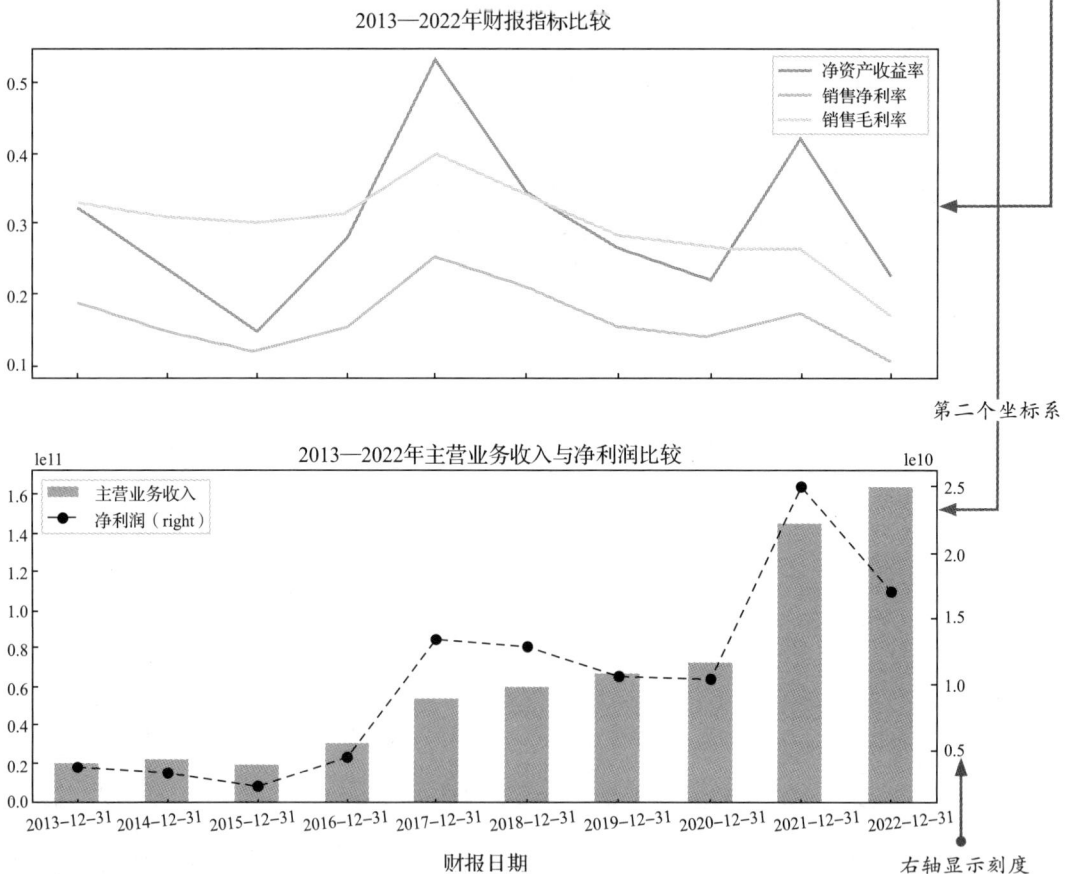

图9-3

9.2 上市公司行业数据的分析与可视化

上市公司的财务指标数据中蕴含着大量关于上市公司经营、管理和运营情况的信息。通过对行业大数据进行分析，或者拉长数据分析的时间线，可以更精准地确定上市公司在行业中的市场地位，也可以及时发现上市公司数据的异常波动，找出问题，避免损失。

9.2.1 案例分析

为了更好地了解房屋建筑行业的发展状况，我们从中商产业研究院官网获取了表9-1所示的房屋建筑行业企业列表。

表9-1

序号	股票代码	股票名称	公司全称	上市日期	行业分类
1	002178	延华智能	上海延华智能科技(集团)股份有限公司	2007-11-01	房屋建筑
2	600170	上海建工	上海建工集团股份有限公司	1998-06-23	房屋建筑
3	600491	龙元建设	龙元建设集团股份有限公司	2004-05-24	房屋建筑
4	600846	同济科技	上海同济科技实业股份有限公司	1994-03-11	房屋建筑
5	601668	中国建筑	中国建筑集团有限公司	2009-07-29	房屋建筑
6	601789	宁波建工	宁波建工股份有限公司	2011-08-16	房屋建筑
7	603887	城地香江	上海城地香江数据科技股份有限公司	2016-10-10	房屋建筑

要求使用Python获取相关企业的财报信息，开展对房屋建筑行业的综合分析和比较。

（1）数据采集

从中商产业研究院官网采集房屋建筑行业数据。

（2）数据加工

对采集到的数据进行整理、清洗和加工。

（3）数据分析

通过计算、可视化等方式进行数据分析。

9.2.2 案例代码

```
In [1]:   import pandas as pd
          pd.options.display.float_format="{:.2f}".format   # 设置DataFrame中的数据保留两位小数
          import Matplotlib.pyplot as plt
          plt.rcParams['font.family']='SimHei'              # 设置中文字体为黑体
          plt.rcParams['axes.unicode_minus']=False          # 设置中文状态下负号正常显示
```

（1）查找行业数据，获得相应的股票代码和名称

首先获取中商产业研究院官网中有关房屋建筑行业的股票代码及名称等数据，输出结果如图9-4所示。（代码位置：资源\第9章\9.2.2）

	0	1	2	3	4	5	6
0	002178	600170	600491	600846	601668	601789	603887
1	延华智能	上海建工	龙元建设	同济科技	中国建筑	宁波建工	城地香江

图9-4

（2）获取行业内 7 家企业 2020 年的盈利能力及营运能力数据

随后获取房屋建筑行业内7家企业2020年的盈利能力及营运能力等数据，输出结果如图9-5所示。（代码位置：资源\第9章\9.2.2）

类别 年份		销售毛利 率 /%	营业利润 率 /%	总资产利润 率 /%	净资产 收益率	存货周转率	应收账款 周转率 / 次	总资产周转 率 / 次
延华智能	2020	-51.52	-47.88	-18.32	-37.35%	2.30	1.64	0.38
上海建工	2020	1.37	1.91	1.37	11.11%	2.62	5.74	0.72
龙元建设	2020	6.11	6.31	1.80	7.36%	2.21	2.57	0.28
同济科技	2020	14.52	17.59	9.80	20.09%	0.88	8.54	0.56
中国建筑	2020	5.56	5.82	4.30	15.54%	2.30	10.27	0.74
宁波建工	2020	1.82	1.73	1.84	8.78%	6.40	5.17	1.06
城地香江	2020	10.48	11.75	5.38	10.87%	4.12	2.10	0.46

图9-5

（3）数据清洗（去掉数据中的百分号），并选取用于比较的部分指标

```
In [2]:   df_pro=df_profit.replace({'%':''}, regex=True)  #去掉百分号
          df_pro=df_pro.iloc[:, 2:].astype(float)  # 选取部分指标并将数据的类型转换为float
          df_pro.columns=['营业利润率', '总资产利润率', '净资产收益率', '存货周转率', '应收
                  账款周转率', '总资产周转率']  # 精简列名
          df_pro
```

◀── 百分号被去掉了

Out [2]:		营业利润率	总资产利润率	净资产收益率	存货周转率	应收账款周转率	总资产周转率
	延华智能	-47.88	-18.32	-37.35	2.30	1.64	0.38
	上海建工	1.91	1.37	11.11	2.62	5.74	0.72
	龙元建设	6.31	1.80	7.36	2.21	2.57	0.28
	同济科技	17.59	9.80	20.09	0.88	8.54	0.56
	中国建筑	5.82	4.30	15.54	2.30	10.27	0.74
	宁波建工	1.73	1.84	8.78	6.40	5.17	1.06
	城地香江	11.75	5.38	10.87	4.12	2.10	0.46

（4）绘制折线图（见图 9-6），了解行业基本布局和市场竞争情况

```
In [3]:   df_pro.plot(y=['营业利润率', '总资产利润率', '净资产收益率', '存货周转率', '应收
                  账款周转率', '总资产周转率'], style='-', marker='o', linewidth=1,
                  title='2020年度行业盈利及营运能力比较', figsize=(10, 5), rot=0)
          plt.show()
```

2020年度行业盈利及营运能力比较

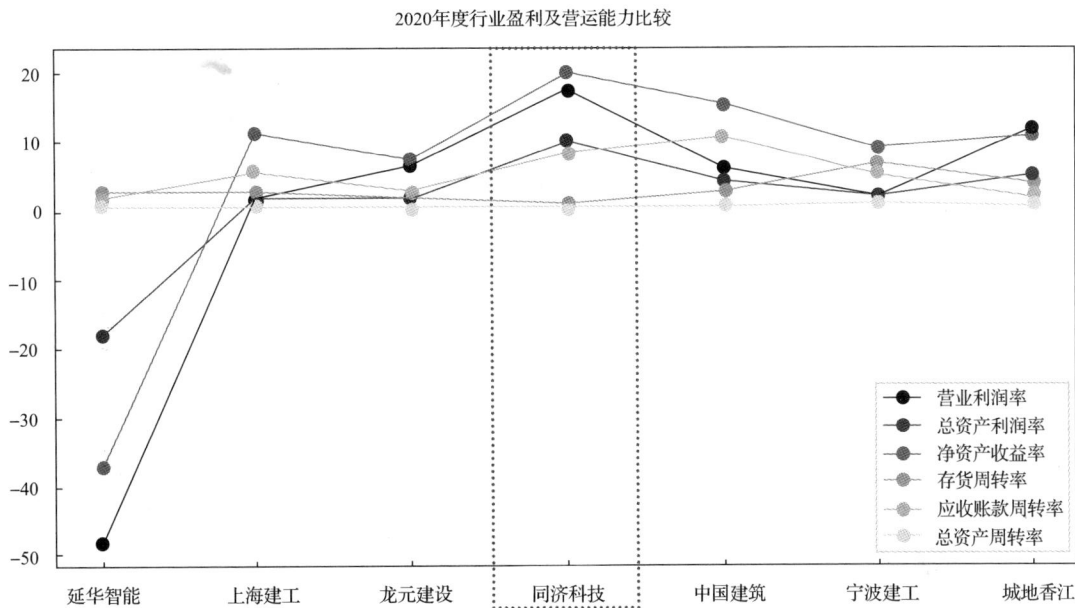

同济科技的盈利能力及营运能力表现良好

图9-6

从上面的折线图中可以看出，同济科技的盈利能力及营运能力表现良好。为了更深入地分析房屋建筑行业的竞争状况，选取行业所有企业各项盈利能力及营运能力指标的标杆值，然后比较同济科技与行业标杆之间的差距。

（5）使用 describe() 函数计算行业盈利能力及营运能力数据的描述性统计数据

In [4]:
```
df_pro_st=df_pro.describe() # 描述性统计
df_pro_st
```

Out[4]:

	营业利润率	总资产利润率	净资产收益率	存货周转率	应收账款周转率	总资产周转率
count	7.00	7.00	7.00	7.00	7.00	7.00
mean	-0.40	0.88	5.20	2.98	5.15	0.60
std	21.68	8.96	19.25	1.78	3.33	0.26
min	-47.88	-18.32	-37.35	0.88	1.64	0.28
25%	1.82	1.58	8.07	2.25	2.33	0.42
50%	5.82	1.84	10.87	2.30	5.17	0.56
75%	9.03	4.84	13.32	3.37	7.14	0.73
max	17.59	9.80	20.09	6.40	10.27	1.06

（6）获取同济科技及行业平均值、中位数、最大值的盈利能力及营运能力数据

从描述性统计数据中选取行业所有企业各项盈利能力及运营能力指标的标杆值（行业平均值、中位数、最大值），然后与同济科技的盈利能力及营运能力指标数据组合，得到新的DataFrame。

In [5]:
```
df_pro_st=df_pro_st.loc[['mean', '50%', 'max'], :]  # 选取行业平均值、中位数、最大值
# 将行业平均值、中位数、最大值与同济科技的盈利能力和营运能力指标数据组合，得到新的DataFrame
df_pro_compare=pd.concat([df_pro_st, df_pro.loc['同济科技':'同济科技', :]])
df_pro_compare
```

Out [5]:

	营业利润率	总资产利润率	净资产收益率	存货周转率	应收账款周转率	总资产周转率
mean	-0.40	0.88	5.20	2.98	5.15	0.60
50%	5.82	1.84	10.87	2.30	5.17	0.56
max	17.59	9.80	20.09	6.40	10.27	1.06
同济科技	17.59	9.80	20.09	0.88	8.54	0.56

（7）绘制子图（见图 9-7），将同济科技的财务指标数据与行业平均值、中位数、最大值进行对比

In [6]:
```
plt.figure(figsize=(16, 10))
plt.subplot(2, 2, 1)  # 2行2列，第1个子图（第1行左侧）
# 在第1个子图上绘制柱形图
plt.bar(df_pro_compare.columns, height=df_pro_compare.loc['mean', :],
        label='行业平均值', width=0.6, alpha=0.7, color='b')
# 在第1个子图上绘制虚线折线图
plt.plot(df_pro_compare.columns, df_pro_compare.loc['同济科技', :], 'r',
        linestyle='--', marker='*', label='同济科技')
plt.title('2020年同济科技vs行业平均值')  # 显示标题
plt.legend()          # 显示图例
plt.subplot(2, 2, 2)  # 2行2列，第2个子图（第1行右侧）
plt.bar(df_pro_compare.columns, height=df_pro_compare.loc['50%', :],
        label='行业中位数', width=0.6, alpha=0.7, color='b')
plt.plot(df_pro_compare.columns, df_pro_compare.loc['同济科技', :], 'r',
        linestyle='--', marker='*', label='同济科技')
plt.title('2020年同济科技vs行业中位数')
plt.legend()
plt.subplot(2, 2, 3)  # 2行2列，第3个子图（第2行左侧）
plt.bar(df_pro_compare.columns, height=df_pro_compare.loc['max', :],
        label='行业最大值', width=0.6, alpha=0.7, color='b')
plt.plot(df_pro_compare.columns, df_pro_compare.loc['同济科技', :], 'r',
        linestyle='--', marker='*', label='同济科技')
plt.title('2020年同济科技vs行业最大值')
plt.legend()
plt.show()
```

从输出结果图中可以看出，同济科技的多项财务指标处于行业标杆水平。当然，也可以选取行业中的其他企业与行业平均值、中位数、最大值进行对比，以便了解该企业与行业标杆之间的差距。

（8）获取同济科技 2011—2022 年盈利能力及营运数据

下面对同济科技做进一步分析，查看同济科技2011—2022年主要盈利能力及营运能力的走势。

首先获取数据，输出结果如图9-8所示。（代码位置：资源\第9章\9.2.2）

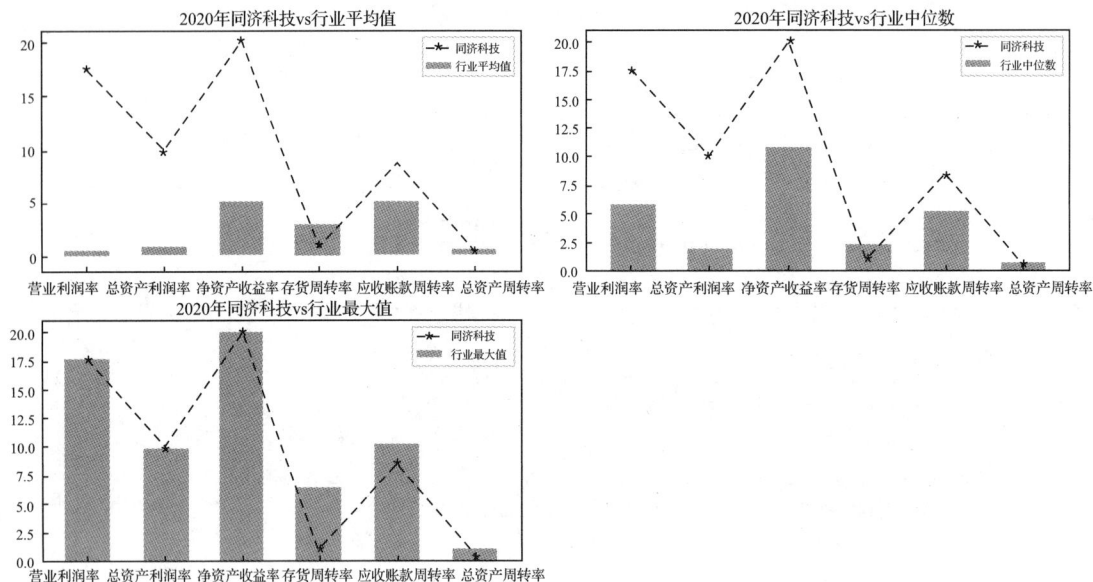

图9-7

类别 \ 年份	销售毛利率（%）	营业利润率（%）	总资产利润率（%）	净资产收益率	存货周转率	应收账款周转率（次）	总资产周转率（次）
20　2011	7.94	10.58	3.19	9.11%	0.52	14.22	0.30
21　2012	5.58	9.28	3.22	8.56%	0.46	12.35	0.35
22　2013	4.32	7.02	3.97	10.88%	0.75	19.47	0.57
23　2014	5.51	8.29	5.12	11.41%	0.85	18.62	0.62
24　2015	5.75	9.12	3.51	9.21%	0.55	14.40	0.39
25　2016	9.47	12.92	4.58	9.86%	0.45	11.61	0.35
26　2017	6.78	10.81	4.27	12.72%	0.55	9.05	0.39
27　2018	9.10	13.95	3.71	13.83%	0.50	6.02	0.27
28　2019	17.02	19.68	10.29	23.95%	0.78	8.62	0.52
29　2020	14.52	17.59	9.80	20.09%	0.88	8.54	0.56
30　2021	9.57	12.67	8.35	17.90%	1.25	10.15	0.66
31　2022	6.70	10.91	3.97	10.14%	1.12	5.67	0.36

图9-8

（9）绘制同济科技 2011—2022 年主要盈利能力及营运能力走势折线图（见图 9-9）

In [7]:
```python
plt.figure(figsize=(10,5))
year=list()      # 年份列表初值
ROA=list()       # 总资产利润率列表初值
ROE=list()       # 净资产收益率列表初值
OPR=list()       # 营业利润率列表初值
for idx,row in df.iterrows():  # 遍历所有行
    year.append(row[0])
    val=0
    if row[4]=='--':  # 如果净资产收益率是'--'（表示没有值）
        val=0         # 则替换为0
    else:
```

这也是一种去掉百分号的方法

```
          val=float(row[4].split('%')[0])    # 否则去掉百分号
    ROE.append(val)                          # 添加到净资产收益率列表中
    OPR.append(float(row[2]))                # 添加到营业利润率列表中
    ROA.append(float(row[3]))                # 添加到总资产利润率列表中
# 绘制净资产收益率折线图
plt.plot(year, ROE, marker='o', color='b', label='净资产收益率')
# 绘制营业利润率折线图
plt.plot(year, OPR, marker='^', color='y', label='营业利润率')
# 绘制总资产利润率折线图
plt.plot(year, ROA, marker='*', color='r', label='总资产利润率')
plt.legend()                 # 显示图例
plt.xlabel('年份/年')         # x轴标签
plt.ylabel('百分比/%')        # y轴标签
plt.title('同济科技2011—2022年主要盈利及营运能力走势')
plt.show()
```

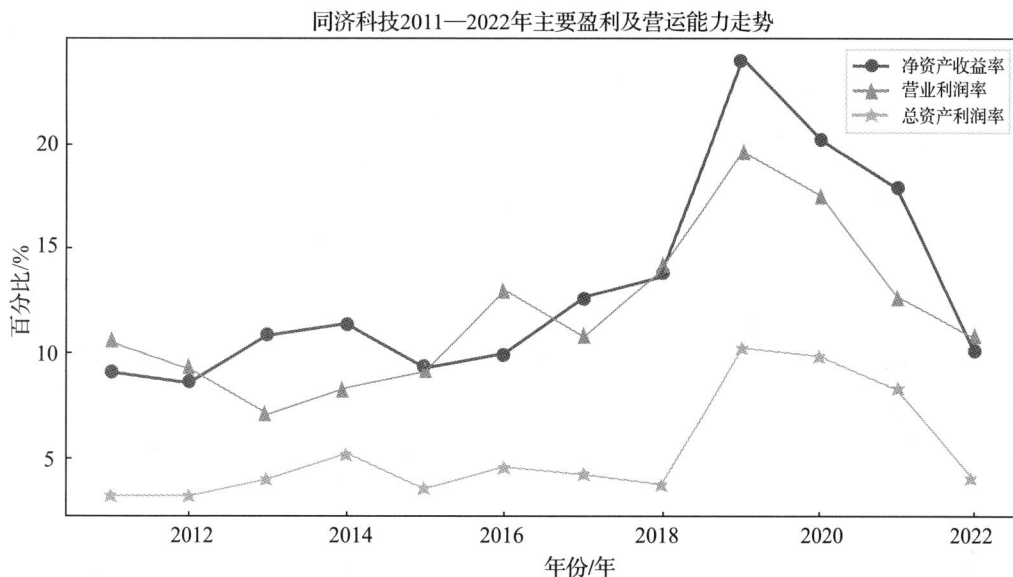

图9-9

从输出结果图可以看出，同济科技的净资产收益率和营业利润率从2011年至2018年呈曲折稳步上升态势，2019年达到最高点，2020年至2022年急速下滑；同济科技的总资产利润率从2011年至2018年处于曲折微升态势，也是在2019年达到最高点，2020年至2022年明显下滑。

9.3 项目实训

实训1 中国联通财务指标的分析与可视化

【实训目标】以中国联通（股票代码为sh.600050）为例，通过较完整的数据分析流程，对其近10年的盈利情况进行分析和可视化呈现。（代码位置：资源\第9章）

扫码看视频

【实训思路】①登录系统；②利用query_profit_data()方法获取2013—2022年的财务指标数据；③提取财务数据，并将文本格式数据转换为数值格式；④绘制财务指标（净资产收益率、销售净利率和销售毛利率）比较条形图；⑤绘制财务指标（主营业务收入和净利润）比较柱形图；⑥绘制财务指标多种类型子图。

实训2　PC、服务器及硬件行业数据的分析与可视化

【实训目标】使用Python从中商产业研究院官网获取个人计算机（Personal Computer，PC）、服务器及硬件行业相关企业的财报信息，通过对该行业的综合分析和比较，实现对PC、服务器及硬件行业的发展状况的了解。中商产业研究院官网中PC、服务器及硬件行业的相关企业如表9-2所示。（代码位置：资源\第9章）

扫码看视频

表9-2

序号	股票代码	股票名称	公司全称	上市日期	行业分类
1	000021	深科技	深圳长城开发科技股份有限公司	1994-02-02	PC、服务器及硬件
2	000066	中国长城	中国长城科技集团股份有限公司	1997-06-26	PC、服务器及硬件
3	000938	紫光股份	紫光股份有限公司	1999-11-04	PC、服务器及硬件
4	000977	浪潮信息	浪潮电子信息产业股份有限公司	2000-06-08	PC、服务器及硬件
5	002236	大华股份	浙江大华技术股份有限公司	2008 05 20	PC、服务器及硬件
6	002415	海康威视	杭州海康威视数字技术股份有限公司	2010-05-28	PC、服务器及硬件
7	002577	雷柏科技	深圳雷柏科技股份有限公司	2011-04-28	PC、服务器及硬件
8	300042	朗科科技	深圳市朗科科技股份有限公司	2010-01-08	PC、服务器及硬件
9	600100	同方股份	同方股份有限公司	1997-06-27	PC、服务器及硬件
10	600601	方正科技	方正科技集团股份有限公司	1990-12-19	PC、服务器及硬件

【实训思路】①查找行业数据，获得相应的股票代码和名称；②获取行业内10家企业2022年的盈利能力及营运能力数据；③数据清洗（去掉数据中的百分号），并选取用于比较的部分指标；④绘制折线图，了解行业基本布局和市场竞争情况；⑤使用describe()函数计算行业盈利能力及营运能力数据的描述性统计数据；⑥获取海康威视及行业平均值、中位数、最大值的盈利能力及营运能力数据；⑦绘制子图，将海康威视2022年度的财务指标数据与行业平均值、中位数、最大值进行对比；⑧获取海康威视2011—2022年盈利能力及营运能力数据；⑨绘制海康威视2011—2022年主要盈利能力及营运能力走势折线图。

📱 课堂素养　**Python与财务大数据分析**

　　Python在财务大数据分析中具有广泛的应用前景。从数据获取到结果解读，Python提供了一套完整的方法论和工具集，使财务人员能够更好地利用大数据驱动决策。随着技术的不断发展，Python在财务大数据领域的应用将更加深入和广泛。

9.4　思考与练习

一、单选题

1. df_profit=df_result.iloc[:, 0:9]　# 提取财务数据（左面9列），用于分析的含义是（　　　）。
   A．提取df_result右侧的9列　　　　　　B．提取df_result左侧的9列

C．提取df_result最前面的9行　　　　　　D．以上都不对

2．如果plot()函数中的参数kind='barh'，则说明绘制的是（　　　）。

A．柱形图　　　　　　B．折线图　　　　　　C．条形图　　　　　　D．以上都不对

3．subplots()函数中的参数sharex=True表示（　　　）。

A．共享x轴　　　　B．不共享x轴　　　　C．共享y轴　　　　D．不共享y轴

4．plot()函数中的参数secondary_y=True表示（　　　）。

A．将左轴作为索引，即左轴显示刻度　　　B．将右轴作为索引，即右轴显示刻度

C．不显示右轴　　　　　　　　　　　　　D．不显示左轴

5．plot()函数中的参数marker='o'表示（　　　）。

A．标记点的形状是正方形　　　　　　　　B．标记点的形状是三角形

C．标记点的形状是星号　　　　　　　　　D．标记点的形状是实心圆

6．plot()函数中的参数linewidth=1表示（　　　）。

A．线宽是1点　　　B．线型是1号　　　C．标记点的形状1号　　　D．以上都不对

二、判断题

1．plot()函数中的参数rot用来控制x轴标签的倾斜角度。（　　　）

2．plot()函数中的参数inestyle='-'表示线型是实线。（　　　）

3．plt.subplot(2,2,1)表示2行1列、第2个子图（第2行左侧）。（　　　）

三、填空题

1．plt.legend()的含义是输出（　　　）。

2．pandas中的read_html()函数的功能是将HTML中的表格转换为（　　　）。

3．plt.ylabel('百分比')表示（　　　）是百分比。

四、上机操作题

使用Python从中商产业研究院官网获取种子行业相关企业的财报信息，通过对该行业的综合分析和比较，了解种子行业的发展状况。中商产业研究院官网中种子行业的相关企业如表9-3所示。

表9-3

序号	股票代码	股票名称	公司全称	上市日期	行业分类
1	000713	丰乐种业	合肥丰乐种业股份有限公司	1997-04-22	种子
2	000998	隆平高科	袁隆平农业高科技股份有限公司	2000-12-11	种子
3	002041	登海种业	山东登海种业股份有限公司	2005-04-18	种子
4	300087	荃银高科	安徽荃银高科种业股份有限公司	2010-05-26	种子
5	300189	神农科技	海南神农科技股份有限公司	2011-03-16	种子
6	600313	农发种业	中农发种业集团股份有限公司	2001-01-19	种子
7	600354	敦煌种业	甘肃省敦煌种业集团股份有限公司	2004-01-15	种子
8	600371	万向德农	万向德农股份有限公司	2002-09-16	种子